新型政党关系
与新时代政党外交

主　编　于洪君

当代世界出版社
THE CONTEMPORARY WORLD PRESS

图书在版编目（CIP）数据

新型政党关系与新时代政党外交 / 于洪君主编 . --
北京 : 当代世界出版社 , 2018.12
ISBN 978-7-5090-1382-3

Ⅰ . ①新… Ⅱ . ①于… Ⅲ . ①政党－政治制度－研究
－世界 Ⅳ . ① D05

中国版本图书馆 CIP 数据核字 (2018) 第 283122 号

书　　名：新型政党关系与新时代政党外交
出版发行：当代世界出版社
地　　址：北京市复兴路4号（100860）
网　　址：http://www.worldpress.org.cn
编务电话：(010) 83907332
发行电话：(010) 83908409
　　　　　(010) 83908455
　　　　　(010) 83908377
　　　　　(010) 83908423（邮购）
　　　　　(010) 83908410（传真）
经　　销：新华书店
印　　刷：北京毅峰迅捷印刷有限公司
开　　本：710毫米×1000毫米　　1/16
印　　张：20
字　　数：286千字
版　　次：2019年5月第1版
印　　次：2019年5月第1次
书　　号：ISBN 978-7-5090-1382-3
定　　价：66.00元

序：政党外交与政党外交研究永远在路上

于洪君 [1]

　　政党的产生和政党政治的持续发展，是当今世界民主政治的重要表现形式之一。据统计，目前世界上 190 多个主权国家，除海湾地区几个阿拉伯国家和其他地区极个别国家外，绝大多数国家都有政党在活动。这些五光十色的政党以及那些准政党、类政党型的社会组织，存在于各国千差万别并且不断变化的政治体制之中。它们除了在本国社会生活中发挥应有的功能作用，如动员民众参加选举、争取执政或参政地位、以执政党或共同执政党甚或反对党身份参与国家治理和社会管理等等，还有一个不容忽视的方面，就是开展政党之间的国际联系与交往。这种友好联系与交流对话，已成为许多国家发展对外关系的一个重要方面，构成了当代国际关系发展变化的一个重要因素。

　　呈现在读者面前的《新型政党关系与新时代政党外交》，系中共中央对

---

[1] 于洪君，中共中央对外联络部原副部长，中国人民争取和平与裁军协会副会长，北京第二外国语学院政党外交学院客座教授。

新型政党关系与新时代政党外交

外联络部研究室委托北京第二外国语学院政党外交学院承担的课题，即"新型政党关系与新时代党的对外工作"的初步成果。参与本课题研究和撰写本书的，除北京第二外国语学院政党外交学院的领导与专家以外，还有中联部当代世界研究中心专业干部、中国人民大学、北京外国语大学、复旦大学、上海财经大学、西南财经大学等长期致力于政党政治、政党外交研究的专家学者。

纵观世界各国政党政治波澜起伏的发展历程，不难看出，任何国家的任何政党，无论其组织形式如何，内在性质如何，当它们作为在野党或反对党而存在时，其国际交往与联系多为谋求必要的外部支持和帮助，为自身发展争取较有利的外部条件；而当它们处于执政党或参政党位置时，其对外交往与合作通常服务于执政需要，服务于国家外交大局，即为国家的发展利益和安全利益创造良好的外部环境。

中国共产党是 20 世纪 20 年代初在俄国十月革命影响下，由共产国际，主要是俄共（布）[1]直接帮助建立的无产阶级革命政党。因此，中国共产党自成立时起，就是世界社会主义进程中的重要力量，就是国际共产主义运动和民族解放运动的主力部队，就是具有世界眼光和国际胸怀的进步力量，就同世界各国的革命组织和团体，首先是列宁领导的俄共（布）以及共产国际所属各国共产党人和革命组织建立了密切联系。

由于特定的历史条件和极其复杂的国际环境，当时由列宁领导的俄共（布），被视为国际共产主义运动的中坚力量，苏维埃俄国的首都莫斯科，因而被视为世界革命的中心。俄共（布）1919 年发起成立并直接领导下的共产国际，即通常所说的"第三国际"，因而成了世界各国共产党人的革命"指挥部"。初创时期的中国共产党，在政治上和组织上与俄共（布）及共产国际保持着十分紧密的关系。由于共产国际中期存在着严重的"左倾"教条主义和宗派主义，今日看来，这种特殊关系曾使中国共产党和中国革命深受其

---

[1] 即俄国共产党(布尔什维克)，通常简称为俄共（布）。1922 年底苏联成立，俄国共产党（布尔什维克）更名为苏联共产党（布尔什维克），一般简称联共（布）。1953 年，该党召开十九大时，苏联共产党（布尔什维克）改称苏联共产党，从此简称苏共。

害。1935年初，中国共产党在遵义会议上确立了毛泽东在党内的领导地位，从思想上、组织上排除了来自共产国际的"左"的干扰，中国共产党在处理与联共（布）以及共产国际的关系上，从此获得了较为平等的和独立自主的地位。但另一方面，中国共产党仍与苏联党和共产国际继续保持着多种渠道的接触和联系。

1937年中国抗日战争爆发，在民族统一战线旗帜下开展抗日斗争的中国共产党，与联共（布）以及共产国际的联系有所弱化，但与其他国家进步力量和友好人士的交往却不断扩大，其中既包括来华支援中国革命的外国共产党人，也包括来自美国的进步记者和友好人士，甚至还包括美国驻中国的一些军政人员。1941年6月苏联卫国战争爆发后，联共（布）无暇国际共运事务，而且由莫斯科指挥世界各国革命运动的旧思维，也已不利于国际反法西斯战线的形成和发展。共产国际亦于1943年6月宣告解散。中国共产党在国际共运中的独立自主地位，得到了进一步的巩固和加强。

1946—1949年解放战争期间，中国共产党从中国革命斗争实际需要出发，重新强化了与苏联共产党的联系和交往，并且从苏联方面获得了极为宝贵的政治支持和多方面的实际帮助。中国共产党最终决定于1949年10月1日建立新中国，苏联的建议发挥了非常重要的作用和影响。因此，可以说，中国新民主主义革命的胜利，是中国共产党人领导各族人民英勇斗争的结果，是历史发展的必然归宿。但如果没有中国共产党当时的国际联系，没有中国共产党争取到的外部支持，中国革命的发展进程可能是另一番景象。中国共产党当年这种极为特殊而又非常积极的对外联系和交往，为中国革命走向全国胜利发挥了不可低估的历史性作用。

1951年初，已经成为新中国执政党的中国共产党，借鉴了共产国际解散后苏共为保存情报资料和干部队伍，并与各国共产党及革命组织保持联系而成立党中央国际部的做法，组建了专门从事党的对外联络工作的职能部门，即中共中央对外联络部。在当时特定的历史条件下，中国共产党在对外交往的初期阶段非常重视意识形态因素，因而只同马列主义性质的政党来往。据中联部一位老部长回忆，当时中联部的主要任务：一是支援东方国家的革

3

命,帮助那里的共产党人"决定党的路线";二是同苏联和其他社会主义国家共产党联络,加强社会主义阵营;三是同全世界的共产党联络;四是支持越南反法战争,援助越南建设。此外,中联部还负责指导工青妇等组织的民间外交,领导中国人民保卫世界和平大会和中国亚非团结委员会,通过这两个"外围团体",同不少发展中国家的执政党建立了联系,向他们介绍中国革命经验,为他们培养和训练干部。

进入 60 年代后,世界上最大的两个共产党即中苏两国共产党在理论问题上的分歧演变为公开的论战。世界上绝大多数共产党被迫选边站队,国际共产主义运动和世界社会主义阵营出现分裂,中国共产党在对外联系和交往方面采取收缩政策。"文化大革命"期间,受"极左"思潮干扰,新中国的外交事务受到了严重破坏,党的对外联系也遭遇重大挫折。中国共产党同世界上 80 多个共产党中的 70 多个党,完全断绝了关系。即使是社会主义国家的执政党,中国共产党那时也只同朝鲜、越南、阿尔巴尼亚、罗马尼亚四国党保持着较好的关系。上面提到的对外交往的两个"外围组织",也被迫停止了活动,实际上是自动解散了。

1976 年"文革"结束后,中国的对外政策和对外关系开始全面调整。中国共产党也开始重新考虑党的对外关系问题。1977 年,中国共产党与曾被斥为"修正主义党"的南斯拉夫共产主义者联盟恢复了党的关系,效果良好。基于这一实践经验,我党领导人当时提议,中国共产党还可以同非洲的民族主义政党建立党的关系,同欧洲国家的社会党,即社会民主党和工党,以及以往被称为"修正主义"的那些政党,也要建立联系。1981 年,中国国际交流协会作为中联部"外围团体"正式成立,其目的就是要以某种变通的和相对灵活的方式,同世界各国的民族主义政党、社会党和其他政党、团体建立友好联系,以恢复和扩大中国共产党同外部世界的联系。

此时,中国已经进入改革开放和社会主义现代化建设的历史新时期。作为改革开放总设计师的邓小平,高度重视中国共产党的对外工作。他明确提出,"党与党之间要建立新的关系",即"新的、健康友好的关系"。"独立自主、完全平等、互相尊重、互不干涉内部事务"这四项原则,随即被党的第十二次代表大会所确认，进而成为中国共产党在新的历史条件下对外开展党际交往的指导思想。在此前后，中国共产党不但陆续恢复了与意大利、法国、西班牙等国共产党的关系，同时还与西方国家的社会民主主义政党和组织建立了联系，并同许多发展中国家的民族主义政党展开了友好交往。党在对外交往中"以意识形态划线"的局面彻底结束。

80 年代末 90 年代初，东欧剧变、苏联解体、冷战结束，世界格局和力量对比发生重大变化。与此相联系，一方面世界社会主义进程转入低潮，以科学社会主义为理论指南的政党急剧减少，另一方面政党政治在许多国家反而呈现加速发展的新局面，不同性质的政党在国际上的交往与联系更趋活跃。面对国际政党政治形态的新情况新动向，中国共产党坚定不移地奉行党际关系四项原则，努力开辟对外联系的新渠道新途径，不断探求对外交往的新方式新方法，迅速打造出党的对外关系的新格局和新体制。

进入新世纪以来，中国共产党历次代表大会都进一步明确了党的对外交往的总体思路和原则，确认党的对外交往在国家总体外交中的地位与作用。2012 年党的十八大报告称，中国共产党将同一切愿意与我党交往的各国政党发展新型党际交流和合作关系，促进国家间关系的发展。基于这样的思路和原则，中国共产党的对外交往、联系与合作，变得更加积极和主动。作为国家总体外交重要补充和不可或缺的组成部分，其形式也更加灵活，内容更加丰富，更具有开拓性进取性，更符合时代特点和潮流。

当前，中国共产党的对外交往与联系，已经远远超出了团组互访、参加友好政党相关活动、出席政党国际组织某些会议、一般性信息交流与互换等传统模式，探索出了新的发展路径和范式。首先，与各种国际性政党组织建立了更为密切的联系并适度参与其活动；其次，发起并推动亚洲地区政党国际会议定期举行；第三，中共与社会主义各国执政党的关系引领着国家关系的发展；第四，与许多国家的主要政党建立了不同形式的理论研讨或高层对话机制；第五，与各类执政党开展形式多样的治国理政经验交流活动；第六，对外传播和智库交流在党的对外交往中占有越来越重要的位置；第七，党的中央职能机构和地方党组织成为党的对外交往的行为主体；第八，中国共产党在没有政党活动的国家中也找到了交往对象与对话伙伴；第九，在非建交国开展政党交往，为国家关系正常化铺路搭桥。

在上述党的对外交往活动中，交流互鉴党的自身建设经验，特别是执政党治国理政经验，巩固和推进国家关系发展，宣传中国改革开放成就和与时俱进的发展理念，传播和平与发展的新时代观、互利共赢的新合作观，倡导新的国际秩序观和共同安全观，以及平等互鉴的人类文明观，成为中国共产党对外交往的主要内容。中国共产党的对外交往与国际交流，不仅是复合型立体化的中国特色大国外交的一个重要组成部分，同时也是影响世界形势未来走向和国际关系发展变化的一个重要因素。

近些年来，随着越来越多的党的中央机关和地方组织参与党的对外交往，中共中央对外联络部的职能也发生了许多变化。中国共产党全方位、立体化、多领域开展对外交往的新局面逐渐形成。截至目前，中国共产党已与世界上 160 多个国家的 400 多个政党和准政党型的社会政治组织保持了经常性联系。这些政党和组织，大部分处于执政地位（包括一党执政或参与执政）；有的虽然没有执政，但在本国政治生活中具有重要影响。这些政党在意识形态上底色不一，价值观体系光谱各异，但在发展对华关系方面，普遍持积极态度，有些对华非常友好。世界各国的政党和政治家们，越来越清楚地意识到，中国不断发展壮大的根源就在于中国共产党的坚强领导。要想全面认识和了解中国，必须首先认识和了解中国共产党；要想探询并解开中国成功发展的秘诀，必须深入研究和解析中国共产党的执政理念和执政经验。

进入新世纪后这十多年来，中国共产党的对外交往服务于国家总体外交，服务于改革开放和现代化建设需要，服务于不断拓展的国家发展利益和安全利益，进而也服务于中国为人类社会作出重大贡献这一历史使命，不仅在中国国内，而且在国际上也得到广泛认同。

作为一个拥有近九千万党员的"大党"和连续执政将近 70 年的"老党"，中国共产党坚持不懈、持之以恒地扩大和深化对外交往，已经不仅仅是中国共产党人认识和走向外部世界，展示自身良好形象，宣介国家内外政策，学习借鉴人类文明成果的内在需要。党的对外交往，作为中国共产党新时代自身建设伟大工程的一条重要战线，已经十分紧密地统一和融合到国家政治发展与总体外交之中，既是当代中国政治发展进程的一个重要方面，更是中国特色大国外交不可或缺的重要组成部分。

党的十八大以来，以习近平同志为核心的党中央更加重视党的对外交往、联系与合作。习近平总书记本人多次就此发表重要讲话，做出重要指示。在同外国领导人会见会谈时，他也多次谈到政党交往对于国家关系发展的重要作用。在2017年10月召开的党的十九大上，习近平总书记详细地论述了中国的外交构想和政策主张，他非常明确地指出，中国共产党要"加强同各国政党和政治组织的交流合作"。党的对外工作，在服务国家总体外交，特别是周边外交、大国外交、发展中国家和多边外交中的作用，比以往任何时候都更加彰显。

在以习近平同志为核心的党中央的坚强领导下，中共中央对外联络部作为负责党的对外工作职能部门，近年来不仅常态化地开展传统的党的对外交往与联系，而且不断开拓新思路，创造新形式，积累新经验。其中最具时代特点的：一是定期或不定期地与一些国家的执政党、重要政党和政党国际组织开展形式多样的理论对话会或研讨会，大力宣传习近平新时代中国特色社会主义思想与中国和平发展理念；二是配合越来越密集的大型主场外交活动，组织相关国家政党来华开展多边对话会，如上合组织政党对话会、金砖国家政党对话会、中非政党对话会等，直接服务于我的多边外交；三是在党代会和中央全会后组团出访相关国家，集中宣传介绍党和国家大政方针和新的政策主张，不断加大释疑解惑、增进共识的工作力度；四是持续不断地与外国政党开展治国理政经验交流。

中国共产党2017年12月举行的与世界政党高层对话会，不仅是中国共产党对外交往史上的创举，在世界政党史上也是首开先河。中共中央总书记、国家主席习近平出席开幕式并发表了题为《携手建设更加美好的世界》的主旨讲话。他在讲话中阐明了构建人类命运共同体的政党责任，同时提出了许多有关政党政治与政党外交的新理念。他所提出的探索在新型国际关系的基础上建立求同存异、相互尊重、互学互鉴的新型政党关系的倡议，标志

新型政党关系与新时代政党外交

着当代中国共产党政党外交已经进入一个崭新的时代，达到了前所未有的新境界和新高度。

在这次对话会上，习近平总书记还特别深入阐述了他在十九大上提出的一个重要观点，即中国共产党是为中国人民谋幸福的党，也是为人类进步事业而奋斗的党。他说，我们要把自己的事情做好，这本身就是对构建人类命运共同体的贡献。我们也要通过推动中国发展给世界创造更多机遇。我们不"输入"外国模式，也不"输出"中国模式，不会要求别国"复制"中国的做法，而是要一如既往做出三个贡献：一如既往为世界和平安宁作贡献，一如既往为世界共同发展作贡献，一如既往为世界文明交流互鉴作贡献。他在讲话中特别强调的另一个重要思想，即政党要顺应时代发展潮流、把握人类进步大势、顺应人民共同期待，志存高远、敢于担当，自觉担负起时代使命，不仅对于中国共产党的自身建设意义重大，而且会在世界政党政治发展史上，留下浓墨重彩的一笔。

中国共产党历来强调树立世界眼光，积极学习借鉴世界各国人民创造的文明成果，并结合中国实际加以运用。习近平总书记倡议将中国共产党与世界政党高层对话会机制化，使之成为具有广泛代表性和国际影响力的高端政治对话平台。他强调，面向未来，中国共产党愿同世界各国政党加强往来，分享治党治国经验，开展文明交流对话，增进彼此战略信任，推动构建人类命运共同体，携手建设更加美好的世界。

可以预见，随着时间的推移和实践的发展，中国共产党的对外工作作为中国特色大国外交的重要组成部分，如同党的其他各项事业一样，将永远在前进，永远在路上。党的对外工作和政党外交的理论研究和探讨工作，如同中国特色社会主义和中国特色大国外交的研究与探索一样，没有完成时，只有进行时。

2019 年 4 月

目 录
CONTENTS

理论篇

新时代中国特色政党外交：机遇、挑战与优化

金鑫、张伟杰 [1]

在全球化和信息化的时代，外交从内涵到外延都发生了重大变化。现代外交突破了以往单一、平面、仅以主权国家为行为主体的发展模式，呈现多元化和立体化的发展趋势。政党外交的蓬勃发展正是外交领域发生的这一重大变革的反映。随着政党政治的普及和全球性问题的日益凸显，作为国际关系中的新型行为主体，各国各类政党和国际性政党组织在当今国际政治舞台上发挥的作用越来越大，政党外交已经成为各国对外关系的重要内容，并对整个国际关系格局产生相当重要的影响。

中国共产党自成立伊始，就重视开展对外交往。改革开放以来尤其是冷战结束以来，随着以政党为主体的非政府性外交活动的大量涌现和日益活跃，中国共产党同世界上各类型政党的交往也日益频繁，形成了以各国执政党、参政党、合法在野党和政党国际组织为主要交往对象的全方位、多渠

[1] 金鑫，中共中央对外联络部当代世界研究中心主任；
张伟杰，中共中央对外联络部当代世界研究中心副研究员。

道、宽领域、深层次的政党交往格局。近年来，特别是党的十八大以来，政党外交同政府外交、民间外交相互配合，在党和国家发展大局和总体外交全局中发挥的作用越来越明显。在新时代，政党外交需要因应外部环境的发展变化，与时俱进，开拓创新，不断完善对外交往的方式，全方位提升对外交往水平，更好地维护国家的主权、安全、发展利益。

一、新时代中国特色政党外交面临的国际环境

其一，国际秩序新旧力量交锋激烈。新世纪以来，世界各大力量加速调整，国际格局呈现出以下几方面的特征：一是世界格局呈现出"延续"与"变革"的双重特征。美国仍然是唯一的超级大国，其经济、科技和军事实力都居世界第一，但特朗普政府大搞"退出外交"使美国国际影响力相对下降。欧洲在金融危机影响下发展势头受阻，欧洲内部分离势力上升，制约欧盟整体行动能力。新兴经济体实力上升，逐步改变西方"一家独大"的局面，国际力量对比朝着相对均衡的方向发展，新兴市场国家与传统发达国家两大力量围绕未来国际秩序主导权的争夺日趋激烈。与此同时，世界各大力量在竞争的同时，也注重加强协作，在斗争中妥协，在互动中寻求优势，已经成为各大国处理重大国际问题的通常做法。二是国际安全观出现两种观念。一种是单纯追求眼前和自身利益的现实主义，一种是追求人类共同和长远利益的现实主义。三是治理模式出现多种选项。国际金融危机发生后，国际社会关于治理模式优劣的论争不断。西方治理模式和影响力有所减弱，中国等非西方力量崛起打破西方普世价值和垄断地位，向国际社会提出不同发展选项，发展方式和道路的碰撞加剧。

当前国际形势复杂多变，折射出国际社会正在处于新旧格局转换期，新的国际格局尚未形成，旧的国际秩序日渐失灵，各种矛盾和争夺盘根错节，带动国际秩序加速演变。尽管美国相对实力有所下降，但美仍然是全球第一强国，在力量对比上，西方世界仍处于优势地位。西强东弱的力量格局仍将延续一段时间。

其二，世界经济呈现"新平庸"的发展状态。国际社会用"新平庸"一词来描述全球经济的发展现况和未来数年的增长前景。目前，世界经济整体复苏缓慢曲折，全球经济增长缺乏动力，新一轮科技和产业革命尚处于孕育阶段，关键技术和商业模式创新缺乏实质性突破，短期内还难以形成强有力的新经济增长点。经济全球化与逆全球化两种现象同时存在，为推动本国经济复苏，很多国家趋于内顾而不放眼全球，实行贸易保护主义，致使国际贸易摩擦明显增多。上一轮经济全球化没能实现普惠、均衡、包容发展，导致贫富差距拉大、社会阶层结构变化，引发了民粹主义和极端主义思潮上升。国际社会在气候变化等方面存在巨大利益冲突，国际汇率协商机制、世界主要储备货币的制衡机制、国际资本流动和金融衍生品的监管机制、美元主导地位、主权财富基金的前景等全球和地区治理问题，均需要破题。

其三，世界经济持续低迷对各国政党的适应能力提出新挑战。经济和民生问题关系到一个国家执政党的业绩，关系到民心向背和政党的命运。在世界经济普遍低迷的大背景下，经济和民生问题对各国政坛的影响更加突出。金融危机加速了社会结构的分化和生产方式及经济结构的转变，一些国家内部贫富差距加大，政党的社会基础也随之改革，社会各阶层的利益整合成为政党工作的难点。各国经济复苏缓慢促使一些国家政党推进福利改革，从而引发经济社会矛盾激化，甚至引发激烈的社会抗议活动，社会风潮不断。金融危机带来的社会急剧变化使一些国家的主要政党在政治理念和组织建设上都出现难以与民间诉求相匹配的状况，使政党的号召力和凝聚力下降。普通民众更多顾及眼前利益，社会诉求日益多元，选票分散，传统政党政治"碎片化"现象突出。与此同时，民粹主义、极端主义影响持续上升，搅动一些国家传统政党政治。

二、政党外交面临的机遇与挑战

在"世界百年未有大变局"的时代背景下，政党外交不断向前发展，必须准确把握时代特征和世界发展大势。正如习近平同志指出的，党的对外工作必须密切关注和把握世界格局的变化及其特点，正确估计在世界现实格局下国内的工作和发展可以利用的机遇及可能遇到的风险，切实增强战略谋划和运筹。随着中国与世界关系的日渐深化，中国特色政党外交迎来了发展的崭新时期。与以往任何一个时期一样，新形势下的政党外交同样面临机遇与挑战并存的局面。

（一）政党外交面临着难得的机遇，为未来的发展提供了广阔的空间

一是政党外交在国际范围内日趋活跃，各国对党际交往合作重要性的认识日益深化。政党政治发端于西欧，随后逐步扩展到美国等发达国家，并日益向发展中国家扩散蔓延。冷战结束以后，在前苏联、东欧以及非洲等地区，各种类型的政党如雨后春笋般涌现。随着国与国联系的增多，政党不但日益成为国内政治运作的主体，而且在国际政治舞台上扮演着愈发重要的角色，发挥着难以替代的独特作用。作为新型的重要国际行为体，政党对国际关系的发展有着重要影响。在全球化背景下，内政与外交的关联愈加密切，二者之间的界限日渐模糊，国内问题与国际问题相互牵连。正如有学者所指出的，任何一个有政治抱负的政党决不会把自己的眼光仅限制在一国范围内，而是注重从世界角度考虑对外战略。因此，除聚焦国内政治、经济、社会等议题外，政党对本国外交和国际事务的关注度逐渐提升。

值得注意的是，各国政党可直接或间接影响着本国对外政策的制定、实施和调整。由于政治民主化和社会多元化进程的推进，各类政党可以在党纲、选举、议会、传媒等诸多平台上阐述自身的对外政策主张以及对国际关系的认识。政党都各自拥有一定数量的支持者，具有一定的社会动员能力。政党能够透过向支持者的宣传动员，在社会上发出针对国家某项外交政策的赞同或反对声音，从而影响外交部门的决策。总体而言，各国政党的对外交往，日渐成为国家软实力建设的重要组成部分。通过政党外交的平台，各国可以向国际社会阐述本国的政治理念、政策主张、价值文化，展示良好的自身形象。政党之间的跨国交往日益频繁，彼此就共同关心的政治、经济、文化、外交、安全等议题进行协商。可以说，政党政治的迅速发展，为政党外交提供了广阔的发展空间。从世界范围内而言，政党外交呈现日趋活跃的态势，将在国际关系中扮演更加重要的角色。

二是各国政党面临的共同挑战增多，分享治党治国经验的必要性显著上升。全球化迅猛推进，各国之间的合作空前深化，彼此利益相互交融，结成安危与共的复杂联结体。在全球化的进程中，诸如金融风险、气候变化、生态恶化、资源短缺、疾病传染、自然灾害等跨国性问题不断涌现，给整个国际社会带来巨大的安全挑战。面对这些问题，没有一个国家能够独善其身。而要解决这些问题，单靠一国或某一集团的单打独斗也无济于事，需要整个国际社会的通力合作、群策群力。正因如此，当前以多边主义为基础的全球治理方兴未艾。在这一时代背景下，政党外交的内涵得以日趋丰富。有学者指出，与传统的政党外交相比，作为国际关系中的新型行为主体和一种新兴的全球治理模式，全球化时代的政党外交在当代国际政治中发挥了更为重要的作用，尤其在解决全球性问题中发挥了突出作用。近年来，无论是在双边层面，还是在多边层面，如何应对跨国性问题，怎样完善全球治理，成为大多数国家的政党开展对外交往的重要议题。例如，2013 年中国共产党主办的亚洲政党专题会议主题为"推动绿色发展共建美丽亚洲"，围绕"亚洲国家探索推动绿色发展的实践"和"亚洲政党合作应对绿色发展的挑战"两个议题进行讨论。2017 年 11 月 30 日至 12 月 3 日，以"构建人类命运共同体、共同建设美好世界：政党的责任"为主题的中国共产党与世界政党高层对话会在北京成功举行，各国政党领导人围绕会议主题进行了坦诚深入的交流，就如何构建人类命运共同体、共同建设美好世界以及政党的责任和作用达成广泛共识，形成了体现政党思想智慧的《北京倡议》。此外，各国都面临大大小小的来自经济、社会、生态等领域的各类挑战，社会治理的任务极其艰巨。经过长期的艰辛探索，各国政党逐渐形成了有自身鲜明特色的治理观和政策主张，特别是执政党积累了宝贵的实践经验。通过政党交往的双边和多边平台，各个政党可以交流彼此的治国理政经验，互学互鉴，丰富和完善各自的理论宝库，提高解决实际问题的能力。不可否认，各国面临的内外挑战层出不穷，政党外交在化解各类风险挑战方面的作用将有增无减。

三是中国的快速发展吸引国际社会目光，国外政党或政治组织普遍渴求

新型政党关系与新时代政党外交

与中国共产党建立和加强交流合作关系。随着我综合国力和国际影响力的增强以及我对外交流合作持续扩大，中国越来越接近世界舞台的中心位置，成为国际社会关注的焦点。作为中国特色社会主义事业的核心领导力量，国际社会理所当然地把目光聚焦到执政的中国共产党身上。现在越来越多的西方政党、政治家认识到，不了解中国共产党的地位和作用，就无法真正了解中国经济社会快速发展的根本原因；不了解中国共产党的执政理念和执政方略，就无法全面把握中国的大政方针和未来走向。因此，越来越多的西方政党、政治组织，希望与中国共产党保持不同形式的接触、对话和交流机制，对我的理解和信任不同程度增加，加强与我交往的积极性不断提高，希望通过深入了解中国共产党，找到理解当代中国发展历程的总钥匙。国际社会越来越重视中国共产党战略决策的国际影响，有些党专门与中国共产党举行理论研讨会议，许多党索要中共党代会报告深入分析研究，力求破解中国稳定和发展之谜。中国共产党也通过外交渠道，听取外部世界的不同声音，在捍卫国家利益的同时，注意扩大同各方利益的汇合点，照顾国际社会的合理关切，中国共产党与国际社会的联系从来没有今天这么紧密。越来越多的西方政党、政治家希望在保持政府外交渠道的同时，通过发展与中国共产党的对话和交往，增进相互理解，建立政治互信，进而交流治理经验，推动经贸合作，甚至解决双边关系中的疑难问题，促进国家关系的全面稳定发展。特别是发展中国家政党从提高自身执政能力、探索符合本国国情的发展道路着眼，纷纷提出加强同我们党治国理政和党建工作交流。越来越多的国外政党特别是执政党希望与中国共产党建立各种形式的联系，开展战略对话，交流各自的治国理政经验，增进相互理解和信任。可以说，加强同中国共产党的联系与合作，已成为外国政党和政治组织普遍具有的强烈愿望。据不完全统计，中共十九大召开前后，共收到来贺电函1340多份，涵盖了165个国家的454个主要政党，包括许多国家元首、政府首脑等高层领导人。在来贺电中，外国政党政要普遍看重中国的国际地位和影响力，表示要继续推动多层次、宽领域合作关系，共同维护地区及全球和平稳定，促进世界繁荣发展。国外政党和政治组织渴望与中国共产党开展交往，为中国特色的政党外交的持续发展开辟了广阔空间。

（二）政党外交面临的挑战

一是政党外交的稳定性面临现实冲击。与传统政党相比，多数新生的政党主要是因应选举的需要方才问世，政党的组成结构和运作方式均发生重大变化。在世界范围内，传统的政党力量有所式微，新兴政党日渐活跃于政治舞台之上，政党体制呈现多样化的趋势。一些政党的生命力极为短暂，或者昙花一现，或者名称变化多端，缺乏稳定的传承关系。传统意义上的政党左右翼之分日渐模糊，这不仅在发达国家表现明显，就连一些发展中国家也同样如此。社交媒体日益普及，政治动员极为便利化，公民的政治参与程度逐步提高，言论的扩散效应增强。在部分国家，由于民主选举制度发展尚不成熟，政治派别间缺乏妥协精神，部分党派不甘心在选举中败选，煽动支持者抗争，导致街头政治盛行。随着社会分工的高度发展，社会阶层的划分日渐细化，民众的诉求多样化，选举的不确定性突出，多数政党都无法稳操胜券，政权在不同政党之间来回易手。曾经长期执政的政党转夜间就可能失去执政地位，而新生的党派或其他在野党则转为执政党。一些国家多党联合执政，在涉及中国重大利益和双方重大事项的合作上，各党主张不完全一致。一些政党为谋取私利，争取选票，往往转移视线，拿中国说事，给双边交流合作制造障碍。这些情况的存在，为党际交往的稳定性和持续性带来一定挑战。

二是中国发展面临的外部环境日益复杂。冷战结束后，旧有的两极格局终结，新的格局迟迟没有建立起来。美国虽成为唯一的超级大国，但存在以中、俄、印、欧等为代表的多种国际力量，世界格局呈现朝多极化方向发展的态势。在新的格局尚未建立之前，国际关系处于深度演变调整之中。大国关系总体平稳运行，保证了国际关系的基本稳定。然而，大国综合国力的竞争从未停歇，争夺国际话语权的较量更加激烈。世界保持总体稳定的同时，局部地区动荡不安，国际热点问题频发，传统安全威胁与非传统安全威胁相互交织。各国存在千丝万缕的联系，动荡因素的跨国传导效应日趋加快，构成对整个国际社会的威胁。国际关系中的不稳定性因素增多，未来发展蕴含着诸多不确定性。此外，中国自身的快速发展，在带给世界巨大红利的同时，也引发了一些国家政党政要对中国未来发展的担忧和疑虑。国际上有些势力试图趁中国尚未完全实现民族复兴的目标之时，不遗余力地想方设法阻碍中国的和平发展进程。总体而言，中国发展面临的外部压力有增无减。政党外交需要积极作为，发挥自身的独特优势，尽可能加强对国际社会的政治引领，参与化解中国发展面临的风险挑战，增强塑造有利外部环境的能力，确保中国平稳度过与国际社会互动的磨合期，从而顺利实现中华民族的伟大复兴。

三是意识形态差异分歧以及认知偏差仍然是制约中共开展政党外交的重要因素。政党是意识形态色彩最强的政治组织，意识形态是政党产生与发展的前提，并且深刻影响政党的党纲、目标、政策和活动方式。政党的意识形态制约政党交往对象的选择。一个政党的国际交往对象不一定都是与自己意识形态相同、相近或者相似的政党，但是政党在选择国际交往对象时，意识形态因素是客观存在的。一般说来，政党对与自己意识形态相同的外国政党有天然的亲近感，与之建立关系比较积极主动，对与自己意识形态差异较大甚至完全对立的外国政党建立关系往往存在一些顾虑，有些政党甚至对此存在很大顾忌。美国两大政党之所以长期不与外国共产党交流，视与其他国家的共产党建立关系为畏途，其根本原因是意识形态在作祟。政党的意识形态同时也制约政党国际交往的内容与形式，政党国际联盟的存在常常以相同意识形态为思想基础与前提。以意识形态划界限是政党国际组织的基本原则，一个政党是否能够被吸收加入，最基本的前提是该党的意识形态与该组织是否一致。近年来，随着中国综合国力和国际影响力的不断上升，尽管越来越多国家的政党希望更加深入了解中国和中国共产党，越来越多的外国政党把同中国共产党开展交往作为发展对华关系的重要途径，但是，我们应该清醒地看到，西方对中国政治制度、意识形态的偏见仍然根深蒂固，对中国的强大和未来走向仍然存在疑虑。一些政党与我党在渊源、意识形态、目标、纲领、组织机构等方面都有较大的差别，有部分政党仍然拘泥于意识形态问题，对与我党建立关系存在顾虑。有些政党特别是一些西方政党在与我党交往中，总是或明或暗、或隐或显地试图对我党进行意识形态渗透。对这些政党，我们一方面要加强对话合作，不挑起意识形态的争论和对抗，另一方面，也要保持警惕，求同存异，在党际交往中以我为主，不能被它们牵着鼻子走。

四是部分对象党的政党组织结构松散、政党经费拮据是制约其开展对外交往的重要因素。在世界各类政党中，西方政党的组织结构普遍比较松散，"选举党""议会党"色彩浓厚，政党的主要工作是准备、组织选举，一旦选举获得胜利，党的领导核心层便在"分肥制"下转入政府或议会工作，主要精力集中在政府部门或者议会党团，重点处理政府间事务和议会事务，政党组织则退居次要地位甚至偃旗息鼓，无暇顾及开展大规模的党际交往。同时，国外对政党经费来源有严格的法律规定，政党经费的来源主要有四大渠道：党员缴纳、社会捐款、国家补贴和党营产业。近年来，由于西方一些国家政党领导人政治和财务丑闻不断，企业和个人向政党的捐赠大大减少，不少政党债务高企，政党经费主要用于竞选，用于对外交往的经费非常有限，制约了其对外活动的开展。第三世界国家的一些政党虽有同中国共产党保持友好交往的愿望，但往往苦于活动经费等的限制而显得力不从心。类似问题表明，政党外交的对象越多、越复杂，我们就越需要加强调查研究，慎重处理交往中可能遇到的各种问题，不断提高党的对外工作的水平和艺术，做到突出重点，提高质量，讲求效益，增强针对性和实效性，确保党际交往始终从中国总体外交需要和国家最高利益出发，并且能够持续、稳定地向前推进。

三、新时代中国特色政党外交的着力点

（一）更加注重完善党际交往布局

新时代的政党外交，要适度扩大交往对象的范围，积极同国外政党和政治组织建立发展各种合作关系。与此同时，又要有选择地重点开展工作，最大限度地提升政党外交的成效。

一是深化同社会主义国家执政党的务实合作。越南、朝鲜、老挝、古巴社会主义国家的执政党，是中国共产党对外交往的重要对象。由于社会制度和意识形态相同，中国共产党与四国执政党之间的党际交往在国家关系中占有特殊地位。新形势下，继续充分发挥政党外交在国家关系中的引领作用，

新型政党关系与新时代政党外交

根据越南、朝鲜、老挝、古巴四个社会主义国家的不同国情，与之完善各具特色的政党外交，不断提升社会主义国家的务实合作水平。全方位拓展政治、经济、文化、教育、青年等各个领域的合作，推动国家关系的深入发展。继续通过理论研讨和专题考察等方式，加强与其他社会主义国家执政党的治国理政经验交流，通过互学互鉴，共同提升执政水平。二是拓展同周边国家政党的交往合作。伴随中国与周边国家关系步入复杂的发展时期，政党外交需要主动进取，助力营造良好的周边环境。在与周边国家政党交流过程中，侧重清楚阐述中国和平发展的理念，阐明中国将始终坚持"与邻为善，以邻为伴"的周边外交方针，遵循"亲、诚、惠、容"的理念，让周边命运共同体意识在周边国家落地生根。三是健全同发达国家政党的大国大党联系机制。由于发展阶段、社会制度、历史文化等方面的差异，中国共产党与发达国家的政党在理念、主张、政策等方面存在不同。继续用好大国大党机制，开展政党间的定期交流。通过设置符合各自关切的议题，阐述彼此的政治理念，增进理解，探讨双边关系中的难点和热点，推动对话深入向前发展。四是提升与发展中国家政党的交往水平。发展中国家是中国对外关系的基础所在，是中国在国际社会可以信赖的真诚伙伴。根据新型义利观的要求，政党外交要继续创新方式，拓宽交往渠道，根据各个地区和国家的实际情况，找准有特色的交往方式，深化与非洲、中东、拉美、东欧、南太平洋、加勒比等地区发展中国家政党的交往合作，分享发展经验，协调政策立场，推动与上述地区国家的政党外交再上新台阶，充分挖掘和发挥党际交往在国家关系中的重要引领作用，巩固中国与广大发展中国家的关系，促进南南合作事业的向前发展。五是积极依托多边机制完善政党对外交往渠道。随着全球化的深入推进，各国政党之间的联系得到前所未有的增强，政党之间的国际合作日益增多。一些意识形态相似，或者归属同一地域的政党，不断加强国际联系，促进了政党活动的国际化，搭建了政党外交的多边平台。目前，从意识形态角度而言，主要有社会党国际、自由党国际、保守党国际、基民党国际四大政党国际组织。经过多年的发展，政党国际组织的影响日渐扩大。从地域角度而言，亚洲、欧洲、非洲、拉美等地区的区域政党组织不断涌现。比如，亚洲地区创建了政党国际会议，拉美地区则有圣保罗论坛，非洲设有政党理事会。伴随欧洲一体化进程的推进，欧盟成员国的政党联系日渐增多，成立了诸如欧洲社会党之类的区域政党组织。在政党国际化趋向日渐明显的背景下，需要加强同政党国际组织之间的联系，拓展政党外交的空间，完善党际交往的渠道。通过继续全面参与全球性、地区性的政党多边论坛，增强党际交往的集群效应，提高中国共产党的国际影响力。

（二）更加注重提升调研水平

做好调查研究，是谋事之基，成事之道。精准高效的调研，是政党外交的一项基础性工作。当前，国际和地区形势变化很快，做好调研工作的重要性前所未有地提高。政党外交要努力提升自身为调研服务的水平，坚持用马克思主义的立场、观点和方法，加强政党政治、社会主义和资本主义、国际形势、对外战略、社会思潮等领域的研究，搞好前瞻性调研，当好党和国家外事决策的参谋助手。既要从宏观视角准确把握国际形势的发展走向，又要从微观视角深入了解对象国的国内动态，提升战略研判的科学性，分析对中国可能带来的影响，提出具备可行性的政策建议，确保调研成果的可用度。政党外交的接触面广，能够与交往对象国的政策制定部门、智库、学界、非政府组织等各个机构的人士交流互动，掌握"活资料"。调研工作要坚持政策分析和理论探讨并重，在密切跟踪国际和地区局势复杂变化，提出应对措施建议的同时，还要注重理论总结，将中国的对外政策和党际交往方针提炼升华，进行理论总结，丰富中国特色的国际关系理论和外交思想。

新时期的政党外交，要紧密结合新形势下加强和改进党的建设要求，为提高党的执政能力、巩固党的执政地位、完成党的执政使命献言献策，促进国家治理体系和治理能力现代化水平的提升。他山之石，可以攻玉。在全球化时代，各国普遍面临共同的风险和挑战。无论是各国的执政党，还是其他党派，既积累了丰富的治国理政经验，也不乏遭受了沉重的教训。自诞生以来，中国共产党始终善于学习借鉴别国政党的有益经验。在新时代，更要善于吸收一切人类文明的优秀成果，借鉴国外政党兴衰成败经验，深化对共产党执政规律的认识。要加大与国外政党交流治国理政经验的力度，着重加强党的建设、社会管理、预防和惩治腐败、服务群众等方面的相互学习，提高党的执政能力和执政水平，增强为人民服务的本领，推动国家治理体系和治理能力现代化建设。

（三）更加注重积累人脉

善于做人的工作，是政党外交特有的工作特点。在国际上，深交广交一支对华友好的可靠力量，往往能使对外交往工作收到事半功倍的效果。政党外交可以发挥全天候外交、柔性外交的优势，开诚布公和各类工作对象沟通对话，阐明中国的发展目标，壮大知华友华力量。由于历史文化差异、发展阶段不同等因素的影响，中国与其他国家看待问题的视角不同，需要增加交流，消除理解上的鸿沟。做人的工作应当始终秉持灵活性，不拘形式，可以就各类问题进行坦诚交流。深入做好人的工作，不意味着必定要促使对方改变原有的立场观点，而是寻求相互理解，尽可能减少误解和猜测，起到增信释疑的作用。扩大交往对象的覆盖面，"官方民间齐努力、精英草根两头抓、热灶冷灶一起烧"，不仅要抓住国外政党和政治组织的人员深入做好工作，也要涵盖智库、学界、媒体、非政府组织等具有广泛社会影响力的群体，做到广积人脉，广结善缘。做好积累人脉的工作，需要长期积累，应当坚持润物细无声，做到细水长流，不必刻意追求短期见效。

近年来，中国公民前往海外定居、旅行、留学、经商的人数不断攀升，中资企业的投资也可谓遍布全球。由于不熟悉当地法律法规等多重因素的影响，海外涉及中国公民和中资企业的矛盾纠纷日渐增多。面对这些新的形势，政党外交需要进一步增强"外交为民"的意识，借助广泛深厚的人脉网络，与国内有关部门和驻外使领馆等机构保持密切合作，保障海外中国公民人身财产和企业的投资安全，努力维护海外华人华侨的正当权益。随着"一带一路"建设的深入发展，需要加强与合作伙伴国朝野政党的沟通与交流，通过政党渠道助力"一带一路"倡议行稳致远和高质量发展。

（四）更加注重塑造有利的国际形象

在全球化时代，国家形象已成为国家软实力建设的重要支撑因素，而国家软实力的强弱又是衡量各国综合国力的关键指标。良好的国家形象，是各国国家实力建设所着重追求的目标。政党形象与国家形象存在差异，二者的内涵不同。两者之间既有所区分，又互为补充，相互影响。宪法赋予中国共产党的长期执政党地位，决定了政党形象与国家形象之间存在着紧密的关联度。可以说，党的形象不仅关乎自身，而且是整个国家形象中不可割离的重要部分。随着中国的国际影响力的增强，世界也渴望更多了解中国，更多了解中国共产党。由于意识形态的差异以及缺乏直接了解，相当数量的国外民众至今仍对中国共产党缺乏正确客观的认识，存有不同程度的偏见和误解。一些媒体记者和政治人物等为了达到特定目的，甚至刻意歪曲和丑化中国共产党的形象。因此，中国特色政党外交应当加大对国家形象和政党形象的传播力度，塑造中国和中国共产党在国际社会的良好形象。广泛介绍中国共产党以人为本的执政理念，展示党在经济、政治、文化、社会、生态文明建设和自身建设方面所取得的成就，用生动鲜明而具有说服力的事例表明党始终致力于维护世界和平、促进共同发展，增进国际社会对党的了解、理解和认同，树立立党为公、执政为民和民主、进步、开放、创新的新型马克思主义政党形象。开展好党的对外传播工作，既要客观真实地向国际社会介绍情况，也要积极回应外方的疑虑和关切，用坦率真诚赢得对方的理解和好感。既要理直气壮宣传好中国的成绩，也要实事求是讲我们面临的困难和挑战，既宣传中国文化的独特性又宣传各国文化的相通性，既宣传政府行为也宣传民间行为，向世界展现真实、立体、全面的中国。讲中国故事和中国共产党的故事，既要有"中国味儿"又要具"世界范儿"，以小人物书写大时代、小切口绘就大叙事，达到润物无声、潜移默化的效果。

习近平总书记指出，面对国内外形势深刻复杂的变化，党的对外工作作为国家总体外交的重要组成部分，任务重、责任大，一定要继往开来、开拓进取、再创辉煌，努力成为促进我国对外关系发展的重要途径，成为展示党的良好国际形象的重要窗口，成为党员领导干部观察和研究世界的重要平台，成为借鉴国外经验、为中央决策服务的重要渠道。作为国家总体外交的重要组成部分，政党外交需要与时俱进，开拓创新，找准切入点和着力点，探索新型政党之间的关系，以党际交流拓展各领域合作。可以预计，在新时代，政党外交在国家总体外交中将会占有更加重要的地位。伴随中国共产党带领中国人民实现中华民族伟大复兴的征程上不断取得新成绩，在继承以往工作的基础上，中国特色的政党外交将会在新的历史时期谱写崭新的辉煌篇章。

"新型政党关系"的理论逻辑与实践逻辑

柴尚金 [1]

在中国共产党首次与全球各类政党举行的高层对话会上，习近平总书记提出了建立"求同存异、相互尊重、互学互鉴的新型政党关系"的主张。建立新型政党关系的主张不仅展现了中国共产党的大党气派和大国大党领导人的远见卓识，而且具有深刻的理论内涵和鲜明的时代特色，是中国共产党新型党际关系的理论逻辑和新时代政党外交的实践逻辑的延伸展开。

一、"新型党际关系"理论逻辑的自然延伸

在中国共产党历史上，党对外交往的指导方针总是与一定的时代背景和历史条件相联系的，并总是根据客观情况的变化和国内任务的变化而不断调整。党的十一届三中全会以前，无产阶级国际主义是中国共产党同各国共产

---

[1] 柴尚金，中共中央对外联络部当代世界研究中心研究员。

党、工人党交往的原则，意识形态和政治纲领相同是交往的前提。之后，随着党的工作重心的转移，党的对外交往的指导思想也开始了调整。以邓小平为核心的中共第二代中央领导集体在科学判断国际形势和时代特征的基础上，深刻总结了国际共产主义运动正反两方面的经验教训，提出了建立新型党际关系的思想。新型党际关系包含以下内容：第一，党与党之间要建立"新型的关系"；第二，各党根据本国国情独立自主地决定本国的事情，而不是根据其他国家的利益和其他党的意志办事；第三，各党不能根据自身经验来评判其他国家政党的功过是非；第四，党与党之间不论大小、强弱、执政还是在野，都应完全平等，相互尊重，互不干涉内部事务；第五，意识形态差异不应成为党际关系的障碍，各国党应本着求同存异的精神开展新型的党际交流与合作；第六，开展党际交流与合作应以促进国家关系发展为目的；第七，对党际关系中的历史问题应不计前嫌，不纠缠旧账，一切向前看。党的十二大按照邓小平提出的建立新型党际关系的思想，确立了党际关系四项原则即"独立自主、完全平等、互相尊重、互不干涉内部事务"。党际关系四项原则与和平共处五项原则的精神是完全一致的，既超越了意识形态的差异，又抛弃了以美苏划线的藩篱，为开拓对外关系新局面提供了重要的理论指导。

冷战结束后，随着世界多极化、经济全球化和国际关系民主化进程不断发展，特别是冷战结束后国际政治格局处于广泛而深刻的变化之中，一方面各种意识形态、政治力量与社会运动竞争并存，世界文明的多样性与发展模式的多样化更加明显，人类社会的相互依存、联系、交流与合作日趋密切。两种不同制度、不同意识形态的较量仍然存在，且领域扩展，方式多样，斗争形势更加复杂。西方国家通过党际交往等形式对我们进行意识形态的侵蚀和渗透，这是始终存在的，有时斗争还会很激烈。另一方面，和平与发展遇到新的霸权主义、非传统安全威胁、南北经济发展失衡、生态环境恶化、气候变化异常等问题的严峻挑战。国际格局和中国对外关系变化对党的对外交往提出了新要求，政党外交的对象、内容、重点等都需要与时俱进，既要充分发挥政党交往的自身优势，做好人的工作，加深了解，增强互信，通过党际关系,在各国主流政治力量和政治家之间就和平与发展等诸多问题搭建起对话、交流与合作的桥梁。同时又要从外交工作的一般规律出发,以不断发展着的外交理念为指导,将政党交往工作渗透到国家外交的具体实践中,进一步提高服务于党的中心工作和国家总体外交的目的和效果。

党的十八大以来,习近平总书记站立时代潮头,把握世界大势,亲自擘画运筹,提出了一整套外交新理念新举措新战略,进行了一系列重大外交决策机制和外交政策与策略的改革创新。建立新型政党关系、建设新型国际关系、积极构建人类命运共同体的思想,是习近平外交思想的核心内容,具有深刻的理论内涵和实践意义。新型政党关系的"新"体现在"求同存异、相互尊重、互学互鉴"的原则上。"求同存异、相互尊重"是政党交往的前提,是我们对外交往的策略,落脚点在于"了解和合作"和"互学互鉴"。政党外交难免带有意识形态色彩,完全回避意识形态,不仅会失去党际交往的深刻内涵,也是不现实的。特别是作为执政党的对外交往,国家利益直接表现在社会主义国家政权上,国家政治利益的意识形态属性是很明显的。政党交往工作重在对话与思想交流,正常的对话交流是通过摆事实、讲道理来阐述自己的思想观点和政策主张,是平等交流。所以,对话交流的前提是各党独立自主,相互尊重,互不干涉内部事务,只有在这个前提下才能谈得上对话交流。通过平等交流,最终要达到搁置或减少分歧、增进了解、多交朋友、扩大交流、推动合作、共谋发展的目的。

中国共产党同世界上其他大多数政党一样,都具有自己的阶级属性,对外交往中意识形态方面的交锋是不可避免的。在政党交往中,不要求对方改变意识形态立场,不扩大也不挑起争论,不搞意识形态对抗。然而,"求同存异""不计较意识形态差异",不等于放弃意识形态,放弃我们自己的立场。"不计较"是以承认差异为前提的,只是不让差异成为阻碍交往的鸿沟。在对话和思想交流中,除了友谊外,也有思想交锋,恰如其分的思想交锋,往往会赢得友谊和尊重,有益于双方的沟通,这种交锋是健康有益的,思想交锋的目的是求同存异、谋求合作。在处理与我意识形态分歧严重的政党关系时,必须坚定原则立场,同时也应注意灵活性,既要善于用对方听得懂、乐于听的语言和态度来介绍情况、阐述问题，也要善于吸取对方合理、有益的观点，博采众家之长。不同国家的政党和政治组织只有增进互信、加强沟通、密切协作，才能建立起求同存异、相互尊重、互学互鉴的新型政党关系，搭建多种形式、多种层次的国际政党交流合作网络。

二、中国外交实践逻辑的充分展现

新中国成立以来，我们始终将自身发展寓于世界各国共同发展之中，致力于同各国开展友好合作，积极倡导和平共处五项原则，在实践中形成一系列重大外交政策主张和战略思想，赢得国际社会的广泛理解和支持，使和平发展的道路越走越宽广。在中国共产党党纲和其他重要文件中，和平共处五项原则和党际关系四项原则基本上是同时阐述的，反映出党和国家在对外关系的指导方针上的一致性：按照五项原则发展同世界各国的关系，按照四项原则发展同各国政党的关系，目的只有一个，就是在国际事务中，坚持独立自主的和平外交政策，维护我国的独立和主权，反对霸权主义和强权政治，维护世界和平，促进人类进步，努力为中国改革开放和现代化建设争取有利的国际环境。

当今中国与世界的关系正站在新历史起点上，国际力量消长对比加快，全球性问题越来越突出，各国人民前途命运相互关联前所未有。新时代新变化需要各国政党担负起自己的责任和使命，建立求同存异、相互尊重、互学互鉴的新型政党关系。世界各国很多政党希望中国和中国共产党继续发挥大国大党作用，期待超越意识形态差异，更多开展同中国共产党的交流与合作，通过机制化政党对话活动，凝聚不同民族、不同信仰、不同文化、不同地域人民的共识，共襄构建人类命运共同体的伟业。习近平总书记以社会主义大国领导人的气度，指出中国始终是世界和平的建设者、全球发展的贡献者、国际秩序的维护者，强调中国人是讲爱国主义的，同时也是具有国际视野和国际胸怀的；中国将在力所能及范围内积极承担更多国际责任和义务，同世界各国一道维护人类良知和国际公理，在国际和地区事务中主持公道、伸张正义。习近平不仅阐明"和平、发展、公平、正义、民主、自由"的人类共同价值；还强调各国要相互依存、休戚与共，继承和弘扬联合国宪章的宗旨和原则，"构建以合作共赢为核心的新型国际关系，打造人类命运共同体"。

在以习近平总书记提出的构建新型国际关系、打造人类命运共同体等重大对外战略思想指导下，中国特色大国外交从容应对国际局势深刻演变、全面参与全球事务和重大国际行动，提出了构建以合作共赢为核心的新型国际关系的中国方案，为推动建立公正合理的国际政治经济新秩序贡献了中国智慧。当今，中国声音越来越响亮，中国作用越来越凸显，越来越多的中国倡议上升为国际共识，越来越多的中国方案汇聚成国际行动，越来越多的中国机遇为世界各国共享。习近平总书记关于建立新型政党关系的理念，是对新中国建立近70年来外交大政方针和优良传统的继承和发展，也是对过去300多年来西方传统国际关系理论的创新和超越，是指导新形势下政党外交的行动指南。在构建人类命运共同体的过程中，我们将继续坚定奉行独立自主的和平外交政策和党际交往四项原则，充分尊重各国人民自主选择发展道路的权利，积极开展同各国政党交流合作。中国共产党在对外交往中，充分发挥自身优势，通过交往、交流、交心，探索在新型国际关系的基础上建立求同存异、相互尊重、互学互鉴的新型政党关系，搭建多种形式、多种层次的国际政党交流合作网络，汇聚构建人类命运共同体的强大力量。

三、推动人类文明进步的必然要求

近代社会以来，政党就是组织国家政治生活最主要的工具，在国家政治生活中发挥着重要作用，也是推动人类文明进步的重要力量。虽然各国国情各异，政党大小不一，但彼此之间多开展交流，有利于吸取不同政治模式的精华，推进世界的和平与发展。大道之行，天下为公。政党交往重在政治对话与思想交流，在求同存异、相互尊重的基础上加深理解，共同寻求解决全球问题之道。中国共产党不仅是为中国人民谋幸福的政党，也是为人类进步事业而奋斗的政党。作为拥有8900多万党员、领导13亿多人口大国的世界第一大党，中国共产党清醒地知道新时代中国的历史方位和自身肩负的重任。中国共产党在领导中国人民开创新时代的征程中，不忘初心、牢记使命，始终做世界和平的建设者、全球发展的贡献者、国际秩序的维护者，推动构建人类命运共同体，努力为人类进步事业做出新的更大贡献。

中国共产党的"大"不仅体现在体量上，更体现在责任与担当上。"为中国人民谋幸福、为中华民族谋复兴、为人类谋和平与发展"，中国共产党始终将推动本国发展同人类进步事业联系在一起。毛泽东同志在新中国成立后就明确提出"中国应当对于人类有较大贡献"。邓小平同志在改革开放之初也明确指出，"把中国的事情办好，就是对人类的贡献"。习近平总书记在十九大报告中明确指出，"中国共产党是为中国人民谋幸福的政党，也是为人类进步事业而奋斗的政党。中国共产党始终把为人类作出新的更大的贡献作为自己的使命"。习近平总书记在十九大报告中对构建人类命运共同体提出了基本要求：一要相互尊重、平等协商，坚决摒弃冷战思维和强权政治，坚持走对话而不对抗、结伴而不结盟的国与国交往新路，坚持以对话解决争端、以协商化解分歧，统筹应对传统和非传统安全威胁，反对一切形式的恐怖主义。二要同舟共济，促进贸易和投资自由化便利化，推动经济全球化朝着更加开放、包容、普惠、平衡、共赢的方向发展。三要尊重世界文明多样性，以文明交流超越文明隔阂、文明互鉴超越文明冲突、文明共存超越文明优越。四要坚持环境友好，合作应对气候变化，保护好人类赖以生存的地球家园，还自然以宁静、和谐、美丽。构建人类命运共同体体现了中国共产党人的历史自觉、国际视野和世界关怀，说明中国共产党从建党的初心开始，就把中国人民的幸福与世界人民的幸福紧紧连接在一起。推动建设相互尊重、公平正义、合作共赢的新型国际关系，积极构建人类命运共同体的思想，是习近平外交思想的核心内容，具有重大的理论意义和实践意义，无疑是当今中国共产党开展对外交往必须遵循的重要准则。

政党交往不是拉帮结派搞对抗，政党对话不是搞"小圈子"谋私利。新时代中国特色社会主义所坚持的道路、制度和核心价值，决定了中国在国际关系中，坚决反对把自己的意志强加于人，反对干涉别国内政，反对以强凌弱，不会也不可能搞零和游戏和丛林法则那一套做法。经过 40 年改革开放，中国特色社会主义获得了巨大成功，赢得了国际社会的普遍赞赏。曾获诺贝尔奖的经济学家科思说："我深知中国前途远大，深知中国的奋斗就是人类的奋斗，中国的经验对全人类非常重要。"各国政党希望中国和中国共产党继续发挥大国大党作用，期待超越意识形态差异，更多开展同中国共产党的交流与合作。许多外国政党政要表示要分享中共执政经验，学习中国发展模式。一些左翼政党看好中国特色社会主义发展前景，期待中共能为世界社会主义运动不断推进，为世界和平与发展作出新的重大贡献。尽管如此，中国共产党在对外交往中仍坚持独立自主、完全平等、相互尊重、互不干涉内部事务的原则，不"输入"外国模式，也不"输出"中国模式，不会要求别国"复制"中国的做法，中国共产党积极推动同各国政党建立新型政党关系，目的在于，通过对话交流，凝聚不同民族、不同信仰、不同文化、不同地域人民的共识，不断推动政党间加强相互认知，谋求合作共赢，共襄构建人类命运共同体伟业。

如何观察新时代中国共产党公共外交

王义桅 [1]

　　进入新时代，随着政党交往的不断加深和政党外交内涵的不断延伸，中国共产党公共外交应运而生。要了解中国，就要了解中国共产党。要了解中共公共外交，就要了解中共的政治逻辑和执政理念。因此，在新时代，阐释好中国共产党——你是谁，你从哪里来，要到哪儿去，阐明中国共产党与中国传统文化、马克思主义的关系，如何团结各国政党对内致力于以人民为中心的执政理念，对外共同构建人类命运共同体，就显得尤其重要。

一、中共公共外交的历史回顾

　　中共公共外交经历了从被动到主动，从借力到发力的过程转变，时间跨度可从延安时期追溯至今，其形式也在不断转变。

---

[1] 王义桅，中国人民大学习近平新时代中国特色社会主义思想研究院副院长，欧盟"让·莫内"讲席教授，国际关系学院博士生导师，中联部当代世界研究中心特约研究员。

延安时期，美国记者斯诺《红星照耀中国》（后中译本改名为《西行漫记》）一书，揭开了中国共产党的神秘面纱，展示了以毛泽东为代表的中国共产党的领袖风采。《西行漫记》是中国共产党公共外交的开端，它适应了中国共产党公共外交的需要：成功地向西方公众展示了中国共产党的真情实貌，拉近了中国共产党与西方公众的距离；激励和吸引了一批国际友人同情和投身于中国革命事业；促使美国政府重新认识中国共产党的力量和作用，在一定程度上影响了美国政府的外交决策；极大地促进了中国共产党公共外交事业的发展。[1]

新中国成立后，"一边倒"外交让中国共产党与苏联等社会主义国家共产党命运与共。20世纪60年代中苏之间展开了一场关于国际共运和马克思主义理论的论战，历时十年，又称"十年论战"。这场旷日持久的意识形态之争，尽管中国共产党由此树立了独立自主的国际形象，但也造成社会主义阵营的分裂，对国际共产主义运动带来了负面影响。改革开放后，中国共产党本着求同存异的精神开展党际交流与合作，但仍未完全消除"不公开""不透明""神秘""专制"等误解，这与改革开放以来中国共产党已经发生重要变化的实际情况不相符合，也与中国共产党在中国和世界上实际发挥的作用不相匹配。

从2010年3月开始至2012年5月，中联部与中纪委、中宣部、中组部、中央党校、中央党史研究室、中央编译局等单位合作，先后邀请120多个国家的280人次高级外交官、100人次媒体记者和20余名知名学者以不同形式走进党的部门。活动中，除安排他们听取各部门职能情况介绍、参观办公场所、观摩工作流程外，还安排各级干部，特别是部门负责人与他们互动交流、回答提问。

"走进党的部门"系列活动促进了外界对中国共产党执政地位和执政理念的理解，有助于消除国际社会对中国共产党的部门和干部的"神秘感"，

---

[1] 刘国华、周娇：《〈西行漫记〉——公共外交的典型案例》，载《理论建设》，2011年第1期。

激发了各界进一步了解和研究中国共产党的兴趣。[1]《习近平谈治国理政》等著作在国际上逐步流行起来，展示了中国共产党理念主张和制度魅力。

以 2017 年底举办中国共产党与世界政党高层对话会为标志，中共公共外交超越政党外交层面，高举人类命运共同体旗帜，彰显世界大同的初心。其目的与意义包括：一是希望与世界各国政党共商共议、平等交流，为应对人类社会面临的发展难题和共同挑战，携手构建人类命运共同体凝聚更多的动力和智慧；二是希望与各国政党相互借鉴治党治国经验，共同提高执政和参政能力。中国共产党是开放包容的，既向世界介绍自己的经验做法，也向世界学习；三是为各国各类政党相互沟通、深入交流提供契机，推动各国政党在涉及人类前途命运等重大战略问题上形成更多的共识。[2]

高层对话会前后，还配套举行了第三届中非政党理论研讨会、第二届中国—中亚政党论坛、第十届中美政党对话、中国—中东欧政党对话会、金砖国家与发展中国家政党对话会、纪念马克思诞辰 200 周年专题研讨会、第四届中非青年领导人论坛、第二届中拉政党论坛、首届上海合作组织政党论坛以及中国共产党与世界政党高层对话会专题会议等。中共公共外交越来越聚焦于执政理念的分享、共鸣及人类政治新理念的探讨。

党的十九大报告首次将"三个自信"（道路自信、理论自信、制度自信）拓展为"四个自信"（增加"文化自信"），将中国特色社会主义思想与中华五千年文明传承很好地结合起来，为中华民族伟大复兴中国梦的实现奠定了坚实的思想文化基础。

习近平总书记指出："中国优秀传统文化的丰富哲学思想、人文精神、教化思想、道德理念等，可以为人们认识和改造世界提供有益启迪，可以为治国理政提供有益启示，也可以为道德建设提供有益启发。"正如《道德经》第四十九章所言：圣人常无心，以百姓之心为心。善者，吾善之；不善者，吾亦善之，德善。信者，吾信之；不信者，吾亦信之，德信。圣人在天下，歙歙

---

[1] 栾建章、孙一楠：《让世界了解中国共产党——"走进党的部门"系列活动案例分析》，载《公共外交季刊》，2012 年秋季。

[2]《中国共产党与世界政党高层对话会：具有突破性意义 备受各方期待》，http://news.cyol.com/content/2017-12/01/content_16738870.htm

焉为天下浑其心，百姓皆注其耳目，圣人皆孩之。[1]

2017年底，推进"一带一路"建设和推动构建人类命运共同体等内容被写入党章，更是彰显了新时代中国共产党的国际理念和全球视野。以中国共产党与世界政党高层对话会的召开为标志，中共公共外交超越政党外交层面，探索寻求人类价值观的最大公约数。

二、中国共产党对西方政党政治的超越

正如中国不是西方的民族国家，中国共产党并非西方的政党一样，中共对西方政党政治的超越，可以从三个方面加以观察。

第一，从时间逻辑来看。西方政党多采取多党轮流执政，政治周期短，政策变化大，且与经济周期不匹配，因此即便凯恩斯主义经济政策，也只是缓解，并不能避免资本主义经济危机，也难以制定和实施经济社会长期稳定发展的总体规划。比如，在新自由主义全球化背景下，西方国家基础设施建设周期长、见效慢、成本高，政客们又受制于选举政治，着眼于短期利益，因此基础设施建设长期被忽视。所以，西方对"一带一路"倡议既心动又排斥，他们干不了，也担心中国动其国际根基，充满矛盾心理。

第二，从空间逻辑来看。All politics is local（所有的政治都是地方性的），但就一国而言，经济是一体化的，而就全球而言，经济又是全球化的。这种政治—经济矛盾导致政治分歧激化、民粹主义泛滥，因为经济一体化、全球化导致资源在一国和全球的配置是重效率而非公平，产业转移在国内导致地区发展不平衡，在国际上则导致产业空心化，就业问题凸显，行业和地区收入差距拉大，排外情绪加剧。

第三，从自身逻辑来看。西方"分"的文化，产生政教分离、三权分立

---

[1] 译文：圣人常常是没有私心的，以百姓的心为自己的心。对于善良的人，我善待于他；对于不善良的人，我也善待他，这样就可以得到善良了，从而使人人向善。对于守信的人，我信任他；对不守信的人，我也信任他，这样可以得到诚信了，从而使人人守信。有道的圣人在其位，收敛自己的欲意，使天下的心思归于浑朴。百姓们都专注于自己的耳目聪明，有道的人使他们都回到婴孩般纯朴的状态。

等制度安排，经历文艺复兴、地理大发现，将西方性包装为现代性、全球性进行扩张。美国倡导的新自由主义全球化更是让美国性滥觞于世，这是当今西方民粹主义泛滥的源泉。而中国和合文化将传统的"党"（party）无论中文语境的"君子不党"、还是西文语境的"部分（part）"变成"立党为公、执政为民"，传统政治文化得以创造性转化和创新性发展。中华文化落地生根、全球化本土化成就中国共产党，没有产生精英—大众分离。

总之，中国共产党在中国的执政地位是以中华传统文化为根基的，以苟日新日日新的文明为载体的，以开放学习的胸襟为保障的，将全心全意为人民服务作为宗旨，正因为不谋全局者，不足以谋一域；不谋万世者，不足以谋一时，故从时间、空间和自身维度上超越了西方政党政治。

三、中国共产党执政理念的演变

"十月革命一声炮响，给中国送来了马克思列宁主义"。近代中国经过艰苦卓绝的探索，尝试探索了多种思潮和政治体制，最终选择了中国共产党，选择了社会主义。这是人民的选择，是历史的选择，也是时代的必然，社会主义由此从一种运动发展成为一种制度，并最终与中国革命和建设相结合，实现了伟大的飞跃。在此基础上，中国成功取得新民主主义革命的成功，社会主义建设的成功和改革开放的成功。

以毛泽东为核心的第一代中国领导集体，将社会主义制度和道路跟中国的革命和建设结合起来，实现了马克思主义中国化的第一步；邓小平时期，通过改革开放和全球化角度，找到了中国特色社会主义市场经济理论，在坚持中国特色社会主义的基础上，将西方的变成中国的；新时代，以习近平同志为核心的党中央，在中国的传统文化中找到了马克思主义中国化的基因，并且提出了"一带一路""人类命运共同体"等理念，将中国的变成世界的。这三个阶段用一句话概括就是：告别了近代，走出了西方。

中国共产党人之所以能接受马克思主义、市场经济并将其中国化，是因为它们与中国传统文化中的"天下大同"思想有相通之处。将中国传统文化与革命文化和社会主义先进文化有机融通和结合起来，使得中国共产党保持了强大的生命力，在苏联解体、东欧剧变之后，依然能够坚持中国特色社会主义道路，带领中华民族实现伟大复兴的中国梦。

中国自古以来就有"天下大同"的思想。在全球化时代，中国特色社会主义又进一步焕发了这种生命力。正如十九大报告指出的，"中国特色社会主义道路、理论、制度、文化不断发展，拓展了发展中国家走向现代化的途径，给世界上那些既希望加快发展又希望保持自身独立性的国家和民族提供了全新选择，为解决人类问题贡献了中国智慧和中国方案"。习近平总书记指出："我们所做的一切都是为人民谋幸福，为民族谋复兴，为世界谋大同"，这是共产党人的初心。因此，中国共产党提出建设"一带一路"和构建"人类命运共同体"，并将其写入党章，这是全球化时代的理论创新。

以"人类命运共同体"为核心的新时代中国共产党的世界观，源于历史，将中国古代和世界各国文化中关于"天下"和"大同"的思想激活了。从传统的角度上说，西方自古就有"我为人人，人人为我"的思想，印度教中也有"世界宗教是一家"的思想；从发展的角度上说，"人类命运共同体"理念继承了近代以来的威斯特伐利亚体系、联合国宪章、《日内瓦公约》、和平共处五项原则中各民族和文化和谐共处的基因，也激活了马克思主义关于世界历史、自由人类联合体等思想。

总之，从全球角度来看，中国共产党的执政理念是基于各国传统文化尤其是在中国传统文化进行了创造性转化和创新性发展。通过"一带一路"着力构建全球互联互通伙伴关系，推动构建人类命运共同体，从而将马克思主义思想和全球化时代各国的文化、诉求和价值观很好地结合起来。

四、中共公共外交面临的机遇与挑战

习近平总书记强调，我们面临百年未有之大变局，这是中共公共外交面临的最大机遇和挑战。

当前，世界各国普遍遭受民粹主义挑战，传统政党政治、精英政治饱受

新型政党关系与新时代政党外交

冲击，经济发展步履蹒跚，社会矛盾错综复杂。中国共产党公共外交可抓住机遇，讲好中国共产党和中国共产党人的故事，尤其是讲好反腐、脱贫、绿色发展的故事，将"一带一路"打造成廉洁之路、发展之路。

从中国共产党网站到中国共产党与世界政党高层对话会《北京倡议》，中共公共外交已经收获颇丰，成功向世界展示了自信、开放、进取、鲜活的中国共产党和中国共产党人的形象。

当前，中国共产党的群众路线、协商民主和选举—选拔结合、基层治理等，正日益受到国际社会的关注。这也是今后中共公共外交可以加大工作力度的一些重要领域。

当然，中共公共外交也面临不少挑战，变局既是机遇，也是挑战。

中共十九大报告指出，"东西南北中，党政军民学，党是领导一切的"。一些西方媒体就此指责中国是非市场经济国家，造成内外理解上的很大反差。一些别有用心的人总是质问：党大还是法大？中国共产党秉承"大道之行，天下为公"理念，彰显"万法归一"之道，是西方政治话语之"法"所不能体现的。如何向世界诠释这些重要表述，是摆在中共公共外交面前的重要课题。

在西方传统政党政治日益受到质疑、诟病的情形下，中国共产党也面临区块链、人工智能、大数据等新技术反权威、反建制等倾向的挑战，必须增强忧患意识，把握新技术革命的脉搏和信息时代、变动社会的矛盾，创造性开展公共外交。

把握时代之变，谋划未来之局，中共公共外交还需要阐释好中国共产党与传统文化、社会主义、全球化的关系，以中华文化之包容不断实现马克思主义的中国化，从而为中华民族伟大复兴创造良好的国际环境。

简而言之，中共公共外交的长期目标是传播世界大同，平台是"一带一路"，理念是人类命运共同体。将"一带一路"、人类命运共同体写进党章，就为此做了很好的时代注脚。

人类命运共同体构建的政党逻辑与中国作用
——新型政党关系与新时代党的对外工作研究

郑长忠、沈大伟、孙鹏、李亚丁、王志鹏 [1]

　　随着中国特色社会主义进入新时代，中国共产党既要在中国国内领导实现中华民族伟大复兴，也要在世界范围内推动构建人类命运共同体，其背后都蕴含着新型现代文明形态的生成逻辑。新型政党关系是人类命运共同体构建重要机制，由此，顺应新型现代文明生成逻辑，建立新型政党关系，推动人类命运共同体构建，就成为了新时代中国共产党对外工作的中心任务。新型政党关系构建作为一项系统工程，要从价值维度、制度维度和组织维度实现全面的机制创新；相应的，党的对外工作也要在这三个维度实现创新发展，既要在创新党的对外工作过程中实现新型政党关系构建，也要通过推动

[1] 郑长忠，复旦大学政党建设与国家发展研究中心主任；
沈大伟，复旦大学政党建设与国家发展研究中心研究助理；
孙鹏，上海财经大学马克思主义学院讲师；
李亚丁，复旦大学国际关系与公共事务学院博士生；
王志鹏，复旦大学国际关系与公共事务学院博士生。

新型政党关系以服务党的对外工作。

一、中华民族伟大复兴、人类命运共同体构建与新时代党的对外工作

建构面向未来的新型现代文明形态是当前人类共同面临的发展命题，其与现有文明形态最显著的区别在于以人民为中心而非以资本为中心的价值理念。中国共产党既要通过领导社会主义现代化建设、实现中华民族伟大复兴，推动新型现代文明形态在中国生成，也要通过人类命运共同体构建促进新型现代文明形态在世界范围的生成。随着网络—智能社会的到来，世界各国人民的命运被更加紧密地联系在一起，迫切需要克服现有国际关系机制的不足。因此，基于中国共产党的使命，新时代党的对外工作既要服务于中华民族伟大复兴，也要服务于人类命运共同体构建。

（一）建构面向未来的新型现代文明形态：当前人类的根本任务

现代社会为人类文明带来了前所未有的巨大发展，资本主义的逻辑推动着全球化的兴起和生产力的不断繁荣发展，这从根本上推动了人类社会的进步，极大地提升了人类世界的物质财富，正如马克思所言："资产阶级在它的不到一百年的阶级统治中所创造的生产力，比过去一切世代创造的生产力还要多，还要大"。[1] 然而，随着以资本主义为中心的现代社会形态不断发展，资本与劳动之间的张力并未消除，生产力的不断发展依旧伴随着以支配和剥削为主要内容的生产关系，资本主义为人类社会带来前所未有的繁荣时，也制造了深刻的社会危机。因此，建构面向未来的新型现代文明形态就由此成为了当前人类社会的根本任务。

一方面，以人民为中心是建构新型文明形态的价值内涵。新型文明形态的建构是对以资本为中心的既有文明形态的扬弃，易言之，在充分吸收和接纳资本主义发展的基础之上，进一步推动人的全面发展和社会进步。对于新型文明形态而言，政治、经济、社会和文化不再是以资本为中心的附庸品，

---

[1]《马克思恩格斯文集》，第 2 卷，第 36 页。北京：人民出版社，2009 年版。

而是真正推动人类社会进步、满足人的全面发展需求和活动空间的内涵体现。也正是在这个意义上，新型文明形态的建构最终的目标是要将人类创造出的一切文明成就回归运用到人自身的发展过程中。由此，通过建构新型文明形态的进程，人的发展由手段转变为目的，以人民为中心的价值内涵也就成为了外部世界发展的最高准则。

另一方面，以网络化和智能化为内容的活动空间是建构新型文明形态的依托平台。在过去的几十年中，互联网的出现彻底改变了人类社会的交往方式，信息的流通速度和范围都获得了前所未有的提升和扩展。正是在这个意义上，人与之间的联系愈发紧密，人的交往和互动不再受到物理空间的局限。此外，人工智能的不断发展使得未来生产力得到充分解放逐渐成为可能，而人类现有的生产和生活方式也将随之发生根本变化。面对技术的革新以及由此带来的社会变革，建构面向未来的新型文明形态成为了摆在全人类面前的迫切任务，新型文明形态应当以人民为中心作为其价值内涵，以网络化与智能化作为其依托平台，并在此基础之上推动形成全新的活动空间与生产生活方式，从根本上促进人的全面发展。

(二)社会主义现代化建设、中华民族伟大复兴与新型现代文明形态生成

过去的几十年里，中国由一个积贫积弱的落后国家历经几十年的奋斗一跃成为世界第二大经济体，从根本上提升了十几亿人的物质生活与精神文明水平，无论从任何一个角度而言，中国的崛起都是人类发展历史上具有里程碑意义的重要历史事件。归纳起来，中国崛起的成功经验就在于在中国共产党领导下坚定走中国特色社会主义道路，从根本上实现了全体人民共享发展成果的社会主义逻辑。

中国的经验充分证明，通过一个始终以人民为中心的政党的领导，任何一个国家和地区都可以坚持以人民为中心，充分发挥市场、资本和技术的作用，为人民服务。在中国共产党的领导下，中华民族伟大复兴的关键在于社会主义与现代化建设两者有机的统一和结合。作为国家建设和现代化进程的中轴力量，中国共产党始终坚持以人民为中心的发展模式本质上是对现有以资本为中心的文明形态的全面超越。实际上，在对资本主义本质性内容深刻揭示的基础之上，马克思主义理论体系内部本身就蕴藏着对现有文明形态的超越性，而这一超越性通过几代中国共产党人的实践摸索，终于形成了以党的领导为主体支撑的一系列制度和组织安排，使得理论的超越性化约为中国共产党的实践先进性，并以此成就了十几亿人民的幸福生活。

也正是在这个意义上，中国共产党领导中国人民实现社会主义现代化建设和民族复兴的历史经验也就为建构面向未来的新型文明形态提供了可供借鉴的成功模板。对于发展中国家而言，中国共产党和政府部门在消除贫困、提升人民物质生活与精神生活方面的努力应当被大范围地推广至其他发展中国家。对于发达的资本主义国家而言，中国共产党在现代化发展中始终坚持社会主义原则和毫不动摇地走共同富裕道路发展理念，又从历史的纬度超越了以资本为中心的发展模式。由此，对于建构新型文明形态而言，中国的崛起有着两个方面的历史意义：一是通过以人民为中心的政党推动国家和社会实现快速的现代化；二是在快速现代化的进程中坚持社会主义原则，始终将人的全面发展作为推动现代化发展的最终目的。

(三)网络—智能社会出现、人类命运共同体构建与新型现代文明形态生成

自工业时代以来，机器生产的出现极大地提升了整个社会的生产效率，也为人类社会创造了前所未有的财富。然而，工业化时代的到来并未给人类社会带来生产力的全面解放，以资本为中心的生产形态存在于工业化社会之中。随着科学技术的进步和互联网—人工智能时代的来临，生产力在不久的将来定会得到更加充分的发展，而人与人之间的关系也将变得愈发紧密，因此，推动建构人类命运共同体和新型现代文明形态的生成也将随着生产力的飞跃而成为人类社会下一步发展的必然趋势。

网络—智能社会的出现为人的全面发展提供了新的空间。一方面，网络—智能社会意味着信息革命的时代业已进入繁荣时期，互联网信息技术、人工智能等技术的普及和应用从根本上改变了工业化的生产方式并且极大地提升了生产效率。和以往任何一次技术革命类似，网络—智能社会的到来同时伴随着迎接新技术的美好和告别旧时代的痛楚。由此，网络—智能时代的到来从两个方面将人类社会紧紧地联系在一起。一方面，全球化的深入将世界联系成为一个整体，而建构新型文明形态首先要面对的就是人类社会由工业化时代向信息化时代转型的普适性矛盾与问题。另一方面，网络—智能社会的到来又将使得人的活动空间不再局限于以往的物理空间，同时也存在于虚拟的互联网空间。人的活动不单是生物体的活动，也是情感纽带的联系与互动。因此，互联网空间的出现极大地扩展了人类的活动空间，使得人与人之间的联系有了前所未有的紧密状态。

伴随着相类似的重大问题、不断扩展的活动空间以及愈发紧密的联系，人类社会逐渐成为一个每个人的全面发展都离不开其他人的命运共同体。这既是网络—智能社会到来的必然结果，也是建构面向未来的新型文明形态的重要基础。人类命运共同体的提出，充分反映了中国共产党人对世界历史进程规律的深刻洞悉和把握，同时也体现了中华民族对人类社会发展的使命担当。应当说，网络—智能社会的到来使得建构以人民为中心、充分推动人的全面发展的新型文明形态成为可能，而在这一进程之中，由中国共产党领导的中华民族也必将贡献重要的力量。

（四）新型文明形态生成、中国共产党使命与新时代党的对外工作

建构新型文明形态需要一系列新的工作方式，对于中国共产党而言，新时代的历史使命体现为两个方面的重要内涵。

首先，对内充分整合中国社会主义现代化的执政和建设经验，坚定中国道路的深刻合理性和优越性。作为人类命运共同体的一个重要组成部分，中华民族的伟大复兴以及面向未来人类现代文明的中国形态，构成了人类现代文明发展的一个重要组成部分；而14亿人民的解放与发展，更是人类进步的重要体现。因此，中国共产党领导中华民族伟大复兴，推动中国人民的解放与发展，不仅对中华民族，而且对人类社会发展都是具有重大意义的。其中之一就是，为人类命运共同体构建与发展，提供一个有能力并愿意为世界和平与人类解放做出贡献的伟大的民族共同体。

其次，根据新时代全球格局变化和网络—智能社会，全面发展党的对外工作，为建构面向未来的新型文明形态贡献中国力量。不论是在逻辑上还是在现实中，中华文明都是人类文明的重要组成部分。在历史上，中华文明的发展不仅受益于人类整体文明发展，并受到过其他文明的影响，而且在不同历史时期也都对人类文明发展做出过重大贡献。这体现出一个伟大文明发展的规律与机制，也体现出一个伟大民族的责任与使命。当代世界，中华文明的发展不是站在人类现代文明之外的发展，而是主动融入、引领世界潮流的发展。也正是在构建面向未来的人类现代文明中国形态的过程中，大跨步实现中华民族的伟大复兴。随着中华民族伟大复兴进入关键阶段，中国与世界的前途命运空前紧密地联系在一起。中国倡导并推动人类命运共同体建设，把中国人民的利益同各国人民的共同利益结合起来，把中国梦同世界梦连结起来，赋予中华民族伟大复兴更加深刻的世界意义，体现了中国将自身发展与世界共同发展相统一的全球视野、世界胸怀和大国担当。由此，面对全新的世界格局和建构新型文明形态的需要，新时期中国共产党对外工作应从整体战略布局出发，牢牢把握住两条主线：一是对坚持以人民为中心的发展理念，不断推进中华民族伟大复兴事业的进程；二是对外着力推进人类命运共同体的建设，积极将中国发展的经验，分享和传播给更多的国家和地区，自觉担当起建构新型文明形态的历史使命。

二、人类命运共同体构建、新型政党关系生成与国际关系机制创新

当前，人类生活的关联紧密度前所未有，同时人类面临的全球性问题数量之多、规模之大、程度之深也前所未有。世界各国人民前途命运越来越紧密地联系在一起。新型现代文明形态的生成是当前人类文明发展的基本趋势，而人类命运共同体的构建则是推进这一新型文明形态生成的重要方式。政党在国家政治生活中发挥着重要作用，也是推动人类文明进步的重要力量。推动人类命运共同体的构建是中国共产党对外工作的中心任务。随着现代文明的发展，政党功能也实现了从空间、性质到方式的全面发展，新型的政党关系也逐渐生成。因此，无论是从政党承担的时代任务，还是其拥有的能力基础而言，政党都成为促进国际关系机制创新的关键力量。

（一）新型现代文明形态生成、人类命运共同体构建与国际关系机制发展

新型文明形态的本质在于以人民为中心，是对以资本为中心的现代文明的扬弃。现代文明是资本主义时代来临后的产物，因此，现代文明的基本形态也被资本主义自身的逻辑所塑造和支配。既有现代文明的根本原则是以资本为中心，资本在空间上的扩展和力量上的发展是现代文明发展的根本驱动。在资本主义驱动下的现代文明在过去的数百年间，创造了前所未有的人类文明成果，极大地丰富了人类的物质生活和精神世界。但是，随着现代文明的进一步发展，现代性自身的危机也日益强烈地显现出来，以资本为中心的现代文明中人的生存形态的根本改善越来越难以实现。在这种情况下，一种以人民为中心的，面向人的解放和全面发展的新型现代文明形态开始生成。

推动人类命运共同体构建是新时代党的对外工作的中心任务。新型现代文明形态的生成虽然拥有深厚的历史和现实基础，也从根本上适应了人的全面发展的内在需求，但是新型现代文明形态的生成并不是一个自发和自动的过程，而是需要在人们的不断努力中来实现。在新型现代文明形态生成和发展的过程中，中国逐渐成为倡导者、引领者和中坚力量。人类命运共同体的构建与新型现代文明形态一脉相承，是新型现代文明形态的中国方案，党的对外工作就是围绕实现这一中国方案而展开。

新型现代文明形态的生成和人类命运共同体构建都需要和推动着国际关系机制的发展。国际关系机制是理解现代文明性质和发展的重要着眼点。一方面，国际关系机制是现代文明的重要产物。全球化是现代文明的基本特征，国际关系机制的形成和完善也伴随着现代文明的发展进程。另一方面，国际关系机制是现代文明发展的重要助力。现代文明的发展离不开全球竞争与合作，而国际关系机制正是实现这一全球竞争与合作的平台和基础。新型现代文明形态的生成既是一个历史进程，更是一个时代命题。新型现代文明形态的生成是人类生存形态发展的必然，其生成和发展过程也必须是面向全球和全人类的。在已经形成较为成熟现代国际关系机制的现代世界中，要实现人类文明形态的根本转型，就必须着眼于国际关系机制的发展。人类命运共同体构建是在中国的倡导和引领下来实现的，而这一构建过程也离不开国际关系机制空间。因此，无论是从新型现代文明形态的生成逻辑，还是从人类命运共同体构建的现实需求来看，都必须着力推动国际关系机制的发展。

（二）现代文明发展、现代政党出现与政党功能生成

国家与社会的冲突是现代文明发展的伴生物。现代文明发展过程中的内在矛盾称之为现代性危机，现代性危机的主要症结在于现代社会普遍性和特殊性之间的矛盾。随着现代文明的逐渐发展，以资本为核心的现代力量，逐步瓦解了传统社会团结个体、整合社会的方式及其组织载体，催生了现代社会奉行自由和平等原则的原子化个人。原子化个人的利益被提升到前所未有的高度，而社会公共利益又是每个个人发展所必需的，这种原子化个人的特殊性和公共利益的普遍性之间的矛盾在现代社会日益凸显出来。围绕公共利益的国家和作为"私利的战场"的社会之间的冲突就成为这种矛盾最主要的现实呈现方式，在这个意义上来说，国家与社会的冲突是现代文明发展的伴生物。

现代政党是作为调解现代国家与社会冲突的组织性和制度性安排而出现的。最早的现代政党产生于英美，其基本的功能在于整合社会利益，代表公众诉求。即现代政党就其产生的根源来说，是基于社会和民众诉求，而就其产生的目的来说，是指向国家权力，面向国家政权。因此，现代政党充当了社会和国家之间的中介性力量。一方面，政党通过整合社会利益，代表公众诉求，为社会提供影响和塑造国家的组织化载体；另一方面，政党通过掌握国家政权，回应社会诉求，促进民众需求的实现，为国家提供了与社会有效互动并促进社会发展的制度化渠道。正是在现代政党产生以后，国家和社会之间的冲突逐渐以一种组织性和制度性的方式来展开。

现代政党在发展过程中形成两种基本的功能形态，从而扮演着两类完全不同的角色。以英美为代表的发达国家是现代政党的发源地，在这类国家中，政党的主要功能在于整合与代表，政党作为社会利益和民众诉求的代言人，是国家政治社会事务和各项事业发展的辅助性力量。但是，在以中国为代表的后发国家中，由于缺乏成熟的国家和经济社会基础，政党作为一种强有力的组织化力量，其产生之后的首要任务不是协调国家和社会之间的冲突，而是推动建构现代国家和发展现代社会。因此，在这类国家中，政党的主要功能在于组织国家、引领社会，政党所扮演的角色也不再是简单的辅助性力量，而是决定发展方向和发展程度的中轴性力量。

（三）新型现代文明形态生成、人类命运共同体构建与政党功能发展

新型现代文明形态生成和人类命运共同体构建需要政党功能在空间上实现从国内向国际的延伸。新型现代文明形态生成和人类命运共同体构建都是面向全球和全人类的。无论是从其生成和构建的基本目的，还是从其实现方式来看，都必须充分发挥政党在国际空间中的功能。要实现政党功能在空间上从国内向国际的延伸，一方面，要着力提升政党的国际化水平，提升政党进行国际对话、开展国际合作、处理国际事务的能力，即提升政党进入国际空间的硬实力。另一方面，要创新政党进入国际空间的机制，尤其是改革和创新当前国际关系机制中不适应政党参与的部分，为政党在国际空间中发挥其应有功能创造良好的条件。

新型现代文明形态生成和人类命运共同体构建需要政党功能在性质上实现从隔阂向对话的转变。新型现代文明形态生成和人类命运共同体构建都是以对话、协商和共赢为基础的。现代政党一经产生就具有显著的民族国家性质，同一民族国家内部的政党或许代表着不同的阶级、阶层和利益集团，但是民族国家所界定的地域和人口范围，却是这些政党共同的社会基础和政治舞台。现代政党的这种民族国家属性，使得各个政党在开展国际对话、合作与交流的时候，难免受到自身民族国家特殊利益的影响。政党要能够促进国际对话、协商和共赢的实现，显然不可能完全抛弃其所属民族国家的基本立场，但是却可以坚持求同存异原则，更好地理解和尊重别国政党的诉求，通力合作，实现双方的合作共赢。

新型现代文明形态生成和人类命运共同体构建需要政党功能在形式上实现从分散向合作的扩展。新型现代文明形态生成和人类命运共同体构建的实现离不开全人类、各个国家的共同努力。现代政党在国际空间中的既有形态，是以民族国家为界限的孤立和分散状态，从历史和现实来看，除了国际共产主义运动中产生的共产国际等极少数国际政党联盟之外，各国政党的这种孤立和分散状态从未被打破。在新型现代文明形态生成和人类命运共同体构建的新时代、新形势和新任务下，政党的广泛和深入合作就成为必然选择。

（四）政党功能发展、新型政党关系生成与国际关系机制创新

构建人类命运共同体的使命，不仅要求政党功能必须得到发展，而且还要求建立新型政党关系，习近平总书记指出，实现人类命运共同体构建的这一伟大梦想，就"需要各方面智慧和力量。我们应该全方位、多层次、多角度集思广益，从实践中总结经验、寻找思路、升华思想、获取动力。不同国家的政党应该增进互信、加强沟通、密切协作，探索在新型国际关系的基础上建立求同存异、相互尊重、互学互鉴的新型政党关系，搭建多种形式、多种层次的国际政党交流合作网络，汇聚构建人类命运共同体的强大力量。"[1]这就意味着，要推动人类命运共同体构建，就必须在探索新型国家关系基础上，通过建立新型政党关系以创新国际关系机制。

一是政党功能发展、新型政党关系生成要求创新国际关系主体互动机制。随着政党功能在空间、性质和形式上的全面发展和新型政党关系的生成，政党完全有能力、有必要成为国际关系中的重要主体。传统国际关系机制中的主体是主权国家，其关系载体是各主权国家的政府，因此，政府间外交是传统外交的主导形式。由于政府间外交具有显著的刚性特征，随着全球化的深入发展，各国之间的利益冲突和交往关系日益多元化、复杂化，单纯的政府间外交已经很难协调好这类利益冲突，也很难处理好这类交往关系，这也为政党外交的登场提供了足够的发挥空间。随着政党功能的日益发展和完善，政党外交所能够发挥的作用成为国际关系主体机制中必不可少的环节。

二是政党功能发展、新型政党关系生成要求创新国际关系内容生成机制。随着政党功能在空间、性质和形式上的全面发展和新型政党关系的生成，政党完全有能力、有必要为国际关系的运行和发展提供新的内容。在传统国际关系机制中，国家间的重大政治、经济和军事关系是其核心内容，相

---

[1] 习近平：《携手建设更加美好的世界——在中国共产党与世界政党高层对话会上的主旨讲话》，http://www.xinhuanet.com/world/2017-12/01/c_1122045658.htm。

应地，围绕这些核心内容的硬实力和软实力竞争也塑造了国际关系的基本面貌。随着现代文明的进一步发展，尤其是新型现代文明形态的生成，不仅国家间的竞争领域日益广泛和深入，国家间的合作需求也日益强烈。面对这种国际关系现实基础的变迁，必须让政党外交和政党外交引领下的全方位外交介入其中，统合传统政府间外交所不能统合和涉及的外交事务，为国际关系的发展创造新的内容。

三是政党功能发展、新型政党关系生成成为促进国际关系机制创新的关键力量。政党功能发展为政党参与国际关系提供了现实基础，新型政党关系的生成又为政党参与国家关系创造了良好的条件。现实基础的完善和参与条件的成熟使得政党日益成为国际关系中的活跃角色，也使其成为促进国际关系机制创新的关键力量。一方面，当前国际关系发展的大环境是新型现代文明形态的生成，政党作为促进新型现代文明形态生成的中轴性力量，也应当在国际关系机制创新中扮演关键角色。另一方面，政党作为一种介入国际关系中的新力量，势必会重塑国际关系机制，给人类的国际交往带来新的形式和形态，这些新的形式和形态也成为了国际关系机制创新的源泉。

三、新型政党关系与新时代党的对外工作：逻辑与机理

新型现代文明形态的生成要求现有国际关系机制实现创新发展，在这其中，各国政党之间的联系机制将发挥更为重要的作用。如今，由中国共产党推动建构的新型政党关系正在生成，而要真正实现对现有国际关系机制的弥补和扬弃，新型政党关系就必须在价值维度、制度维度和组织维度实现机制创新和整体建构。因此，新时代党的对外工作也应着眼于新型政党关系中的价值交流机制、制度运行机制和组织互动机制的生成，全面提升党的对外理念引领力、对外规则影响力和对外关系塑造力。

（一）新型政党关系生成、国际关系机制创新与新时代党的对外工作发展

如前所述，政党是现代政治文明的产物，是建构国家与社会之间关系的载体，政党不仅具有国内功能，也具有对外交往的功能。传统的政党国际合

新型政党关系与新时代政党外交

作是基于共同的意识形态取向，比如共产国际、社会民主党国际等，但在全球化的今天，政党的国际交往已经跨越意识形态等界限，成为国际关系机制中的重要参与主体。但现有的国际关系机制仍然是以主权国家为基石而建立的，政府外交在国际关系中仍然发挥着基础性和主导性的作用。这固然是在近现代国际关系的历史演进和实践探索中形成的，也是人类现代文明的成果，但在新型文明形态生成和人类命运共同体建构的进程中，现有国际关系机制还存在着诸多缺陷。中国共产党推动建构的新型政党关系正是要用政党机制扬弃现有国际关系机制的不足，实现国际关系机制创新。

新型政党关系建构是一项系统工程，要从价值维度、制度维度和组织维度入手实现全面创新。在价值维度，西方国家主导建立的国际关系体系是以国家利益为核心考量的，其背后的价值理念是以资本为中心的；而中国共产党推动建构的新型政党关系是以人类的共同利益为考量，坚持以人民为中心的价值理念，国际关系机制的创新首先要寻求价值理念的转变与认同。在制度维度，现有国际关系主要是通过政府外交和政府间国际组织来运行的，新型政党关系则是要充分发挥政党外交的优势，形成以政党为参与主体的制度机制，使之成为政府外交的重要补充。在组织维度，政府外交有其边界性，而政党则能联系更广泛的经济主体和社会主体，中国共产党的组织优势尤为明显，新型政党关系的建构能够形成更为多元、深入的国际关系互动机制和组织网络，更好地将国内和国际两个空间联系起来。

新型政党关系的建构不是要取代现有国际关系机制，而是要通过发挥政党机制的优势扬弃现有机制的不足。对此，新时代党的对外工作要着眼于新型政党关系生成与国际关系机制创新，在构建新型政党关系的过程中增强党的对外工作能力。

（二）新型政党关系建构、新型价值交流机制生成与党的对外理念引领力发展

以人民为中心既是中国共产党基于社会主义原则而坚持的发展理念，也是新型现代文明形态区别于现有文明形态的最显著特征。现有国际关系机制所呈现出的诸多问题，包括保护主义、霸凌主义、逆全球化等，都是由于以资本为中心而非以人民为中心、只考虑国家利益而忽略人类共同利益所导致的。要推动构建新型现代文明形态,就要使以人民为中心的价值理念得到更多认同,政党正是实现价值交流、寻求价值认同最有效的机制。

现代政党最初就是围绕某一价值认同而诞生的,这一价值理念决定了政党各自的性质、宗旨和目标。因此,通过建立政党之间的价值交流机制可以直接在政党层面增进价值认同,巩固新型现代文明形态的价值基础,并经由政党影响各国的民众和国家决策,使价值诉求得以落实。相形之下,政府外交则往往直接陷入具体议题的协商和博弈,导致国际关系缺少价值认同基础,尤其缺少深入社会和民众的价值认同基础,这正是跨国政党之间价值交流机制的优势。可以说,新型政党关系的建构在价值维度就是要实现新型价值交流机制的生成;相应的,党的对外工作在价值维度就是要增强党的对外理念引领力。

为此,首先要重视提炼中国在实现中华民族伟大复兴和推动构建人类命运共同体中所体现的价值理念,不断完善其价值内容,使中国共产党领导的中国实践成为新型政党关系建构中的价值蓝本。其次,要借鉴党的既有意识形态工作的经验,创建跨国政党之间的价值交流机制,使以人民为中心的价值理念得到更多政党,尤其是各大国主要政党的认同。最后,党要引领各国政党之间的价值交流,通过坚持以人民为中心的价值理念争取在国际事务中占据道义制高点,并在价值交流机制运行中始终掌握主导权。

(三)新型政党关系建构、新型制度运行机制生成与党的对外规则影响力发展

现有的国际关系机制是以主权国家为基石而建立的,在国家间关系层面,政府外交作为国家意志的体现,发挥着基础性和主导性的作用;而在国际组织层面,以联合国为代表的主流国际组织也都是以主权国家为参与主体的。就政党机制而言,传统的跨国政党合作具有鲜明的意识形态界限,因此无法在全世界范围内形成具有包容性的跨国政党互动。但如今的政党外交无论是在双边还是多边层面,都越发摆脱意识形态、文明区块、民族宗教和传统文化的制约,成为能与政府外交平行推进的国际关系形态。2017 年 12 月举行的中国共产党与世界政党高层对话会就是这种具有包容性的跨国政党互动交流的典范。

新型政党关系与新时代政党外交

　　新型政党关系的建构不仅需要跨国政党互动在数量上的累积，还需要将各类政党互动形态制度化、规范化，形成新型制度运行机制，成为现有国际关系机制的重要补充。政党机制不仅具有协调各方利益、建构国际秩序、促成合作共赢等国际关系机制的固有功能，还具有其独特优势。首先，政党机制能够更好地保持合作与共识的延续性，避免因国内的政党轮替而导致的政策变动。尤其是对于议会制国家或小党林立的国家而言，政党轮替和政党联盟破裂时常发生，但各政党所代表的社会阶层、所持有的政策主张是相对稳定的。因此，政党互动机制可以避免政党轮替的不确定性，保持合作的延续性。其次，跨国政党互动机制允许同一国家的不同政党就同一议题提出不同主张，而不像政府外交那样只有单一主张，从而在充分协商的基础上，使最终的共识更具代表性。最后，政党机制相对于政府外交而言更具灵活性，尤其是在处理敏感问题时可以避免外交渠道的刚性。

　　在跨国政党互动走向制度化的进程中，党在对外工作中要不断增强对外规则的影响力，掌握规则制定的主动权；要发挥好中国共产党与世界政党高层对话会的示范效应，建构既符合人类命运共同体和新型现代文明形态需要，又能为各国政党普遍接受，且充分体现公平合理的新型制度运行机制。

（四）新型政党关系建构、新型组织互动机制生成与党的对外关系塑造力发展

　　跨国政党互动机制要得以长期有效运行，就必须具备组织保障。现有的国际组织，无论是地区性的还是全球性的，都是以主权国家或社会层面的非政府组织为主要参与主体，而专门以政党或政治组织为参与主体的国际组织尚不多见，其中的很多又由于意识形态的界限而缺乏包容性。新型政党关系建构在组织维度上就是要推动新型组织互动机制的生成，从而使政党在国内的组织优势向国际层面延伸，将政党的国内功能与对外交往功能串联起来。

　　政党要能成为连接国家与社会之间的有效组织载体，就必须形成一定规模的组织体系和组织网络，并保持与经济主体、社会主体和普通民众的广泛联系。当然，国家为了保持其能力，也会建构与经济和社会领域的合作机制，但其背后往往是政党机制在发挥真正的作用。中国共产党的组织优势尤为明显，具有很强的组织动员能力和社会整合能力。新型组织互动机制首先要推动形成以政党为参与主体的国际组织体系，为各类跨国政党互动提供组织载体。由此，政党的国内组织体系得以向国际层面延伸，使得原本彼此区隔的政党组织体系得以联通，形成以政党为节点的全球性组织网络。此外，政党所具有的广泛的联系机制又能带动企业、社会组织以及其他民间力量共同参与到组织互动机制中来。由于政府行为和政府外交都是有边界的，因此，一方面，政府外交在带动多元社会主体共同参与国际事务时的能力和效用往往需要政党机制的补充；另一方面，政府外交和公共外交之间往往存在一定的信息不畅、资源错配等不协调现象，而政党机制则能将政府外交、公共外交和民间外交有效整合起来，建构多维立体且有彼此协调的国际关系。

对于中国而言，在"一带一路"倡议和人类命运共同体建构的背景下，中国的企业、群团组织、社会组织等多元主体都面临着"走出去"的重大机遇；同时，中国共产党在组织建设方面的能力和经验也已经具备了推动并引领新型组织互动机制建构的条件。如果党能够通过对外工作推动新型组织互动机制的生成，就能将国内的组织优势在国际事务中充分发挥出来，带动国际、国内两个大局同频共振，最终增强党的对外关系塑造力。

四、推动新型政党关系建构以服务新时代党的对外工作：战略与思路

进入新时代的中国共产党，其对外工作的发展也体现了新的价值、制度、组织逻辑。适应新时代对党的对外工作的逻辑变化而产生的新要求，中国共产党需要进一步明确做好党的对外工作的战略与思路。新时代党的对外工作既然服务于中华民族伟大复兴，也要服务于人类命运共同体构建，这两大使命要求中国共产党着力推动新型政党关系建构，这是新时代党的对外工作的战略目标。在这一目标的指引下，中国共产党需要调整更新战略布局、创新发展战略手段、夯实拓展战略基础，通过阶段性战略任务的推进最终实现战略目标。

（一）推动新型政党关系建构以服务新时代党的对外工作使命：战略目标

建构新型政党关系并不是单纯的传统意义上的党际关系交流方式的强

化，而是基于党际外交之上的政党关系模式的质的发展。这种变化使得党际关系的处理，不仅仅是国与国之间外交关系处理的有效补充，而是更加体现和契合了走进新时代的中国共产党对外工作的使命，也符合新型人类文明发展对于政党发挥推动和引领作用的要求。

传统的政党外交方式主要是政党领导人之间的互访和交流。如果双方政党领导人都同时是国家的领导人，那么它也属于广义上的元首外交的范畴，因而并没有脱离政府外交的性质范畴。非国家元首的政党领导人之间的交往则同时体现了政治性和个体性的特征，因而能够发挥一定程度的战略沟通作用。但是这种作用却不能满足在人类命运共同体建构过程中所需要的全方位支撑性作用。而新型政党对外关系这一概念则是对传统政党外交内涵基础之上的整体性提升，从而实现了政党外交从相对个体化的接触转变是全方位、宽领域、多层次的全面性关系对接。

在政党外交从相对窄化的战略沟通渠道，转变为广口径的全方位对接关系的过程中，政党外交的功能也从战略沟通进一步丰富为实质性推进政党发展、国家发展、世界发展的组织性支撑外交模式。这既符合政党推动民族国家发展的诉求，也符合国家政府官方外交的要求，还符合世界人民对增进共同利益美好愿望的要求。

因此，推动新型政党关系建构使得政党外交脱离了"术"的层面而进入到"道"的层面，不仅仅影响政党的发展，而且影响国家和世界整体的发展，是国际关系发展的大战略。就中国而言，进入新时代的中国共产党推动新型政党关系建构不是简单的强化传统的政党外交功能，而是要服务新时代党的对外工作的使命。这一使命包含着两个层面的内容：第一个层面是服务于本国，也就是服务于社会主义现代化强国的建设和中华民族伟大复兴的中国梦；第二个层面是服务于世界也就是服务于人类命运共同体的建构。通过新型政党关系服务新时代党的对外工作使命，就是当前党的对外工作发展的战略目标。

（二）坚持全方位接触与差别化联系的协调推动以构建新型政党关系格局：战略布局

中国外交战略的布局是与战略目标的调整变化紧密关联的。战略布局服务于战略目标的实现。建国初期外交战略的目标主要在于为社会主义建设争取有利的外部环境，确立了向苏联"一边倒"的战略布局，在独立自主、和平共处原则的指导下开始逐步与世界各国加强交往和合作，已融入国际社会。20世纪50年代末至60年代末，毛泽东做出了"三个世界"的划分，提出了"两个中间地带"，这一阶段的战略重心转向同第三世界国家的关系发展。20世纪70年代初到80年代初，我国采取了"一条线"和"一大片"的战略布局。改革开放之后，外交战略布局进入大调整时期，尤其是在东欧剧变和苏联解体之后审时度势、韬光养晦，冷静判断国际关系的走向，在进入新世纪后确定了周边是首要、大国是关键、发展中国家是基础、多边是重要舞台的战略布局。

总体而言，我国传统的外交战略布局具有明显的对不同国家和地区差别化对待的特点。这主要是由于对待不同的国家和地区的外交关系要考虑多方面因素。既要考虑外部因素也要考虑自身因素。自身因素包括国家整体实力和在国际上的地位，在不同时期我国自身实力与地位的变化，会影响我国采取外交战略的策略和他国对我国外交关系的态度。外部因素包括国家利益和主流意识形态是否一致。基于这两方面内容，国际社会在不同时期国际上形成了不同的战略联盟和利益阵营，这也影响着我国和他国在外交关系处理上的战略选择。

进入新时代的中国共产党在国家发展的战略上提出了建设社会主义现代化强国以实现中华民族伟大复兴中国梦的目标；在国际关系发展的战略上也作出了重大调整，在积极推动建立新型国际关系的理论与实践的基础上提出了推动构建人类命运共同体的设想。国内国际发展战略赋予了中国共产党在党的对外工作处理上以新的使命，要求中国共产党通过推动新型政党关系建构来实现新的使命。

在这一战略目标的影响下，中国共产党要扬弃既往的对不同国家和地区差别化对待外交关系模式，通过构建新型政党关系格局来创新国际关系格局。因此，新型政党关系格局的建构既要符合中华民族伟大复兴的要求，也要体现构建人类命运共同体的精神。因此，新型政党关系格局需要坚持全方位接触与差别化联系两方面协调推进。全方位接触在于在党的顶层设计和统筹规划之下，要以政党关系为依托加强与世界各类国际组织团体、各个国家以及各个国家内部的各类主体之间的联络、交往、沟通，这是基于增进人类共同利益是全世界的民心所向。差别化联系主要在于当前阶段以及未来一段时间内部分国际组织、国家和地区受制于思想认识、意识形态、关系传统、政体机制等方面因素的影响，还不具备采取全方位接触的条件，或者意愿不足。因此全方位接触和差别化联系要协调推进，在全方位接触的要求下不忽视差别化联系，在差别化联系的同时谋求全方位接触，进而逐步实现新型政党关系格局的构建。

（三）坚持政党外交与政府外交的双轮驱动以创新国际关系格局：战略手段

战略目标的实现和战略布局的落实，需要有具体的恰当的战略手段。因此，根据新时代实现中华民族伟大复兴和构建人类命运共同体的党的对外工作使命以及坚持全方位接触与差别化联系协调推进以构建新型政党关系格局的战略布局，新时代党的对外工作的战略手段应当坚持政党外交与政府外交的双轮驱动。

我们通常所谈及的外交指涉的基本都是政府外交，它是一个国家为了实现其对外政策，通过互相在对方首都设立使馆，派遣或者接受特别使团，领导人访问，参加联合国等国际组织，参加政府性国际会议，用谈判、通讯和缔结条约等方法，处理其国际关系的活动。而政党外交则是指一国之合法政党与他国政党或政党国际组织，为促进或影响国家关系、维护本国利益而进行的国际交流、对话与合作。

政党外交和政府外交的主体不同，外交活动的侧重点也有区别。目前来看，政府外交还是国与国之间外交的主渠道。而政党外交与政府外交之所以能够形成双轮驱动是由于他们的战略目标是一致的，都是要服务于国与国之间的相互了解和共同发展。

政党外交与政府外交必须双轮驱动，是由于他们各自的工作领域、工作对象、侧重点和工作方式有所不同。政府外交的优势在于它是国与国之间开展外交关系的主渠道，具有官方性特点；政党外交的优势在于它能够拓展国与国之间开展外交关系的空间,具有全面性优势。

因此,可以说政党外交的整体性与政府外交的重点性可以形成相互配合、优势互补、整体推进国家对外工作的优势,从而形成一加一大于二的复合型效果。在政党外交和政府外交双轮驱动的工作体系中,政党外交的功能可以得到进一步开发,并为政府外交提供前置性、基础性、辅助性、支撑性功能,全方位配合政府外交工作,从而使得政府外交的主渠道作用不仅没有削弱反而可以进一步得到加强。

在国与国之间的外交关系中,政党外交、政府外交、议会外交、民间外交都是总体外交的重要组成部分,政党外交在此之中可以发挥统筹协调的作用。因此,开发政党外交的潜力和优势,形成在对外工作方面的政党外交统筹协调、整体推进功能实现的全面性与政府外交的重点性相互配合的双轮驱动模式,是中国对国际关系格局创新的重大贡献,也是实现新时代党的对外工作目标和落实战略布局的重要战略手段。

(四)坚持国内整合与国际拓展的整体统筹以服务党的对外工作:战略基础

习近平总书记在2018年6月中央外事工作会议中讲话指出,我国对外工作要统筹国内国际两个大局。因此,作为国家总体外交的有机组成部分,党的对外工作发展同样要坚持国内整合与国际拓展的整体统筹,进而反过来引领国家总体外交发展,这是战略手段得以发挥的基础,也就是要做好国内外各类对外工作相关主体的工作。

一方面要坚持国内整合。通常认识看来,国家的对外工作主要是外交部门的事情,与其他政治、社会、经济、文化主体关系不大。然而事实上,在全球化时代,国内越来越多的主体与国际社会发生关系并且产生了不同程度的外交效应,影响着国家的对外工作。但是由于缺乏积极参与外交工作和发挥外交功能的意识,导致国家外交力量的内部整合不足。因此,在党的领导之下整合国内各类主题协调推进对外工作成为了新时代党的对外工作的当务之急。习近平总书记在中央外事工作会议上提出,对外工作是一个系统工程,政党、政府、人大、政协、军队、地方、民间等要强化统筹协调,各有侧重,相互配合,形成党总揽全局、协调各方的对外工作大协同局面,确保党中央对外方针政策和战略部署落到实处。[1]

另一方面要坚持国际拓展。新时代党的对外工作使命既包括实现中华民族伟大复兴，也包括构建人类命运共同体。然而，一个巴掌拍不响，新型政党关系建构战略推动不仅需要国内社会各类主体的积极配合，也需要国际社会各类主体的积极响应。在这些方面，既往的外交工作已经奠定了良好的基础，需要在新时代进一步加强和深化并且实现与国内各类主体之间的全面对接，从而实现国内国际两个大局的实质性统筹。习近平总书记在中央外事工作会议中指出，对外工作既整体布局又突出重点，既多点开花又精准发力，发挥综合积极效应。要推动全球治理体系发展，推动"一带一路"建设，运筹好大国关系，做好周边外交工作，深化同发展中国家团结合作，推动形成携手共进、共同发展新局面。深入推动中国同世界深入交流、互学互鉴。[2]

通过国内整合与国际拓展，就能够实现国内国际各类对外工作相关主体的动员和全面对接，从而奠定了新时代党的对外工作战略目标实现、战略布局落实、战略手段发挥的基础。

五、在创新党的对外工作过程中实现新型政党关系构建：议程与重点

新型政党关系是推动人类命运共同体构建的关键力量，也是新时代党的对外工作的基本任务。新型政党关系构建作为一项系统工程，要从价值维度、制度维度和组织维度实现全面的机制创新；相应的，党的对外工作也要在这三个维度实现重点创新。在价值维度，要强调以人民为中心的价值与倡导人类命运共同体的理念，坚守现代新型文明形态的道义制高点；在制度维度，要建立多样性政党双边关系，创设双边基础上的多边机制，赢得新型政党关系制度创设权；在组织维度，要开发政党外交功能，支持政府外交工作，整合多元外交载体，发挥各类对外交往组织的优势。

---

[1] 习近平：《努力开创中国特色大国外交新局面》，http://www.xinhuanet.com/politics/2018-06/23/c_1123025806.htm。

[2] 同上。

（一）在创新党的对外工作过程中实现新型政党关系构建：议程的思路

党的对外工作的使命和功能需要落脚到实现新型政党关系构建上。中国共产党人的初心和使命，就是为中国人民谋幸福，为中华民族谋复兴。这一初心和使命落实到新时代党的工作上，意味着要做到对内谋求中华民族伟大复兴，对外实现人类命运共同体建构，同时实现党的内外工作的中心任务的有机统一。要实现党的对外工作的中心任务，就必须充分发挥好党在对外工作中的领导作用，切实实现新型政党关系的构建，将新型政党关系作为推动人类命运共同体构建的关键力量。一方面，打铁还需自身硬，我国一切涉及对外工作的部门、组织和力量都应当纳入到党的统一领导之中，使得我国的对外工作在党的领导下，拧成一股绳，形成一股劲。另一方面，党的对外工作应当将实现新型政党关系构建作为其基本任务，积极探索和建设有利于新型政党关系构建的价值、制度和组织条件。

价值、制度和组织是新型政党关系构建的基本维度。中国共产党是新型政党关系建构的首创性和引领性力量，必须在这一构建过程中掌握主动权和主导权，这种主动权和主导权也必须贯彻到新型政党关系构建的各个维度中去。首先，中共应当在实现新型政党关系构建过程中，始终坚守新型现代文明形态道义制高点，为新型政党关系构建提供强有力的理论支撑，增强我国对外工作的吸引力和亲和力。其次，中共应当在实现新型政党关系构建过程中，保证获得新型政党关系制度创设权，确保形成有利于新型政党关系的制度形态。最后，中共应当在实现新型政党关系构建过程中，始终发挥各类对外组织的优势，实现全方位外交和多元外交，为新型政党关系的构建提供更多的现实路径。

要在创新党的对外工作过程中夯实新型政党关系构建的价值、制度和组织基础。新型政党关系构建所需要的一系列价值、制度和组织要素，都必须基于党的现实的对外工作。因此，在开展党的对外工作的过程中，就应当有意识地加强顶层设计、鼓励工作创新，促进有利于新型政党关系构建的相关要素的生成和发展，将党的对外工作的实际情况和中心任务统一起来，将党的对外工作的中心任务和党的根本使命统一起来，将党的根本使命和新型现代文明形态生成和发展的历史潮流统一起来。

（二）强调以人民中心的价值与倡导人类命运共同体的理念：坚守新型文明形态道义制高点

在建构面向未来新型现代文明形态的进程中，中国共产党发挥领导力与塑造力作用的关键在于必须始终坚守以人民为中心的道义制高点。相较于以资本为中心的既有文明形态，新型文明形态的超越性集中体现在以人民为中心的价值内涵。这一转变意味着政治、经济、社会和文化四个维度的发展所服务的对象实现了本质性的飞跃，而坚守以人民为中心的价值内涵也就自然成为了中国共产党推动建构新型文明形态的战略制高点。

对于中国共产党新时期的对外工作而言，坚守新型文明现代形态道义制高点的具体内容包含两个方面：一是不断巩固和提升以人民为中心发展模式的现实基础；二是做好总结中国经验、讲清中国原理的哲学社会科学话语体系的建构工作。首先，任何道义制高点必定需要坚实的现实基础予以支撑和守护，作为马克思主义指导下的新型无产阶级政党，中国共产党从中国实际出发，积极发挥其政治优势与组织优势，完成每一阶段历史任务。正是在中国共产党正确领导下，中国人民取得民族完全独立与国家基本统一，从而为中华民族伟大复兴奠定了政治基础。取得革命胜利之后，中国共产党领导中国人民建立了人民民主专政的国家，并确立了社会主义基本制度。在改革开放和社会主义现代化建设时期，中国共产党开创了中国特色社会主义道路，建立起社会主义市场经济体制，大幅度提高了我国的综合国力和人民生活水平，为全面建成小康社会、基本实现社会主义现代化开辟了广阔前景。正是在这个意义上，以人民为中心的发展理念得以通过中国共产党的领导真正成为可供世界人民学习和借鉴的深刻历史经验。因此，中国共产党只有继续不断坚持社会主义和现代化建设兼顾的发展模式，才能够在推动建构新型现代文明形态的进程中夯实基础，掷地有声地推动人类命运共同体的繁荣。

其次，道义制高点的坚守必须以一套成熟的哲学社会科学话语体系为具体内容。中国的崛起是几代中华儿女艰苦奋斗、勇于创新的历史壮举，其中蕴含着丰富和深刻的历史经验与人类社会发展规律。正是在这个意义上，发现和提炼中国故事背后的中国道理就成为了当代哲学社会科学话语体系建构的重要使命。应当说，任何一种文明形态的背后都有一套成熟和规范的话语体系，进入现代社会以来，哲学社会科学是人们认识世界、改造世界的重要工具，是推动历史发展和社会进步的重要力量，其发展水平反映了一个民族的思维能力、精神品格、文明素质，体现了一个国家的综合国力和国际竞争力。因此，能否在坚守新型现代文明形态的道义制高点，既取决于自然科学发展水平，也取决于哲学社会科学发展水平。一个没有发达的自然科学的国家不可能走在世界前列，一个没有繁荣的哲学社会科学的国家也不可能走在世界前列。坚持和发展中国特色社会主义，需要不断在实践和理论上进行探索，用发展着的理论指导发展着的实践，着力发现中国崛起背后所体现出的人类社会发展和进步的一般规律。

（三）建立多样性政党双边关系、创设双边基础上的多边机制：赢得新型政党关系制度创设权

现有国际关系制度是由西方国家主导创设的，包括国家之间的外交规则、全球治理规则以及联合国等主要国际组织的运行规则。可以说，西方国家在外交和国际事务中的优势很大程度上来源于国际关系制度的创设权。当然，随着国际格局的多极化发展，中国等新兴市场国家也越来越多地参与到国际关系制度的改革与创设中；而在政党外交领域，中国共产党所推动的世界政党高层对话会等实践已经走在了世界的前沿。如果中国能借此赢得政党关系制度的创设权，将为党的对外工作争取到有利局面。

与政府外交类似，政党关系也可以分为双边关系和多边关系两种类型。基于以往对外工作实践中的经验与教训，在双边关系方面，要建立多样性政党双边关系，以适应不同程度的合作互动需求。正如中国与各国之间的伙伴外交关系是多层次的，中国共产党与各国政党之间的合作互动也有一个由浅入深、逐次递进的过程。因此，要充分发挥政党外交的灵活性优势，建立符合双方共识、能够发挥最大效用的多样性政党双边关系；同时，要充分发挥中国共产党的引领作用，推动双边关系向更深层次、更高水平发展。

在多边关系方面，要坚持双边原则，创设双边基础上的多边机制，掌握多边互动中的主导权。新型政党关系不能只有双边关系，还必须建立具有包容性、开放性的多边互动机制。要充分发挥双边关系中的有利条件，汇聚形成多边机制，既要拓展多边机制的影响力，也要确保其符合新型政党关系的本质规定。实践中，中国共产党与世界政党高层对话会是政党多边机制的典型代表，要不断推进对话会机制的体系化、常态化，使之成为在政党外交领域，能与联合国比美的、最具影响力的政党协商机制，从而使中国在新型政党关系制度中的创设权真正转化为党的对外工作的优势。

（四）开发政党外交功能、支持政府外交工作与整合多元外交载体：发挥各类对外交往组织优势性

建构新型政党关系以推动新型国际关系格局的发展，要高度重视组织载体的重要性。因为对外工作归根结底是属于交往性质的活动，对外工作最终也必然要回归到和落脚到人与人之间交往关系这一基础性、本质性内涵。

不同的组织聚合着不同类型的人群，也拥有着不同的交往渠道和交往关系方式，也可以在对外工作中发挥各自的优势和作用。因此，建构新型政党关系过程中所依靠的组织载体不仅仅是传统的政府外交部门这一代表国家行为的官方外交组织载体，更应该发挥政党外交的优势并推动党的领导之下的多元组织主体的对外工作功能的整合，从而实现全方位对外工作的组织体系性支撑。

不同组织主体之间可能由于组织功能发挥过程中有一定的功能交集而产生利益冲突，进而发生相互之间的掣肘和隔阂。在这种情况之下，应该发挥党的统合性作用，将各类组织主体的功能发挥的着眼点放在服务政党对外工作的两大目标上面，也就是服务于中华民族伟大复兴和服务于人类命运共同体建构，从而赋予各类主体以大的格局和大的事业，避免由于组织间利益之争而导致对外工作组织资源的内耗。

因此在建构新型政党关系的实践中，要加强党的领导，充分发挥中央外事工作委员会在外事工作方面顶层设计、总体布局、统筹协调、整体推进、督促落实的作用，完善党对外事工作的整体领导。具体而言，建构新型政党关系应在三个层面上重点落实，即开发政党外交功能、支持政府外交工作和整合多元外交载体，以发挥各类对外交往组织的优势。

第一，通过开发政党外交功能建构新型政党关系，在此过程中发挥政党外交的柔性功能，来弥补西方世界主导下的刚性政府外交的弱点和不足，从而开拓出政府外交之外的人类文明对话的多元组织性渠道。

第二，维护和发挥政府外交的主渠道功能，以政党外交来支持政府外交工作，让政党外交发挥政府外交的前置性、基础性、社会性功能，来弥补政府外交可能出现的回旋空间不足问题，尽可能避免国家间对抗性矛盾的出现。

第三，重视整合多元外交载体，发挥人大、政协、群团组织、军队、民间社会组织等各类组织主体的对外工作功能，实现基于多元组织功能优势互补，从而促进全方位外交工作的组织支撑。

马克思恩格斯论无产阶级政党的对外关系

陈伟功[1]

政党外交已成为当前学界研究的一个热点和重点问题，不论作为政党政治和整体外交的一个重要组成部分，还是作为对这种实践的理论概括和研究，其中都蕴涵着一种必然性。正如有学者指出，"论及政党外交的缘起，一般都要追溯到共产国际的成立，甚至第一国际、第二国际时期，以无产阶级政党的国际联合作为主要的考察线索。"[2] 这就是说，从实践与理论方面进行追踪考察和回溯研究，马克思、恩格斯论无产阶级政党的对外关系的思想都是极为重要的源头。本文拟对此进行梳理和学习，以再现在马克思主义视域中进行党的对外交往理论研究的逻辑必然性，从而为研究习近平新时代中国特色社会主义思想中的党的对外交往思想准备一种必要的前提条件。

---

[1] 陈伟功，北京第二外国语学院研究员。

[2] 余科杰:《论"政党外交"的起源和发展——基于词源概念的梳理考察》,载《外交评论(外交学院学报)》, 2015 年第 4 期, 第 127 页。

一、政党对外交往是由现代生产方式决定的

（一）政党政治的产生

基于马克思主义的唯物史观可知，任何一个时代的包括政治制度在内的所有上层建筑，都是由这个时代的生产方式决定的，有什么样的生产方式，就会有什么样的上层建筑。马克思在"《政治经济学批判》序言"中指出："人们在自己生活的社会生产中发生一定的、必然的、不以他们的意志为转移的关系，即同他们的物质生产力的一定发展阶段相适合的生产关系。这些生产关系的总和构成社会的经济结构，即有法律的和政治的上层建筑竖立其上并有一定的社会意识形式与之相适应的现实基础。物质生活的生产方式制约着整个社会生活、政治生活和精神生活的过程。"[1]随着历史的发展，人类一旦从古代农业文明进入现代工业文明时代，由这种生产方式所决定的包括国内政治和国际政治在内的上层建筑就一定会表现出革命性的变化。恩格斯在《共产主义原理》中指出："凡是大工业代替了工场手工业的地方，工业革命都使资产阶级及其财富和势力最大限度地发展起来，使它成为国内的第一个阶级。结果，凡是完成了这种过程的地方，资产阶级都取得了政治权力，并挤掉了以前的统治阶级——贵族、行会师傅和代表他们的专制王朝。"[2]因此，由于工业革命催生了资产阶级，在国内政治方面，原来的封建君主制及其政教合一的神权体系就会被颠覆，而代之以民主制及其法治治理模式，这种现代政治体制必然要求议会制、选举制为代表的政党政治形式成为其主体。这是因为，正如恩格斯指出："资产阶级在社会上上升为第一阶级以后，它也就在政治上宣布自己是第一阶级。它是通过实行代议制而做到这一点的。代议制是资产阶级的在法律面前平等和法律承认自由竞争为基础的。"[3]

一个国家不再是为一人、一姓或某些贵族集团所有的国家，而是为资产者所有的国家，资产者成为了国家的主人。其根本原因就在于社会由大工

[1]《马克思恩格斯选集》（第2卷），北京：人民出版社，2012年版，第2页。
[2]《马克思恩格斯选集》（第1卷），北京：人民出版社，2012年版，第299-300页。
[3]《马克思恩格斯选集》（第1卷），北京：人民出版社，2012年版，第300页。

业这种生产方式取代了工场手工业这种生产方式，"资本成为决定性的力量"，[1] 在社会上取得主导地位的资产阶级必然要在政治上要求权力。因此，马克思和恩格斯在《共产党宣言》中指出："由此可见，现代资产阶级本身是一个长期发展过程的产物，是生产方式和交换方式的一系列变革的产物。资产阶级的这种发展的每一个阶段，都伴随着相应的政治上的进展。……现代的国家政权不过是管理整个资产阶级的共同事务的委员会罢了。"[2] 在这样的社会里，国家的政权如果不能归资产者所有，那就是历史的倒退和反动。然而，在历史潮流的大势所趋之下，也会有逆流而上的倒退现象，比如，恩格斯在《法兰克福关于波兰问题的辩论》中深刻地指出当时的维也纳条约"恢复了正统主义、天赋的王权、封建贵族、僧侣的统治、宗法式的立法和行政"。[3] 这个事件就说明了历史发展中也充满了复杂性和偶然性，但这些事件并不能否定人类历史发展和社会类型更替的规律。由机器大工业生产方式所决定的资本主义政治制度适应了历史发展的规律，但是，在这种政治体制中，不可能每个资产者都直接参与到政治治理当中，只能由他们选举出来的代表、议员充任到国家治理机构中，以此来实现国家的政权。这一切组织、沟通、协调工作不可能由这些资产者自发地去完成，必需先由他们中的积极人士组成一个政党，然后由一个或几个这样的政党领导选民完成这一系列的复杂而专业的政治运行程序。

（二）无产阶级的产生

由古代农业文明进入现代工业文明并非和风细雨式的过程，而是充满了暴力和血腥。如马克思在《资本论》第一卷中指出："原始积累的不同因素，多少是按时间顺序特别分配在西班牙、葡萄牙、荷兰、法国和英国。……这些方法一部分是以最残酷的暴力为基础，例如殖民制度就是这样。但所有这些方法都利用国家权力，也就是利用集中的、有组织的社会暴力，来大力促进从封建生产方式向资本主义生产方式的转化过程，缩短过渡时间。暴力是

---

[1]《马克思恩格斯选集》（第1卷），北京：人民出版社，2012年版，第300页。
[2]《马克思恩格斯选集》（第1卷），北京：人民出版社，2012年版，第402页。
[3]《马克思恩格斯全集》（第5卷），北京：人民出版社，1958年版，第430页。

每一个孕育着新社会的旧社会的助产婆。暴力本身就是一种经济力"。[1] 资本主义生产方式所需要的生产力不是凭空就产生的，它所需要的所谓的"原始积累"，本质上就是掠夺，只有通过这种暴力方式，才能产生大量的为机器大生产所需要的劳动力和消费者。所以，马克思在此说出了那句举世闻名的话："资本来到世间，从头到脚，每个毛孔都滴着血和肮脏的东西。"[2]

如上所述，无产阶级是伴随着资产阶级的掠夺式的原始积累而失去生活资料后被迫加入到机器大生产当中的，恩格斯在《共产主义原理》中指出："工业革命到处都促使无产阶级和资产阶级以同样的速度发展起来。资产阶级越发财，无产者的人数也就越多。因为只有资本才能使无产者找到工作，而资本也只有在使用劳动的时候才能增加，所以无产阶级的增加和资本的增加是完全同步的。"[3] 这样的生产方式几乎颠覆了人们的一切习惯传统，以至于资产者形成了围绕资本为中心的思维定式，认为一切行为均可看作投入—产出的效应；而对于无产者而言，"随着工业革命的发展，随着挤掉手工劳动的新机器的不断发明，大工业把工资压得越来越低，把它压到上面说过的最低额，因而无产阶级的处境也就越来越不堪忍受了。这样，一方面由于无产阶级不满情绪的增长，另一方面由于他们力量的壮大，工业革命便孕育着一个由无产阶级进行的社会革命。"[4]

因此，在社会结构和分层方面，就构成了相互对立的两大阶级：无产阶级与资产阶级，如马克思和恩格斯在《共产党宣言》中指出："我们的时代，资产阶级时代，却有一个特点：它使阶级对立简单化了。整个社会日益分裂为两大敌对的阵营，分裂为两大相互直接对立的阶级：资产阶级和无产阶级。"[5] 正因为资产阶级的产生就在于资本追逐利润的目的，在他们那里，基本上没有价值高低的区别，一切价值似乎均可还原为货币，他们生存的目的就在于通过货币以赚取更多的货币。一旦一个阶级的全部存在价值仅仅止

[1]《马克思恩格斯选集》（第1卷），北京：人民出版社，2012年版，第296页。
[2]《马克思恩格斯选集》（第1卷），北京：人民出版社，2012年版，第297页。
[3]《马克思恩格斯选集》（第1卷），北京：人民出版社，2012年版，第300页。
[4]《马克思恩格斯选集》（第1卷），北京：人民出版社，2012年版，第301页。
[5]《马克思恩格斯选集》（第1卷），北京：人民出版社，2012年版，第401页。

于以货币来衡量，那么，这个阶级也就失去了往日的革命性、先进性，甚至堕落为历史的反动力量了。而掌握了现代工业生产技术的无产阶级，不会把货币当作全部存在价值的衡量标准，相反，在他们看来，货币是生活中的一部分，仅仅是为了方便生活资料和生产资料的交换而已，仅仅是个在形式上的符号。他们有更高尚的价值追求，有丰富的生活内容和明确的目的，那就是为了自身和人类的解放而奋斗。正是基于如此不同的生存意义，无产阶级一定要在反对资产阶级的斗争中表现出自己的革命性和先进性来。

（三）无产阶级政党的诞生

正如常言说的那样，哪里有压迫，哪里就有反抗，当无产者直面生活的艰难无望并意识到自己生存困境的缘由时，一定会起来反抗，但资产阶级随之就会用一切手段镇压这些反抗。根据阶级分析的方法，一个阶级，无论是资产阶级还是无产阶级，不论在一国范围内，还是在世界范围内，他们一定为了压迫或反压迫而联合起来。如恩格斯在《英国工人阶级状况》中指出："但是资产阶级却用他们的财产和他们掌握的国家政权所能提供的一切力量来维护自己的利益。工人一旦想要摆脱现状，资产者就会成为他们的公开的敌人。"[1] 在反抗资产阶级以及代表其利益的现存制度的过程中，工人们逐步联合起来，从零散的、局部的斗争发展到有组织甚至合法的斗争，如恩格斯提到的"一个由旧的、改革前的、托利党人的寡头议会颁布的法律"，"这个法律是在 1824 年通过的，它废除了以前禁止工人为保护自己的利益联合起来的一切法令。工人得到了过去只是贵族和资产阶级才有的自由结社的权利。"[2] 正是在这长期而广泛的斗争中，"工人""构成了同一切有产阶级相对立的、有自己的利益和原则、有自己的世界观的独立的阶级，在他们身上蕴蓄着民族的力量和推进民族发展的才能。"[3] 这说明，在无产阶级的运动与斗争中，从物质方面到精神方面，从争取生存的权利和利益到为了自身以及人类的自由和解放，无产阶级由此从被剥削受压迫的地位提升到先进生产力和民族、世界

---

[1]《马克思恩格斯选集》（第 1 卷），北京：人民出版社，2012 年版，第 104 页。
[2]《马克思恩格斯选集》（第 1 卷），北京：人民出版社，2012 年版，第 106 页。
[3]《马克思恩格斯选集》（第 1 卷），北京：人民出版社，2012 年版，第 132 页。

发展的先进方向的代表，因而，无产阶级政党诞生的时机也就成熟了。

马克思、恩格斯在《共产党宣言》中说："无产者组织成为阶级，从而组织成为政党这件事，不断地由于工人的自相竞争而受到破坏。但是，这种组织总是重新产生，并且一次比一次更强大、更坚固、更有力。"[1] 这说明，在共产党成立之前，已经有过一些无产阶级政党的伟大实践。直到无产阶级有了自己的世界观，有了关于自身解放的条件的学说即"共产主义"，在以往无产阶级运动的实践基础上，伟大的共产党诞生了。马克思、恩格斯在《共产党宣言》中指出："共产党人同其他无产阶级政党不同的地方只是：一方面，在无产者不同的民族的斗争中，共产党强调和坚持整个无产阶级共同的不分民族的利益；另一方面，在无产阶级和资产阶级的斗争所经历的各个发展阶段上，共产党人始终代表整个运动的利益。"[2] 马克思、恩格斯在此进一步强调，共产党人在实践方面"是各国工人政党中最坚决的、始终起推动作用的部分"，在理论方面"在于他们了解无产阶级运动的条件、进程和一般结果。"[3] 历史证明，随着共产党人在国内国际政治舞台上的出场，整个无产阶级运动立即表现出焕然一新的生机勃勃的革命景象来，进而产生了许多伟大的革命硕果，取得了许多伟大的具体的胜利。综上所述，政党政治作为现代政治这个上层建筑的最为主要的形式，是由现代社会的生产方式及其经济基础决定的。作为其结果，政党政治不仅直接构成了国内政治的主体形式，各政党也必然会直接参与到国际政治交往中，然后就形成了党际交往和政党外交，在这方面，共产党人基于自身的目的和革命要求，提出"全世界无产者，联合起来！"的伟大号召，尤其表现出党际交往明确的目的性和指向性。

二、对外交往是无产阶级政党的本质要求

（一）无产阶级政党是世界范围内的存在

现代工业文明的基础是私有制的机器化大生产，随着科学技术的日益发

[1]《马克思恩格斯选集》（第1卷），北京：人民出版社，2012年版，第410页。
[2]《马克思恩格斯选集》（第1卷），北京：人民出版社，2012年版，第413页。
[3] 同［2］。

展，生产力越来越发达；随着产品的日益丰富，国内市场需求的饱和，资本攫取利润的本性必然促使其走出国门，以各种形式侵入世界各地。因此，在现代工业生产方式下，所有民族国家都不可能闭关锁国，不可能独善其身。不论是所谓的"平等"的国际贸易，还是赤裸裸的坚船利炮，或迟或早，所有民族国家都会被迫裹胁到经济全球化的浪潮中来。在这样的一体化的现代工业生产体系中，发生在国内的事件因而也就具有了世界影响，如针对中国爆发的太平天国革命运动，马克思说："中国革命将把火星抛到现今工业体系这个火药装得足而又足的地雷上，把酝酿已久的普遍危机引爆，这个普遍危机一扩展到国外，紧接而来的将是欧洲大陆的政治革命。"[1]

　　机器化大生产这种现代生产方式决定了民族国家历史的发展具有世界性的意义，既然现代化大生产突破了民族国家的界限，那么，它所决定的政党政治也必然会扩展到世界范围内，因此决定了政党之间交往的必然性。资产阶级政党作为代表资产阶级利益、维护其资本主义制度的急先锋，基于资本主义生产方式的本质规定，也必然会在国际舞台上与其他民族国家的资产阶级政党紧密联合起来。为此，马克思说："一个国家里在资产阶级各个成员之间虽然存在着竞争和冲突，但资产阶级却总是联合起来并且建立兄弟联盟以反对本国的无产者；同样，各国的资产者虽然在世界市场上互相冲突和竞争，但总是联合起来并且建立兄弟联盟以反对各国的无产者。"[2] 鉴于如此残酷的、真实的现实状况，即资产阶级政府的对外政策是"那种为追求罪恶目的而利用民族偏见并在掠夺战争中洒流人民鲜血和浪费人民财富的对外政策"，马克思提醒工人阶级的"责任"是要"洞悉国际政治的秘密，监督本国政府的外交活动，在必要时就用能用的一切办法反抗它；在不可能防止这种活动时就团结起来同时揭露它"。[3]

　　除了在政治上受一国范围内的资产阶级的剥削和压迫之外，对于全世界的无产阶级政党而言，他们所代表的无产阶级的经济地位都是一样的，都是

[1]《马克思恩格斯选集》（第1卷），北京：人民出版社，2012年版，第783页。
[2]《马克思恩格斯选集》（第1卷），北京：人民出版社，2012年版，第313页。
[3]《马克思恩格斯选集》（第2卷），北京：人民出版社，2012年版，第10-11页。

在工业化大生产中沦为资产阶级剥削和压迫的对象，因而在经济地位方面，在成为被剥削和被压迫者方面，在世界范围内的无产者几乎都是相同的，在这一点上并没有民族间的更大差异。因此，马克思和恩格斯指出："现代的工业劳动，现代的资本压迫，无论在英国或法国，无论在美国或德国，都是一样的，都使无产者失去了任何民族性。"[1] 在 1847 年 11 月 29 日在伦敦举行的纪念 1830 年波兰起义十七周年的国际大会上，马克思发表演说时指出："现在存在着一种各民族资产阶级的兄弟联盟。这就是压迫者对付被压迫者的兄弟联盟、剥削者对付被剥削者的兄弟联盟。"恩格斯在发表演说时也指出："各民族工人生活水平的平均化，他们的党派利益的一致，都是机器生产的结果，因此机器生产仍然是历史上的一大进步。从这里我们应当得出什么结论呢？既然各国工人的生活水平是相同的，既然他们的利益是相同的，他们的敌人也是相同的，那么他们就应当共同战斗，就应当以各国工人的兄弟联盟来对抗各国资产者的兄弟联盟。"[2] 在这里，马克思、恩格斯都强调无产阶级及其政党在世界范围内的联合，不仅反抗国内的资产阶级，而且要联合起来反抗世界范围内的各国的资产阶级，消灭私有制的旧制度，直到建立公有制的新制度。而且，从恩格斯的演说中，可以明确得出这样的结论：这一切都是由机器化大生产这种现代生产方式所导致的。

（二）无产阶级政党在世界上的真正联合

既然工业革命所造成的现代生产方式直接导致资产阶级必然在世界范围内联合起来维护其统治，而为推翻这种剥削制度以实现自身的解放，无产阶级也必然要在世界范围内联合起来进行斗争。但是，这种联合斗争不能停留在理论上，不能停留在口头上，必须在实践中不折不扣地真正地联合起来进行艰苦卓绝的运动和斗争。1864 年 9 月，来自英、法、德、意、波等国的工人代表在伦敦召开国际工人会议，成立了国际工人协会。马克思在《国际工人协会成立宣言》中，明确指出："过去的经验证明：忽视在各国工人间应当存在的兄弟团结，忽视那应该鼓励他们在解放斗争中坚定地并肩作战的兄

[1]《马克思恩格斯选集》（第 1 卷），北京：人民出版社，2012 年版，第 411 页。
[2]《马克思恩格斯选集》（第 1 卷），北京：人民出版社，2012 年版，第 313.315-316 页。

弟团结，就会使他们受到惩罚，——使他们分散的努力遭到共同的失败。"[1]
在《国际工人协会共同章程》中，马克思总结道："工人阶级的经济解放是
伟大的目标，一切政治运动都应该作为手段服从于这一目标；为达到这个伟
大目标所做的一切努力之所以至今没有收到效果，是由于每个国家里各个不
同劳动部门的工人彼此间不够团结，由于各国工人阶级彼此间缺乏亲密的联
合；"[2]为了"不要重犯过去的错误，要求立刻把各个仍然分散的运动联合
起来；"[3]这是马克思从正面论述联合起来斗争的重要性和必要性，马克思
也常常从反面指出不真正投入斗争会导致严峻而重大的危害，如在《法兰西
内战》中，马克思在他写的"国际工人协会总委员会关于普法战争的第二篇
宣言"中，明确指出："每一个国家的国际工人协会支部都应当号召工人阶
级行动起来。如果工人们忘记自己的职责，如果他们采取消极态度，那么现
在这场可怕的战争就只不过是将来的更可怕的国际战争的序幕，并且会在每
一国家内使刀剑、土地和资本的主人又一次获得对工人的胜利。"[4]如何实
现真正的联合？马克思说："要使各国真正联合起来，它们就必须有一致的
利益。要使它们利益一致，就必须消灭现存的所有制关系，因为现存的所有
制关系是一些国家剥削另一些国家的条件；消灭现存的所有制关系只符合工
人阶级的利益。也只有工人阶级有办法做到这一点。"[5]这就是说，实际上只
有工人阶级及其先锋队即无产阶级政党才能在世界范围内实现真正的联合，
因为他们的目的就是要消灭现存的资本主义私有制的人剥削人和人压迫人的
制度；相反，基于其私有制的经济基础，资产阶级在世界范围内的联合并不
是真正的联合，因为他们各国有各自的利益，他们有着"民族冲突和工业冲
突"，决不可能突破这些冲突而达到真正的联合。正是在这个意义上，可以
说，资产阶级及其政党在国际舞台上的交往只是一种利益的交易及其平衡，
而无产阶级及其政党在世界范围内有着共同的利益，因而他们的党际交往却

[1]《马克思恩格斯选集》（第3卷），北京：人民出版社，2012年版，第10页。
[2]《马克思恩格斯选集》（第3卷），北京：人民出版社，2012年版，第171页。
[3]《马克思恩格斯选集》（第3卷），北京：人民出版社，2012年版，第172页。
[4]《马克思恩格斯选集》（第3卷），北京：人民出版社，2012年版，第72页。
[5]《马克思恩格斯选集》（第1卷），北京：人民出版社，2012年版，第313页。

是真正的联合。

（三）无产阶级政党与其他政党的对外交往

上文所谈的是无产阶级政党在世界范围内的联合，接下来讨论"共产党人与其他政党的关系"。在《共产主义原理》的"第二十五个问题：共产主义者怎样对待现有的其他政党？"中，恩格斯对这个问题的回答是"在不同的国家采取不同的态度。"[1]具体而言，共产主义者和各民主主义政党暂时还有共同的利益；在美国，共产主义者必须支持全国土地改革派，因为后者愿意用宪法反对资产阶级并利用它来为无产阶级谋利益；在瑞士，共产主义者只能接触交往的唯一政党是激进派；在德国，"共产主义者为了本身的利益必须帮助资产阶级尽快取得统治，以便尽快地再把它推翻。"[2]在《共产党宣言》的第四部分"共产党人对各种反对党派的态度"中，正因为无产阶级的解放是在国际意义上才实现的，所以，马克思恩格斯明确指出，"共产党人到处都努力争取全世界民主政党之间的团结和协调。"[3]具体的事例有：在法国，共产党人同社会民主党联合起来反对保守的和激进的资产阶级；在瑞士，共产党人支持包括民主社会主义者和激进资产者的激进派；在波兰，共产党人支持那个把土地革命当做民族解放的条件的政党；在德国，共产党可以同资产阶级一起去反对专制君主、封建土地所有制和小资产阶级。所有这些党际交往的历史实践表明，共产党人为了实现共产主义革命的目的，可以与一切可以团结的党派及相关力量联合，但要具体问题具体分析，要利用一切可以利用的条件去解决近期的政权问题，最终解决未来的所有制制度问题。正是在这个意义上，"共产党人为工人阶级的最近的目的和利益而斗争，但他们在当前的运动中同时代表运动的未来。"[4]在这个意义上，虽然无产阶级及其政党在国际事务中与其他国家的政党有着错综复杂的关系，但是，只要本着阶级分析的方法，把握住政党的本质，把握住革命形势及现实问题所在，争取一切可以团结的力量去奋斗，距离革命的成功就越来越近。这正

[1]《马克思恩格斯选集》（第1卷），北京：人民出版社，2012年版，第311页。
[2] 同［1］。
[3]《马克思恩格斯选集》（第1卷），北京：人民出版社2012年版，第435页。
[4]《马克思恩格斯选集》（第1卷），北京：人民出版社2012年版，第434页。

如建立统一战线那样，中国共产党为实现自己的为国家谋解放、为民族谋复兴、为人民谋幸福的初心而开展了艰苦卓绝的奋斗进程，革命和建设的伟大实践证明，这个制胜法宝绝对是真理。

三、无产阶级政党对外交往所遵循的基本原则

（一）自主原则

无产阶级政党在对外交往中，最起码的原则是独立自主，哪个国家的政党都不愿意听命于其他国家政党的指手划脚，只有保证独立自主，一个政党才能具有最起码的尊严，更重要的是因此才能在具体的政治实践当中发挥自身的积极主动性，才能体现出自身的独特价值。因此，马克思说，独立自主"是一切国际合作的基础"[1]，因为"国际联合只能存在于国家之间，因而这些国家的存在、他们在内部事务上的自主和独立也就包括在国际主义这一概念本身之中"。[2] 在"马克思同'世界报'记者谈话的记录"中，马克思说，"在英国，工人阶级面前就敞开着表现自己的政治力量的道路。凡是利用和平宣传能更快更可靠地达到这一目的的地方，举行起义就是不明智的。在法国，层出不穷的迫害法令以及阶级之间你死我活的对抗，看来将使社会战争的这种暴力结局成为不可避免。但是用什么方式来达到结局，应当由这个国家的工人阶级自己选择。国际不会就这个问题下达什么命令，甚至未必提出什么建议。"[3] 每个国家都有自己的特殊情况，每个政党都会坚决维护自己所代表的阶级利益，如何进行具体的实践，那是自己的事，他人无权过问。即使想去帮忙处理问题，即使动机是纯粹的善，由于没有把握具体的真实情况，国外的政党也难以解决他国内部的问题，这是为大量历史事实所证明了的真理。

因此，每个民族国家都应享有独立自主地处理本国对内对外事务而不受

---

[1]《马克思恩格斯全集》（第35卷），北京：人民出版社，1971年版，第262页。
[2]《马克思恩格斯全集》（第39卷），北京：人民出版社，1974年版，第84页。
[3]《马克思恩格斯全集》（第17卷），北京：人民出版社，1963年版，第683页。

任何外来力量干涉与侵犯的权利。在此基础上，各国彼此合作，共同发展。"胜利了的无产阶级不能强迫他国人民接受任何替他们造福的办法，否则就会断送自己的胜利。"[1]之所以提倡独立自主的原则，其原因还在于马克思所说的"国与国之间的平等同个人之间的平等一样是必要的"[2]这个平等原则。如果说前面一层意思是出于对革命效果的总结而做出的判断，那么，平等则是从道德意义上来考虑的，即，在国际关系中，国家不分大小强弱，其政党之间的地位都是平等的，正如个人在人格上是平等的一样。不过，提倡独立自主的原则并不是袖手旁观，而是要"对每一个运动都表示同情并给以自己章程规定范围内的援助"，[3]马克思以罢工为例对这种"援助"进行了解释，既不是输入工人，也不是资金支持，因为"工人不可能指望别人的援助。因此，在他们面前就产生了把自己的事业掌握在自己手中的绝对必要性"，[4]而国际协会的事情则是传播信息、加强相关组织之间的团结、产生国际影响等。

（二）道德原则

党际交往应当本着独立自主的原则，相互尊重，加强团结，在此基础上，进一步发展党际关系就要"努力做到使私人关系间应该遵循的那种简单的道德和正义的准则，成为各民族之间的关系中的至高无上的准则"。[5]其中的根本原因在于，"古往今来每个民族都在某些方面优越于其他民族……任何一个民族都永远不会优越于其他民族"。[6]既然每一个民族并不在所有方面都具有比其他民族更优越的地方，那么民族间的独立自主、平等尊重就是再自然不过的事了。作为各民族的代表先进生产力的无产阶级政党，更应当在党际交往中践行这些"私人关系间应该遵循的那种简单的道德和正义的准则"。比如，对于英国工人来说，恩格斯说："我确信，你们并不仅仅是普通的英国人，不仅仅是一个孤立的民族的成员；你们是意识到自己的利益和全人类

---

[1]《马克思恩格斯选集》（第4卷），北京：人民出版社，2012年版，第548-549页。
[2]《马克思恩格斯全集》（第39卷），北京：人民出版社，1974年版，第89页。
[3]《马克思恩格斯全集》（第17卷），北京：人民出版社，1963年版，第684页。
[4]同［3］。
[5]《马克思恩格斯选集》（第3卷），北京：人民出版社，2012年版，第11页。
[6]《马克思恩格斯全集》（第2卷），北京：人民出版社，1957年版，第194-195页。

的利益一致的人，是一个伟大的大家庭中的成员。"[1] 所以，作为无产阶级的政党，一定不会把自己的事业和奋斗目标局限于某个国家、某个民族范围内，而是把自己定位在全世界无产阶级的范围内，实现为人类幸福而奋斗的目标。这正是习近平新时代中国特色社会主义思想与构建人类命运共同体理念的重要内涵和应有之意，从马克思恩格斯的论述中，我们可以清楚地认识到这就是共产党人的"初心"。马克思和恩格斯在《共产党宣言》中明确指出："代替那存在着阶级和阶级对立的资产阶级旧社会的，将是这样一个联合体，在那里，每个人的自由发展是一切人的自由发展的条件。"[2] 这说明，马克思恩格斯把所有人的自由发展作为共产党人奋斗的终极目标，这是在道德意义上指明了无产阶级政党对外交往的最终目的，为以后的政党对外交往指明了基本方向。

（三）和平原则

马克思恩格斯的论述中常常揭示出共产党人领导无产阶级进行阶级斗争、武装夺取政权的必要性，这是就一般情况而言，因为出于根本的阶级利益的不同，资产阶级作为统治阶级一定会拼命维护自身的利益，他们不可能轻易地把政权交给无产阶级的。然而，这并不是说马克思、恩格斯不重视和平的手段，相反，马克思、恩格斯特别重视在国际交往中的和平手段。如，马克思指出："工人总有一天必须夺取政权，以便建立一个新的劳动组织……但是，我们从来没有断言，为了达到这一目的，到处都应该采取同样的手段。我们知道，必须考虑到各国的制度、风俗和传统；我们也不否认，有些国家，像美国、英国——如果我对你们的制度有更好的了解，也许还可以加上荷兰，——工人可能用和平手段达到自己的目的。"[3] 这就是说，为达到无产阶级革命的目的，可以采取夺取政权的手段，也可以运用和平的手段，夺取政权本身并不是目的，实现人的自由和解放才是目的。因此，维护和平当然是首选的手段，尤其是在维护和平是为了赢得胜利时。马克思、恩格斯要求

---

[1]《马克思恩格斯全集》（第2卷），北京：人民出版社，1957年版，第277页。
[2]《马克思恩格斯选集》（第1卷），北京：人民出版社，2012年版，第422页。
[3]《马克思恩格斯全集》（第18卷），北京：人民出版社，1964年版，第179页。

"各国的社会主义者都拥护和平",[1] 否则,一旦战争爆发,那就有可能失去和平条件下所获得的胜利,那就是丧失了理智的行为。如果发生战争就会阻碍革命,那么,就要"不惜一切代价争取和平"。[2] 这些论断深入地阐述了一个道理,战争不是目的,和平也不是目的,它们都是手段,只有取得革命胜利,推翻资产阶级的统治,消灭私有制,这才是无产阶级革命的目的。当然,单纯对比战争与和平,如果不考虑任何前提条件,直观其本质,可以说,和平当然比战争好,争取和平还是具有首要的、重要的意义。如,马克思在"国际工人协会总委员会关于普法战争的第一篇宣言"中指出:"英国工人阶级向法国工人和德国工人伸出了友谊的手。他们深信,不管当前这场可恶的战争怎样结束,全世界工人的联合终究会根绝一切战争。官方的法国和官方的德国彼此进行同室操戈的斗争,而法国的工人和德国的工人却互通和平与友谊的音讯。单是这一件史无前例的伟大事实,就使人们可以展望更加光明的未来。这个事实表明,同那个经济贫困和政治昏聩的旧社会相对立,正在诞生一个新社会,而这个新社会的国际原则将是和平,因为每一个民族都将有同一个统治者——劳动!"[3]

[1]《马克思恩格斯全集》(第22卷),北京:人民出版社,1965年版,第298页。

[2]《马克思恩格斯全集》(第36卷),北京:人民出版社,1974年版,第553页。

[3]《马克思恩格斯全集》(第17卷),北京:人民出版社,1975年版,第7-8页。

政党国际合作的趋势与特点

肖洋[1]

政党国际合作是政党政治发展的新阶段，也是全球治理的必然要求。习近平总书记指出：政党在国家政治生活中发挥着重要作用，是推动人类进步的重要力量。政党，尤其是执政党，作为主权国家的合法代表，必然会为了本国和本党派的核心利益而积极开展国际交流与合作。[2] 因此，政党在当代国际政治舞台上扮演着相当活跃的角色，它对国际关系的影响日益扩大，遂成为国内外学者重点关注的研究选题。

一、政党外交促进政党国际合作关系的深入发展

在全球治理的大背景下，加强国家间的党际交流与合作，是优化国际关系、稳定国际形势、减少国际冲突的重要途径。外交的核心任务是护持并拓

[1] 肖洋，博士，北京第二外国语学院政党外交学院副教授。
[2] 周余云：《论政党外交》，载《世界经济与政治》，2001 年第 7 期，第 17 页。

展国家利益，从这个维度来看，政党外交扩展了"外交"的概念内涵。政党外交的主要工作是增信释疑、对话共赢，其核心理念是"合作"，这就促使学者深入探讨政党政治与国际政治的良性互动机制，从而将研究的视角从世界各国政党体制对本国外交政策的影响力，逐渐延伸到各国政党如何共同参与全球治理上来。政党已成为新型国际关系行为体，在共建"人类命运共同体"的历史契机下，国际层面的政党合作已是大势所趋，并渗透到全球治理的各个方面，显示出新的特点。

政党的出现是人类文明史进化的产物，是一定阶级、阶层和集团利益的代表，以执政或实现特定政治思想、政治利益为目标的团体。[1]政党是西方民主政治的产物，其诞生之初的自我定位是各利益集团争权夺利的竞选工具，由于政党的主要活动场地在国内，因此无法像主权国家那样成为国际关系的行为主体，更难以掌控外交决策权。然而，随着经济全球化的发展，各类政党积极参与国家外交实践，不断扩展了现代外交的内涵与表现形式，而且使政党逐渐成为能够有效影响国际关系的行为体。作为能够影响甚至决定国家内外政策的政治团体，政党通过践行促进国际社会良性互动的意愿，从而影响国际政治的最终走向。此外，政党也可以作为双轨外交的主体，为国际合作与交流提供多元的信息渠道，从而提升国际活动和全球治理的效率，促进国家之间解决共同关心的问题。[2]虽然政党并不具备传统意义上的国际法主体，也不承担国际法责任，但能够成为执掌国家权力的政治力量，这就使得各国在推动政府间合作的同时，也必然注重与对象国各个政党之间的交流。

政党国际合作是一种全新的外交方式，其内涵在于：包括国际性和地区性跨国政党组织在内的各国政党，在与他国政党进行交往过程中，采取以合作与对话为基调的政策取向。[3]从广义的视角来看，参与国际合作的政党，

---

[1] 王浦劬：《政治学基础》，北京：北京大学出版社，1995年版，第264页。

[2] 余丽：《新世纪中国共产党政党外交的特点与发展趋势》，载《马克思主义与现实》，2009年第3期，第60-62页。

[3] 林怀艺：《我国总体外交中的政党外交评析》，载《华侨大学学报》，2005年第4期，第24-25页。

新型政党关系与新时代政党外交

既包括各国的执政党、参政党，也包括在野党及跨国政党组织。由于各政党法律地位的不同，因此其参与国际合作的性质也有所差异：执政党之间的交往具有亦官亦民的性质，执政党与在野党的交往则属于半官半民的性质，在野党之间的交往则具有民间性质。[1]

随着政党政治的普及和全球治理的发展，政党逐渐成为国际关系的行为主体，政党之间的互动也日益频繁。考察政党的国际交往在国家外交中的地位，通常考察两方面的因素：一是政党政治在该国政治生活中的活跃度，二是政党的法律地位及对国家外交决策的影响力。前者表明了政党国际合作的必然性，后者决定了不同国家的各类政党开展国际交往的能力及功效大小。通常而言，执政党总揽国家权力，其开展国际交往的能力大于在野党，甚至能够直接控制外交决策进程，将本党派的意志上升为国家意志。由此可知，政党国际合作的基本行为体是执政党。

随着全球治理成为国际关系的中心议题，各国政党间的频繁互动也就成为当代国际政治的新特征。同时，各国政治发展模式也呈现出多样化的趋势。两极格局瓦解后，包括发达国家在内的国际社会，都积极探索政治发展道路的革新，并认识到政党交流能带来外国政党宝贵的治国经验。在相互尊重的基础上，各国政党平等交流与合作，党际关系对国际政治的影响力不断提升。政党国际化的倾向也日趋发展：一方面，各国政党的国际交往不断增多；另一方面，跨国政党组织也显示出巨大的影响力。[2]

为了厘清政党国际合作对当代国际关系的促进作用，需要明确政党外交的时代价值。

首先，政党已经成为国际关系的新型行为主体。后冷战时代的国际关系格局发生了巨大变化，"极大动摇了国家主导国际关系的地位"。[3] 当前国际关系的行为主体从主权国家这一层面，逐渐扩展到主权国家、政府间国际组织、非政府组织等多个层面。从当代国际政治的实践来看，政党以及跨国

[1] 周余云：《论政党外交》，载《世界经济与政治》，2001 年第 7 期，第 18 页。
[2] 何艳军：《冷战后中国共产党政党外交研究》，外交学院 2007 年研究生论文，第 1-4 页。
[3] （日）日星野昭吉：《变动中的世界政治——当代国际关系理论沉思录》，刘小林译，北京：新华出版社，1994 年版，第 172 页。

政党，不仅可以表达国际社会中各方面的意愿和要求，从而影响或牵制国家的对外决策，最终影响国际关系的走向，而且可以提供和创造灵活的党际沟通渠道，使得国家间的交流和沟通具有更大的灵活性和多样性，从而有助于改善国际关系。可以说，政党是国家对外实践的真正指导者。

其次，政党外交作为特殊的外交模式，对国际交往产生积极作用。一方面，政党外交不同于政党的对外交往，只有当政党的对外交往是为了维护国家利益或促进国际关系时才称得上政党外交。政党外交的主体是一国的合法执政党，而政党对外交往的主体则既包括一国的执政党，又包括在野党和跨国政党。另一方面，政党外交与党际关系不同。政党外交侧重于政党的政治行为，是政党为了维护本党派利益、国家关系而与外国合法政党进行的交往活动；党际关系则侧重于政党之间的关系，强调党与党之间关系的密切程度。此外，即使是执政党的对外交往，也与政府外交在对象选择、工作方式等方面存在差异。政府外交的主客体都是政府，政党外交的主客体则是政党。就交往的内容而言，政府外交主要处理国家间、政府间的具体事务，政党外交则不具体处理这些事务，其内容更为广泛。

再次，政党外交的形式灵活多样。在全球治理过程中，政党外交不拘泥于外交程序和礼仪，互动方式比较灵活，[1] 主要通过党派领导人之间的治国理政经验交流以及执政党对话等较灵活的形式展开，有助于消除误解、增进了解、加深理解、畅通信息沟通渠道，推进政见交流，从而为优化国家间关系而发挥基础性作用。[2]

最后，政党外交具有新的发展趋势与发展任务。一是政党外交的内容将更为广泛。政党外交除了包含宾主双方党派领导层之间关于执政经验、治国理念等内容的交流之外，还将涉及一些经济与技术合作、政治支援以及对历史遗留问题的解决。二是政党外交的形式将日益多样化。政党外交将采取更灵活的交往形式，各国党派领导人可以利用议会、民间组织等作为载体进行

---

[1] 余丽：《中国共产党政党外交的实践之路与理论创新》，载《中州学刊》，2010 年第 2 期，19—25 页。
[2] 王芸、赵黎明：《政党外交研究的几个前提性问题》，载《中国青年政治学院学报》，2008 年第 1 期，第 68—71 页。

交往，甚至也可以在多边官方会晤的间隙，开展对目标国执政党的外交实践。三是政党外交的国际影响将更加深远。各国政党间交往的成败得失不仅会改善或恶化国与国之间的关系，还可能因同一政党再次执政或长期执政而影响国际关系的长远发展，因此，政党外交与政府外交将成为国际交往的两条主线。[1]

总而言之，就政党外交而言，灵活性是重要特征，推动党际互信是重要途径，建立良好的国际关系是核心目标。习近平总书记提出：各国政党应搭建多种形式、多种层次的国际政党交流合作网络。因此中国共产党的政党外交更注重于同外国政党领袖的政治思想沟通，这也决定了政党国际合作的重要目标是各国执政党之间的经验交流与凝聚共识。

二、政党国际合作是构建"人类命运共同体"的核心支柱

全球化的迅猛发展，进一步加深了人类社会相互依存的内在联系，也赋予各国政党新的时代使命。孤立自处还是合作共赢，已经成为各国政党探索国家发展道路的核心命题。联合国提出"构建人类命运共同体"的倡议，发出了全球化时代人类社会共存式发展的最强音。中国共产党作为世界最大的政党，不仅担负着推动中国社会发展的历史使命，更具有促使世界政党沟通、建立新型政党关系、分享善治经验、凝聚党际共识的时代责任。因此，在构建人类命运共同体的目标指引下，由中国共产党召开世界政党高层对话会，不仅展示了中国共产党志存高远的战略胸怀，更以开创性的方式搭建国际政党交流合作网络，奠定了政党在构建人类命运共同体中的核心作用。[2]

习近平总书记从中国的自身发展与人类社会的共同发展相统一的全球视野，提出通过政党国际合作来构建人类命运共同体的新思路，具体合作目标包括四个目标：一是国际安全方面，实现"远离恐惧、普遍安全"，二是国际

---

[1] 章猷才：《关于政党外交问题的研究》，载《才智》，2009 年第 14 期，第 242 页。
[2] 中共中央对外联络部当代世界研究中心：《汇聚起构建人类命运共同体的政党智慧与力量》，http://theory.people.com.cn/n1/2018/0305/c40531-29847454.html。

经贸方面，实现"远离贫困、共同繁荣"，三是跨国文化交流方面，实现"远离封闭、开放包容"，四是生态保护方面，实现"山清水秀、清洁美丽"。[1]通过政党国际合作来分享中国共产党治国理政的成功经验，本身就是中国智慧对人类进步做出的重大贡献，也明确了富有成果的政党国际合作是建设人类命运共同体的核心支柱。

政党的活动不仅影响到主权国家的内政决策，而且会通过"外溢效应"逐渐拓展到外交决策等方面，进而对国际关系产生影响。政党政治的核心是通过成为执政党，将党派利益上升为国家意志。政党政治对国际关系的影响主要表现在两个方面。

一方面，政党政治直接影响着一个国家对外政策的基本走势，具体表现为："执政党通过其领导的政府、控制的议会直接参与外交决策；在野党则通过议会斗争等途径间接制约或牵制本国的对外决策。"[2]政党在国内政坛的较量会形成外溢作用，这将直接影响国家的对外政策，对地区和世界安全形势影响重大。

另一方面，政党政治与国际政治存在连锁反应。"政党政治对一国政体的构建起到重要作用，但政党政治并不是孤立作用于一国内政"。一个国家的内外政治是相互影响的，并具有某种程度上的因果循环关系。这种影响主要表现为执政党的易位会引起国际政治的连锁反应。

例如，2008年欧洲金融危机以来，英国极右翼政党"独立党"成为英国脱欧的重要推手，在针对贸易保护、接收叙利亚难民问题上的排外立场十分明显，而"奥地利自由党"则成为第一个参与组阁的极右翼政党，从而影响欧中关系和中东和平进程。此外，意大利、德国右翼民粹主义政党的影响力不断提升，多次开展反建制主义的活动。国家在国际社会的实践，最终是由执政党或执政党联盟来决定。

世界各国政党对国际政治产生作用的途径，通常是对政治体制与国家政

---

[1] 央视网：《习近平全球政党大会讲话擎起"人类命运共同体"大旗》，http://news.cctv.com/2017/12/02/ARTIJbl8kofSeJgKhxgAMZBI171202.shtml。

[2] 周余云：《论政党外交》，载《世界经济与政治》，2001年第7期，第18页。

体进行资源优化配置来完成。它们对国际政治的影响主要表现为执政党通过践行外交战略方针来推动国际关系和国际政治格局的变化。一个政党对国际事务的影响程度又因该国政党体制与国家政体配置的方式不同而有所差异，这种差异取决于执政党执行外交政策时所受到的国内阻力以及行政官僚体系在贯彻本党外交方针上的程度差异。

随着中国与其他国家的友好合作日益扩大，习近平总书记提出的"人类命运共同体"得到国际社会越来越多的支持。当前，中国共产党与160多个国家和地区的400多个政党和政党组织保持着定期联系，愿与其他国家政党分享自身的经验，加强彼此合作。2017年11月30日—12月3日，中共中央对外联络部首次举办"中国共产党与世界政党高层对话会"，来自世界120多个国家近300个政党和政治组织的领导人共600多名中外代表参会。[1] 这是一场极为重要、具有划时代意义的全球性盛会，也是中国共产党第一次就全球治理和国际政党交流等问题阐述政策立场、表达中国共产党推动跨国党际合作的良好愿望。[2] 习近平总书记建议将中国共产党与世界政党高层对话会进一步制度化，发展成为具有广泛代表性和国际影响力的高层政治对话平台，在未来五年，中国共产党希望邀请15000名外国政党成员到中国进行交流。

作为全球治理的主体，政党外交的目标是进行跨国党际交流与合作，协调各国政策，治理诸如国际冲突、难民、国际恐怖活动、环境保护等全球性问题。同时，政党政治的中心议题，从国内权力博弈，逐渐扩展到提升全球性影响力等方面。因此，政党政治的实践平台不断扩容，政党外交也从幕后走向前台。

---

[1] 人民网：《中国共产党与世界政党高层对话会》，http://cpc.people.com.cn/GB/67481/415498/index.html。

[2] 人民网：《习近平出席中国共产党与世界政党高层对话会开幕式并发表主旨讲话》，http://cpc.people.com.cn/n1/2017/1202/c64094-29681323.html。

三、全球治理与超越意识形态的政党国际合作

进入 21 世纪以来，全球化的迅猛发展，使政党和跨国政党组织将关注的焦点从意识形态斗争，转移到全球治理上来。环境保护、维护人权、缩小南北贫富差距、根除恐怖主义等议题，已经成为政党外交的主要议题和重要任务。[1]政党在国际社会的角色与功能日益突出，政党外交活动对解决全球性问题发挥了重要作用，这就必然要求各国执政党之间要达成全球善治的共识、放下偏见，推动跨国党际合作。因此，把政党外交作为一种新兴的全球治理模式进行研究，对政党外交在全球治理中的地位和作用进行正确评价，是新形势下的一项重大任务。[2]

与冷战时期的政党交往相比，全球化时代的政党外交被赋予新的涵义，其重要特征就是跨越意识形态，求同存异共同应对全球事务。要解决全球性问题，就需要加强政党间的国际合作，因此加强政党国际合作与交流则成为全球善治的必然趋势。[3]

通常而言，治理成效高的政党，具有榜样的示范作用。中国共产党作为世界最大的政党，治国理政成效显著、经验丰富，即使在社会主义运动处于低潮的时代，仍然坚持以中国特色社会主义的发展模式为指引，将中国打造成世界最强大的经济体之一。中国共产党的治国模式如此成功，使得其他资产阶级政党和民族主义政党也不得不暂时抛弃意识形态对抗的"有色眼镜"，虚心向中国共产党求教。在此大背景下，中国共产党以共建"人类命运共同体"理念为指导方针，致力于推动全人类的共同发展和进步，以开放自由的原则，分享自身的治国经验。中共中央对外联络部当代世界研究中心从 2014 年就开始主办"中国共产党与世界对话会"，将其打造成国际社会解读中国

---

[1] 谭荣邦：《政党国际组织的兴盛及其当代特征》，载《中共中央党校》，2004 年第 2 期，第 72—76 页。

[2] 谭晓军：《政党外交：一种新兴的全球治理模式》，载《甘肃理论学刊》，2009 年第 2 期，第 42—44 页。

[3] Surendra Munshi, Biju Paul Abraham, Good Governance,Democratic Sccieties And Globalisation，Sage Publications,2004,p74.

共产党治国理政的思路与经验的重要窗口，为世界更好地了解中国共产党提供权威对话平台。[1]

政党外交有助于推动国际关系民主化。不同国家的政党应该共同努力建立一个多种形式、多种层次的国际合作与交流网络；中国共产党愿以开放的眼光和宽广的胸怀，与各国政党进行交流与合作。在政党外交的框架下，各国政党能够寻求共同点，同时搁置意识形态分歧，彼此尊重和相互学习。[2]

综上所述，实现全球善治是政党国际合作的基石，开放、平等、包容是政党国际合作的立场。政党外交正是在全球善治的国际大背景下蓬勃发展，以实现全人类的共同进步。中国共产党是个负责任、敢担当的世界大党，始终为中国人民的福祉和人类进步而自我革新、努力奋斗。中国共产党不仅要继续带领中国人民走向康庄大道，还愿意分享中国的发展经验与成就，为世界各国人民创造机遇。从这个思路来看，习近平总书记提出的"一带一路"倡议，是实现相关国家共同发展的巨大合作平台，将各国的发展前景和命运紧密相连，最终实现和平、和谐的人类命运共同体。中共十九大清晰呈现了中国共产党对国家发展和全球治理的中国方案，即：寻求一种避免无止境冲突的和平发展道路。中国共产党倡导的政党国际合作，有助于各国政党更深入地了解中国方案，为营造全球发展共识奠定基础。由此观之，中国共产党是政党国际合作的积极倡导者和坚定践行者，而政党国际合作也必然成为推进人类社会的和平与发展、促进全球善治的核心动力与根本保障。[3]

---

[1] 中共中央对外联络部当代世界研究中心：《"2014 中国共产党与世界对话会"闭幕》，http://www.cccws.org.cn/Detail.aspx?newsId=3372&TId=200。

[2] 人民网：《习近平出席中国共产党与世界政党高层对话会开幕式并发表主旨讲话》，http://cpc.people.com.cn/n1/2017/1202/c64094-29681323.html。

[3] 人民网：《中国共产党——"世界各国政党学习的榜样"》，http://cpc.people.com.cn/n1/2017/1204/c64387-29683654.html。

政党交往新境界的时代价值
——以中欧政党外交为例

柳思思 [1]

一、构建新型政党关系的时代背景

"中国共产党与世界政党高层对话会"与"中欧政党高层论坛"是在政党外交迅猛发展的背景之中诞生和发展起来的，随着其影响力的日益扩大，人们在关注政党外交蓬勃发展现象的同时，不禁要问：政党外交有什么作用？中欧政党外交又究竟发挥着怎样的作用？

对上述问题有这样一种答案：政党外交没有实质性作用，中欧政党外交只是国家外交的附属品，"中欧政党高层论坛"充其量只是"清谈俱乐部"。在这种答案的语境中，其理论逻辑是基于传统经验的西方政党理论，只看到

[1] 柳思思，北京第二外国语学院政党外交学院副教授。

新型政党关系与新时代政党外交

中欧政党间的意识形态差异，对政党外交的实际"效率"持有怀疑主义的主张，忽略了政党外交对共同身份建构与共同体建设的深远影响，无视中欧政党外交中的议程设置与机制构建等运作机制。上述答案无法解释下列现象，假如政党外交仅是"清谈"，中欧政党高层论坛仅是"清谈俱乐部"，为什么其名声和吸引力越来越大，受到的国际关注度越来越高，欧洲各国政党的参与程度还在不断扩大呢？因此，政党外交明显不是"清谈"，"中欧政党高层论坛"也不是"清谈俱乐部"，评判政党外交的根本作用和长远影响，不能基于工具理性主义来计算短期成本收益，更不能以短期的物质性结果来功利性地做出评判。

建立新型政党关系，以新的全球观和人类命运共同体理念为基础，是中国共产党基于自身时代使命拓展全方位、多层次政党外交新格局的时代必然。习近平总书记在《携手建设更加美好的世界》中指出："不同国家的政党应该增进互信、加强沟通、密切协作，探索在新型国际关系的基础上建立求同存异、相互尊重、互学互鉴的新型政党关系，搭建多种形式、多种层次的国际政党交流合作网络，汇聚构建人类命运共同体的强大力量"。[1]

中国共产党自20世纪80年代奉行"独立自主、完全平等、互相尊重、互不干涉内部事务"的党际关系四项原则。随着政党间合作的启动和发展，中国共产党的这种政党外交方式扩散到了与周边国家的政党间合作实践过程，并产生积极的效果。由于政党外交的决策基础是各国的相互尊重与平等，共同决策需要各国政党协商一致，不能干涉各国政党的独立自主和内部事务，政党外交及中欧政党外交会议因为没有"及时"产生所谓"有形的结果"，而被某些人士误解为"清谈"或"清谈俱乐部"。那么，对中欧政党外交的作用有没有另外的解释？笔者将结合中欧政党外交的实证案例与"中欧命运共同体"的目标，提出其作用机制的解释路径。

---

[1] 人民网：《建立新型政党关系：新时代政党外交新境界》，http://dangjian.people.com.cn/n1/2018/0116/c117092-29767001.html。

二、中欧政党外交与中欧命运共同体建设

　　笔者检索中欧政党外交进程、中欧命运共同体的前期学术成果，却收获甚微，以"中欧政党外交"作为主题词在中国知网搜索，仅能得到 2 篇文章 [1]；以"中欧命运共同体"进行知网检索，也仅能得到 2 篇文章 [2]；以"中欧政党外交"或"中欧命运共同体"作为主题词在中国国家图书馆的官方网站进行图书检索，也没有得到学术著作 [3]。鉴此，开展相关学术研究显然十分必要。

（一）中欧政党外交的进程

　　中欧政党交往经历了如下五个阶段：一是 1949 年至 1960 年，新中国成立后，中国共产党与欧洲各国共产党、工人党，建立了亲如兄弟的关系。二是 1960 年至 1977 年，随着中苏关系转冷，受苏共的影响，东欧各国共产党与中共的关系相对冷淡，但随着中美关系的改善，中共与西欧资本主义国家政党的交往开始逐渐增多。三是 1978 年至 20 世纪 90 年代，中国改革开放后，中欧政党关系步入全面发展时期。中共逐步恢复与西欧一些国家共产党、工人党关系，在此基础上与其他左翼政党如社会党、绿党开始交往，还探索与保守政党建立联系。四是 20 世纪 90 年代至 2009 年，伴随欧洲一体化的深入，中共政党外交的对象扩大到欧洲区域性政党与欧洲议会主要党团，中共与欧洲 170 多个政党建立了不同形式的交流合作关系，中欧政党交

---

[1] 吴志成、王天韵：《中国共产党对欧交往的历史回顾与思考》，载《南开学报》，2011年第 2 期，第 23 页。

[2] 鲁乙己：《构建中欧网络空间命运共同体》，载《中国信息安全》，2015 年第 12 期，第 1 页；吴昀国：《构筑合作共赢的中欧企业命运共同体》，载《中国企业报》，2013 年 4 月 23日第 1 版。

[3] 中国国家图书馆"中欧政党外交"的图书检索结果，http://find.nlc.cn/search/doSearch?query=%E4%B8%AD%E6%AC%A7%E6%94%BF%E5%85%9A%E5%A4%96%E4%BA%A4&secQuery=&actualQuery=%E4%B8%AD%E6%AC%A7%E6%94%BF%E5%85%9A%E5%A4%96%E4%BA%A4%20mediatype%3A(0%20OR%201%20OR%202)%20&searchType=2&docType=%E5%9B%BE%E4%B9%A6&mediaTypes=0,1,2&isGroup=isGroup&targetFieldLog=%E5%85%A8%E9%83%A8%E5%AD%97%E6%AE%B5&orderBy=RELATIVE.。

往的重要活动超过 444 次以上。[1] 五是 2010 年至 2016 年，"中欧政党高层论坛"分别在中国与欧洲共举行了 5 次，规模一次比一次大，级别越来越高，参与的欧洲政党数量越来越多。

笔者在分析中欧政党外交时，之所以使用"进程"一词，是为了突出中欧政党间的持续性、建构性互动。这种互动本质上是一种交往实践，亦称为主体间性实践。实践的概念自古希腊发端以来，其含义屡经嬗变，经历了德国古典哲学家伊曼努尔·康德（Immanuel Kant）的实践理性，辩证法大师格奥尔格·威廉·弗里德里希·黑格尔（Georg Wilhelm Friedrich Hegel）的实践意识，再到卡尔·海因里希·马克思（Karl Heinrich Marx）的实践研究。马克思从来不是经济决定论者，而是实践倡导者。正如弗里德里希·冯·恩格斯（Friedrich Von Engels）所说："我和马克思都认为，现实生活的生产和再生产（实践因素而非经济因素），才是历史过程中的决定性要素"[2]。

马克思在《德意志意识形态》中，对"交往实践观"、"主体间性实践"进行了深入的解读，实践表现为"双重关系：一是自然关系，一是社会关系，社会关系的含义在这里是指许多个人的共同活动"[3]，采取共同的、同其他人一起完成的表现形式，是对社会生活的表现和确认。马克思此处强调的实践表现为社会关系，就是一种"交往实践观"，是对传统的"主客体"两极实践结构观的创新，把"社会互动"（亦即主体间性）引入了实践研究。受到马克思的影响，有关"交往实践观"或"主体间性"的思想被后来众多思想家发扬光大，尤其体现在尤尔根·哈贝马斯（Jürgen Habermas）的"交往行动理论"中。根据马克思等学者的上述解释，我们不难解读出中欧政党外交的进程正是一种交往实践，构建的是一种和谐友好的社会关系，是一种共同的、中欧政党一起构建的交往形式，是对中欧政党间良好关系的表现和确认。

[1] 刘朋：《中国共产党政党外交的现状及思考 —— 基于 2003-2009 年中国共产党重要对外交往活动的统计分析》，载《学术探索》，2010 年第 2 期，第 1 页。
[2][德] 马克思、恩格斯：《马克思恩格斯选集》（第 4 卷），中共中央编译局译，北京：人民出版社，2012 年版，第 604 页。
[3][德] 马克思、恩格斯：《马克思恩格斯选集》（第 1 卷），中共中央编译局译，北京：人民出版社，2012 年版，第 160 页。

(二)中欧命运共同体

"命运共同体"的概念出自 2011 年《中国和平发展白皮书》: "要以命运共同体的新视角,寻求共同利益和共同价值的新内涵"[1]。2013 年第四届中欧政党高层论坛就紧密围绕如何构筑合作共赢的"中欧命运共同体"[2] 为主题。2014 年习近平会见欧盟委员会主席时指出: "中欧是利益高度交融的命运共同体"。[3]2013 年至 2016 年,习近平几十次谈及"命运共同体"。2017 年,习近平在赴欧洲国家瑞士出席世界经济论坛时提出"构建命运共同体,实现共赢共享"。[4]

从学术研究上可以这样界定"命运共同体": 命运共同体是指其内部成员普遍认同处于一个相互依存且共抗威胁的群体或体系。在这个体系中,行为体通过互动实践使自我与他者进行交流,并逐渐超越原本横亘在彼此之间的国别差异、意识形态与宗教信仰差距,最终形成一个新的集体身份,即命运共同体。这些行为体能够共享命运共同体这一新身份所赋予的象征和机制,且能够在以共同利益、普遍互惠性、全球治理和可持续发展观为基本特征的环境中进行互动。简而言之,命运共同体就是集体身份,集体身份是一种共有观念结构,命运共同体的共有观念就是"我们感",共有行为机制是合作。

综上所述,政界与学界分别对命运共同体与中欧政党外交进行了前期界定,有启发意义,但在如下三个层面留有学术机遇: 一是研究视角上,现有成果多是政策报道与会议综述,较少从学术角度进行思考,明显滞后于我党领导人高度重视的现状;二是研究体系上,现有成果多是对中欧政党外交一时一事的分析,缺乏对中欧政党外交长期性、系统性地跟进调研,更缺少对中欧政党外交的实证研究;三是研究方式上,现有成果或是集中于中欧政党外交的主题,或是集中于命运共同体的主题,尚未意识到两者之间的关联机

[1] 国务院新闻办公室:《中国的和平发展》(白皮书),2011 年 9 月 6 日,第 9 页。
[2]《第四届中欧政党高层论坛在苏州开幕,刘云山发表主旨讲话》,载《人民日报》,2013
年 4 月 23 日,第 1 版。
[3]《习近平会见欧盟委员会主席巴罗佐》,载《人民日报》,2014 年 4 月 1 日,第 1 版。
[4]《指引人类进步与变革的力量》,载《人民日报》,2018 年 1 月 26 日,第 1 版。

制，没把两者结合起来进行研究。因此，笔者希望在借鉴前人成果的基础上实现上述研究任务。

三、政党外交进程的议程设置、机制构建与命运共同体

政党外交的进程何以影响命运共同体？如下图所示，关键是依靠政党外交进程中议程设置、机制构建两个层面的因素。政党外交通过推动议程设置与机制构建，能够塑造政党间合作的语境，创造交流互动的平台，建立集体行动的合法性，增进双方间的认同感，最终有利于命运共同体的形成。

图 1：整体研究设计（注：本图由笔者绘制）

（一）议程设置

议程设置最早见于沃尔特·李普曼（Walter Lippmann）的研究，他早在《舆论学》中就曾感叹议程设置对于信息传播的重要性与必要性。正如李普曼所说，我们对世界的了解何其间接，我们总是把新闻报道所描述的情景当成事实本身，它们告诉我们什么是事实，我们就相信了什么是事实。麦克斯威尔·麦库姆斯（Maxwell McCombs）和唐纳德·肖（Donald Shaw）以总统选举为案例，实证分析了议程设置过程对最终投票结果的巨大影响力，即议程设置里关于哪位总统候选人的讨论越多，使用的赞美性语言描述越多，采取的亲民性议程框架越多，最终越能引导人们投票支持该位总统候选人。[1]

议程设置被引入国际关系学是始于罗伯特·基欧汉（Robert Keohane）与约瑟夫·奈（Joseph Nye）的研究。他们在《权力与相互依赖》一书中提出了

---

[1]Maxwell McCombs,Donald Shaw, "The Agenda- Setting Function of Mass Media," *The Public Opinion Quarterly*，1972,Vol.36,No.2，p.176.

要重视议程设置的观点。[1]约瑟夫·奈认为，设置议程能够塑造新的世界结构，能够让他者做你希望他做的事，即拥有"软实力"。"这种能力不是源自军事实力或武力威胁，而是依赖议程选择与议程框定"。[2]史蒂芬·利文斯顿（Steven Livingston）更是直接指出"议程设置是行为体掌控与巩固权力的首要工具"[3]。约翰·金登（John Kingdon）分析了议程设置的选择与控制，即为什么某些议程能进入讨论的中心被重点关注，而另外一些议程却束之高阁且逐渐被遗忘？他将议程界定为"在特定时期内行为体着重关注的主题或问题清单"[4]，而行为体议程设置的过程就是选择研讨主题与聚焦问题的过程。此后，杰夫·耶茨（Jeff Yates）、杰弗里·皮克（Jeffrey Peake）等学者研究了国外各机构（最高元首、媒体、议会、法院等）议程设置的不同能力。[5]上述成果为笔者进行政党外交的议程设置研究奠定了基础。

随着全球化进程的推进，世界政治从权力主导范式逐渐转变为议程主导范式，政党外交议程设置的重要性得到凸显。政党外交的议程设置要关注议程的关联性和导向性，要重点解读议程能引发的共鸣度与议程属性特征，才能激发外交过程的"我们感"。行为体设置的议程越能引起他者的共鸣，提出的议程属性越具有某些社会热点属性，就越容易被他者所接受，就越容易与他者组成命运共同体；反之，行为体设置的议程能引发的共鸣度越低，提出的议程属性越缺乏某些社会热点属性，就越难被他者所接受，这一议程就会被其他议程所取代，最终也就越难与他者组成命运共同体。

[1]Robert Keohane , Joseph Nye, *Power and Interdependence: World Politics in Transition*, Boston: Little,Brown and Company, 1977,p.23.

[2]Joseph Nye, "The Changing Nature of World Power", *Political Science Quarterly*, Vol.105, No.2, 1990, p.181.

[3] Steven Livingston, "The Politics of International Agenda-Setting: Reagan and North-South," *International Studies Quarterly*, 1992, Vol.36, No.3, p.313.

[4] John Kingdon, *Agendas, Alternatives, and Public Policies*, New York: Addison -Wesley Educational Publishers, 2003, p.5.

[5] Jeff Yates,Andrew Whitford, William Gillespie, "Agenda Setting. Issue Priorities and Organizational Maintenance: The US Supreme Court,1955 to 1994," *British Journal of Political Science*, 2005,Vol.35,No.1,p.369; Jeffrey S.Peake, Matthew Eshbaugh Soha, "The Agenda- Setting Impact of Major Presidential TV Address, "*Political Communication*, 2008, Vol.25,No.1,p.113.

（二）机制构建

如前所述，政党外交进程的另一重要因素就是机制构建。在国际关系中，机制构建的研究经历了两代学者的探索。第一代学者提出了国际机制的定义与重要意义。如斯蒂芬·克莱斯纳（Stephen Krasner）、罗伯特·基欧汉（Robert Keohane）、奥兰·杨（Oran Young）等。斯蒂芬·克莱斯纳从宏观层面解读国际机制，认为国际机制包括"行为体汇聚而成的一整套明示或暗示的规范、原则、决策程序、规则"[1]。根据克莱斯纳的定义，无论是规范、原则，还是决策程序、规则，都属于国际机制的范畴。罗伯特·基欧汉从中观层面定义国际机制，认为国际机制是国际制度的三大组成部分之一，即"国际制度包括国际机制、惯例、组织，是政府同意建立的、有关国际关系特定领域的制度"[2]。奥兰·杨从微观的层次界定国际机制，认为国际机制是制度与行为之间的因果机理，即"机制是制度的作用方式"[3]，是新自由制度主义的研究要点。

第二代学者重点分析机制建构的有效性。随着机制研究的不断深入，衡量机制有效性的研究手段也日趋多样。近年来，"奥斯陆—波茨坦方案"(Oslo-Potsdam Solution, OPS)在评估国际机制有效性方面的成果日益受到学术界的关注，主要代表人物包括阿里德·翁德达尔（Arild Underdal）、德特勒夫·斯普林茨（Detlef Sprinz）、克里斯汀·赫尔曼（Carsten Helm）等人。[4]该方案一改以往机制研究的简单评价手段,使用指标工具来衡量机制的实际影响力、问题解决程度、目标实现程度等，区分了"缺乏机制下的对应事实"(NR=No-Regime Counterfactual)、"实际绩效表现"(AP=Actual Performance)、"集体最佳状

---

[1]Stephen Krasner, "Structural Causes and Regime Consequences: Regime As Intervening Variables", *International Organization*, 1982, Vol.36, No.1, p.186.

[2]Robert Kerohane, *International Institutions and State Power:Essays in International Relations Theory*, Boulder: Westview Press, 1989, p.4.

[3]Oran Young, *The International Political Economy and International Institutions*, Cheltenham:Edward Elgar Publishing, 1996, p.8..

[4]Carsten Helm and Detlef F.Sprinz, "Measuring the Effectiveness of International Environmental Regimes", *Journal of Conflict Resolution*,Vol.44, No.5, 2000, p.637.

态"(CO=Collective Optimum)三个阶段[1]，尝试建立评估国际机制有效性的数据库，一定程度上弥补了原有机制研究的不足。

在中欧政党外交的进程中，我党应意识到政党外交的机制建构及机制有效性对命运共同体的重要意义，从宏观、中观、微观三个层面推动政党外交机制的全面发展。第一，在宏观层次上，建构政党外交机制应放在全球治理的平台上来。中欧政党作为东西方政党的代表，设置的政党外交机制不仅要有区域视野，更要有全球视野，不能仅局限于中欧，更应放眼世界与展望未来，关注世界人民的命运，在推动中欧合作的基础上实现"中欧命运共同体"，在实现"中欧命运共同体"的基础上再推动"人类命运共同体"的进程。第二，在中观层次上，建构政党外交机制的关键是增强机制的匹配性。中欧政党外交提出的新机制如果和现存的机制越匹配，越能被接受内化，越能建成命运共同体；反之，中欧政党外交提出的新机制如果和原本的机制越不匹配，甚至和原有机制矛盾，与原本的中欧文化结构相抵触，就不能被接受内化，越不能建成命运共同体。第三，在微观层次上，建构政党外交机制要结合各自文化素养、语言建构能力与情感吸引力。对中国共产党与欧洲政党双方来说，中欧政党外交的机制建构要结合政党领导人与每个党员的个人努力，才能最后推动命运共同体长远目标的实现。如何判断中欧政党外交的机制具备有效性？笔者认为主要在于如下三点：一是该机制能否有利于中欧政党的共同利益与长远利益；二是该机制能否有利于解决中欧政党间分歧，凝聚共识；三是该机制能否有利于达成"中欧命运共同体"的目标。

四、"中欧政党高层论坛"的议程设置、机制构建与命运共同体

前文中从议程设置与机制构建两个层面解析了政党外交何以推动命运共同体的研究假设与理论逻辑，在下文中将这一理论假设结合实证案例付诸检

[1]OranR. Young, Leslie A. King, Heike Schroeder(eds.). *Institutions and Environmental Change: Principal Findings, Applications, and Research Frontier*. Cambridge, Mass: MIT Press, 2008.p.88.

验。笔者调研的实证案例是"中欧政党高层论坛",主要资料来源于《中共中央对外联络部——党际交往动态》[1],考察其中的议程设置、机制构建与中欧命运共同体建设。需要指出的是:尽管中国特色社会主义与欧洲自由资本主义存在意识形态领域的差异,但"中欧命运共同体"仍然是基于求同存异理念之上,这就需要双方从议程设置和机制构建两方面进行全面沟通与协调,扩大双方党际合作的公约数与共同基础,增强共同性,超越差异性,共建"中欧命运共同体"。

(一)"中欧政党高层论坛"的议程设置与命运共同体

2010 年至 2016 年,"中欧政党高层论坛"共举办了 5 届,举办地点包括中欧重要城市,共吸引了中欧 65 个政党的代表参与,包括左翼、中间派和右翼,获得中欧各界的热烈反响。由于国际议题的多元化与复合相互依赖的存在,中欧政党外交的议程设置需要智慧来经营。"中欧政党高层论坛"的议程设置是中欧政党表达自身关注的议题,且通过议程的操作与深化,最终实现战略目标的过程,如下图所示,可以分为"中欧共同应对金融危机""中欧共同应对气候变化""中欧战略对接与合作""中欧'一带一路'合作"四个具体议题领域。

图 2:"中欧政党高层论坛"的议程设置与中欧命运共同体(注:本图由笔者绘制)

---

[1] 中共中央对外联络部: http://www.idcpc.gov.cn/was5/web/search。

第一，"中欧共同应对金融危机"的议程领域。"中欧政党高层论坛"的主要议题之一是"金融危机后中欧经济金融体制改革与全球治理"。习近平出席并与欧洲左翼党主席洛塔尔·比斯基（Chairman Lothar Bisky）、欧洲议会绿党党团副主席赖因哈特·彼蒂科费尔（Reinhard Butikofer）、欧洲议会社会党党团副主席阿德里安·塞维林（Adrian Severin）等多个政党及政党组织的高层领导人就中欧应对国际金融危机冲击所采取的一揽子计划和取得的成效，中欧对金融危机后经济发展方式改革的反思等开展了深入、广泛、具有建设性的交流。中欧政党代表在交流过程中，发现了很多共同点与相似点，都认可克服金融危机需要中欧通力合作，增进了彼此之间的了解，一致认可中欧政党都是"金融危机的共同应对者"的身份。

第二，"中欧共同应对气候变化"的议程领域。"中欧政党高层论坛"的另一类重要议题是"气候变化与环境保护""绿色发展：中欧合作新机遇"。中国气候变化事务特别代表解振华、国务院发展研究中心副主任隆国强等与欧洲议会绿党党团副主席赖因哈特·彼蒂科费尔（Reinhard Butikofer）、匈牙利社会党主席迈什特尔哈兹·奥蒂洛（Mesterházy Attila）等进行了深入友好的研讨交流。中欧政党代表都表示，气候变化与环保问题是关乎国计民生的大事，双方应该加强在该议题领域内的对话合作，加快发展绿色经济，积极推动节能环保产业领域的合作，落实共同的环保责任。中欧政党代表通过该类议题的深入交流，减少了欧洲政党对于中国共产党处理环保问题不力的误解，增进了双方之间的信任，促进了中欧在低碳技术和低碳产业上的合作升级。

第三，"中欧战略对接与合作"的议程领域。如何进行战略对接同样是"中欧政党高层论坛"的重要议程之一。中国的"十三五规划"是中国经济社会发展的行动纲领，是履行市场管理、经济改革、社会服务和公共职责的重要指南；中国的"五位一体"是经济建设、政治建设、文化建设、社会建设与生态文明建设的"五位"总体布局。欧盟的"2020战略"、"2030年气候与能源政策框架"是欧盟经济发展的重要战略设计，旨在协调各成员国间的政策，目标是在积极应对气候变化与发展新能源的基础上促进经济增长、减少失业人口。双方政党代表在"中欧政党高层论坛"上就上述重大战略如何对接进行深入探讨，都认可中欧上述战略的目标、重点、实现路径上存在不少相似之处，正是基于共同的关注和兴趣，双方有巨大的战略合作空间。

第四，"中欧'一带一路'合作"的议程领域。"中欧政党高层论坛"的政党代表就中欧在"一带一路"倡议下如何开展务实合作进行了热烈的讨论。中联部部长宋涛着重介绍了我党总书记习近平同志提出的"一带一路"倡议，欧方代表对该倡议给予了积极评价。欧洲社会党主席谢尔盖·斯塔尼舍夫（Sergey Stanishev）认为："'一带一路'为中欧合作发展带来了机遇，中欧可在数字资源建设、新能源开发、交通基础设施建设等领域进行密切合作"[1]。欧洲议会左翼联盟党团前主席、欧洲议会荣誉议员、法国共产党国际事务负责人弗朗西斯·乌尔茨（Francis Wurtz）表示："'一带一路'是一个非常宏大的规划，有几千年的历史支撑，欧洲可以参与这个宏大规划，当务之急是实现中欧沿线各个环节的互联互通"[2]。

近年来，"中欧政党高层论坛"通过议程设置，从"金融危机""气候变化""战略对接"与"一带一路"四个层面，为中欧合作开辟了新的增长点，使双方政党互相了解、学习、借鉴执政方略的意愿与兴趣不断高涨。中欧政党代表通过友好的互动过程共同塑造了"金融危机的共同应对者""气候变化及环保问题的共同治理者""重大战略的对接者""'一带一路'的合作伙伴"的新身份，就上述国际热点议题达成了共识，为"中欧命运共同体"的集体身份创造了基础和条件。

在"中欧政党高层论坛"的议程设置过程中有三个十分重要的现象发人深省：一是行为体的整体权力大小不能保证它在议程设置领域内的掌控力多少，中欧政党在具体议题领域内的议程设置能力才能决定其在该领域内的发言权大小。因此，我党高度重视在具体议题领域内的议程设置能力，尤其是在经济危机、气候变化、可持续发展、网络安全、反对恐怖主义等议题领域内的设置能力。

---

[1]《中欧政党高层论坛经贸对话会在郑召开》，载《河南日报》，2016 年 5 月 20 日，第 1 版。
[2]《交流借鉴，开创中欧合作新未来》，载《人民日报》，2016 年 5 月 19 日，第 10 版。

二是与国内较为正式的官方议程不同，在国际层面由于不存在明确的绝对权威，进行议程设置获得话语权更难、对标准的要求更多、可操作空间更大、灵活性更强。我党在"中欧政党高层论坛"的政党外交过程中，研究议程设置的话语权获得策略，投入大量精力，借助现有资源，分析哪些议题是双方关注的重要议题，引入中欧党际交往的议程，打造议题切入的合理渠道，有助于中欧党际关系的发展与中欧命运共同体目标的实现。

三是在政党外交过程中，即使国家的权力与所掌控的资源不变，跨国界、跨党派行为体对于议程设置的影响力在不断提升。鉴此，中国共产党在"中欧政党高层论坛"的政党外交对象从欧洲各国政党扩大到欧洲区域性政党与欧洲议会主要党团，多次邀请五大欧洲地区性政党代表、欧洲议会六大党团的主席和议员访华，[1]且由中联部部长或副部长带队赴欧参加多项党际交往活动，在欧洲各界产生热烈反响，推动了跨党派合作与中欧命运共同体建设。

（二）"中欧政党高层论坛"的机制构建与命运共同体

"中欧政党高层论坛"机制是指论坛中双方明文规定或默契约定形成的共同制度与标准。"中欧政党高层论坛"从宏观、中观、微观三个层面进行了机制构建，具体包括：官方对话机制、招待会机制、青年对话会、研讨会机制、《交流与合作谅解备忘录》[2]等，既为论坛提供了机制保障，又兼顾了论坛的灵活性与多样性，为最终建构"中欧命运共同体"奠定了基础。

第一，中欧政党高层正式对话机制。"中欧政党高层论坛"是中国共产党倡议，有中共中央高层领导出席，邀请欧洲区域性政党与欧洲各国政党的主席、副主席与会，吸引参会的欧洲政要人数多达数百人。高层正式对话机制是中欧政党间正式交流的合作机制，坚持"独立自主、完全平等、互相尊重、互不干涉内部事务"的党际交往基本原则和"超越意识形态分歧、谋求互相理解与合作"的交流理念，为中欧政党领导人提供了齐聚一堂、共商大

---

[1] 王栋:《新起点、新挑战、新姿态、新平台——记首届中欧政党高层论坛》，载《当代世界》，2010年第6期，第8页。

[2] 黄海霞:《中欧政党对话合作》，载《瞭望》，2010年第22期，第72页。

事的平台，该机制的多次成功运转与形成的共识性成果标志着中欧政党合作已经提升到战略高度。

第二，招待会机制。一是欧盟轮值主席国招待会机制。该机制由欧方政党主动提议并设置。在"中欧政党高层论坛"期间，欧盟轮值主席国波兰、丹麦分别举行了招待会，成为了论坛的一大特色。二是举办地的市长招待会机制。每逢论坛期间，举办地的市长都会召开别开生面的招待会，介绍举办地城市的经济状况、文化魅力与外资企业，为中欧城市合作牵线搭桥。这凸显了中欧合作从中央走向地方，从倡议走向落实，为构建"中欧命运共同体"的事业创造了条件。

第三，青年对话会、研讨会机制。每逢"中欧政党高层论坛"期间，吸引媒体闪光灯的除了出席论坛的各党政要，还有中欧政党的青年代表。欧洲各党的青年党员本身就对取得巨大经济成就的中国以及拥有 8956.4 万党员 [1] 的中国共产党充满好奇，借助"中欧政党高层论坛"的平台能畅所欲言，对感兴趣的问题与中国青年党员开展深入研讨。这既有利于论坛的可持续发展，也为"中欧命运共同体"提供了更新换代的后备力量。

第四，根据中欧政党合作交流的情况，签署《交流与合作谅解备忘录》，将政党交流达成的共识转化为明确的制度安排。如下图所示，在"中欧政党

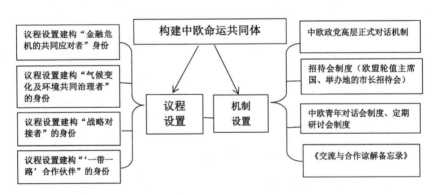

图 3：中欧命运共同体建设（注：本图由笔者绘制）

---

[1] 根据中共中央组织部党内统计数据显示，截至 2017 年底，中国共产党党员总数为 8956.4 万名。

高层论坛"的案例中，行为体通过政党外交的议程设置，框定了中欧共同关注的国际热点议题，增进了双方的认同，塑造了共同的身份；行为体又通过机制构建，提供了信息交流的制度保障，塑造了中欧合作的有利氛围，建立了集体行动的合法性，最终有利于"中欧命运共同体"的实现。

结合上文分析过程，如何建构具备有效性的中欧政党交流机制？主要在于如下三个阶段：首先，我党努力挖掘与欧洲各国政党、欧洲区域性政党、欧洲议会党团的共同利益与相似利益，且通过机制构建维护这些相同相似的利益。其次，我党把欧洲政党定位为伙伴，且引导欧洲政党也把我党视为伙伴，将中欧政党外交的主导机制的属性定位为合作。最后，在中欧政党外交进程中，只有这种合作机制被中欧政党接受内化，从原本单纯的利益吸引上升到机制认同，才能最终实现命运共同体。

结　语

中欧政党外交的进程不断推进，"中欧命运共同体"的目标也在逐步实现。笔者旨在通过"中欧政党高层论坛"的案例，解析政党外交进程中的议程设置与机制构建对塑造这一宏伟目标的作用。中国共产党开展对欧政党交往已有数十年的历程，既经历了风雨又取得了收获。尤为可喜的是，近年来"中欧政党高层论坛"的连续成功召开，邀请了欧洲各党领导人参会，在中国城市与欧洲城市之间交替举办，建立了多层次、多领域、多方面的合作机制，理顺了中欧集体行动的逻辑。这有利于减少欧方对我党的误解，显示了中欧政党合作的强烈愿望并付诸实践，提升了我党的海外形象，赢得了欧洲各党的积极评价，增进了双方的认同，塑造了"我们感"，为"中欧命运共同体"的建设奠定了基础。

诚然，"中欧命运共同体"的建设过程不仅依赖于政党外交的议程设置与机制构建，还有更多的干扰因素与复杂的国际环境需要考虑。"中欧命运共同体"的建设过程也不可能是一帆风顺的。我们需要有长远的规划与随时解决困难的能力，要有决心、有信心、有耐心突破阻力，更要持之以恒、一步一个脚印地推动"中欧命运共同体"的建设。

民粹主义对欧洲政党政治的影响与冲击

肖洋

2008 年欧债危机爆发至今，民粹主义运动在欧洲各国政界纷纷抬头。如法国国民阵线、意大利北方联盟、荷兰自由党、英国独立党开始崭露头角，这在很大程度上是因为欧洲经济发展的下行趋势明显，造成城乡差距加大，社会主流价值观面临挑战，随着欧洲怀疑主义抬头以及各国民众对欧盟经济政策的不满，裹挟着反对来自北非和中东的难民的排外情绪，最终触发了欧洲民粹主义的兴起。然而，如今这股影响欧洲政坛的民粹主义思潮，却具有一个鲜明的时代特征——对抗全球化。欧洲发达国家的一些社会精英，自我隔绝经济全球化的现实，重拾强人政治和反全球化的政治标识，进一步松动了欧洲本已步履蹒跚的一体化进程。因此，梳理欧洲民粹主义政党的发展现状，剖析欧洲民粹主义政党对欧洲政治局势的冲击，是深入解析当代欧洲政党政治及欧亚、欧非洲际关系演变趋势的必然要求。

一、欧洲民粹主义政党化的时代风格

民粹主义（Populism）是一种极端强调民众价值取向，泛道德、泛情感，甚至反理智，极具民众煽动性的社会思潮。[1]民粹主义的言论通常包括反精英主义、反对政治制度以及为"普通民众"代言。在欧洲，民粹主义是一种表达方式，用于描述以反对穆斯林移民而闻名的群体、政治家和政党。[2]在大多数情况下，民粹主义属于欧洲怀疑主义的范畴。西方国家的民粹主义通常与新民族主义、反全球化、本土主义、保护主义和反对移民等意识形态有关。民粹主义思潮的观点，倡导"排他性"福利国家，构建"更奢侈但也更具限制性的国内社会支出"计划，提倡提升本地人的福利，削减移民和难民享受同等福利待遇的权力，因此也被称为"福利沙文主义"（Welfare Chauvinism）。[3]

坚持民粹主义政治理念和执政风格的政党即为民粹主义政党，分为左翼民粹主义政党和右翼民粹主义政党。左翼民粹主义（Left-wing populism）政党是指：拒绝现有政治共识，坚持自由放任主义与反精英主义相结合的政党。左翼民粹主义政党推崇社会平等、反对资本主义和全球化。右翼民粹主义（Right-wing populism）政党同样反对现有政治共识，坚持自由放任主义与反精英主义相结合，但是拒绝社会平等及相关政策、反对社会融合，并且具有种族排外主义倾向。当前欧洲民粹主义的主体由左翼民粹主义政党转向右翼民粹主义政党，二者挑战欧洲传统政治社会结构。从 21 世纪初至今，欧洲出现了一些右翼民粹主义政党，并逐渐参与到法国、意大利、德国、英国、捷克、丹麦、瑞士等国的立法机构和政府之中，[4]直接影响到当前欧洲政党

---

[1] 郭正林、李镇超：《当代世界的民粹主义：四种主要类型》，载《人民论坛学术前沿》，2016 年第 10 期，第 67—68 页。

[2] Dolgert, Stefan. "The Praise of Ressentiment: Or, How I Learned to Stop Worrying and Love Donald Trump". *New Political Science*, 2016, Vol.38, No. 3, pp.354—370.

[3] Mark Moloney. "Ben Gilroy and Direct Democracy Ireland: Look behind them". A *Phoblacht*, 2013, Vol 36, Issue 4. p.27.

[4] Ivaldi, Gilles. "The Populist Radical Right in European Elections 1979—2009", *The Extreme Right in Europe*, Vandenhoeck & Ruprecht, 2011, p. 20.

政治的变化，所以本文研究的欧洲民粹主义政党特指右翼民粹主义政党。

当前欧洲右翼民粹主义政党大致分为两类：一是传统型极右翼政党，包括英国国家党、德国国家民族党等。其政治主张包括极端种族主义和反民主制度。另一类是新兴右翼民粹主义政党。包括法国国民阵线、奥地利自由党、英国独立党等。其政治主张包括反自由主义民主，但不反对民主制度，反移民、反欧盟，但不一定坚持种族主义，并且强调通过严格的社会制度和法律来维护社会秩序。[1]需要指出的是：将民粹主义政党划分为单一的政治单位是极为困难的，因为目前欧洲各个民粹主义政党在意识形态、组织机构和执政理念等方面存有差异。与传统政党不同，民粹主义政党尚未构成跨国政党组织，也未使用统一的意识形态。学界有时将民粹主义称为"新民族主义"（new Nationalism），或根据特定的政治标签将民粹主义政党的思想描述为"反移民"（anti-immigrant）"新法西斯主义"（neofascist）"反建制"（anti-establishment）等。[2]

在欧洲民粹主义力量纷纷上台的背后，可以明显发现保守化乡村与国际化都市之间的发展差异所导致的社会割裂。民粹主义思潮及其政党化的趋势正改变着欧洲政治结构。例如意大利民众以破纪录的高投票率（69%）反对现任总理提出的修宪公投，在一些比较穷的南方小镇，有三分之二的选民在公投中投下反对票，而在国际化的米兰，反对者不足一半。然而，这仍被视为反建制民粹主义的胜利，因为带领意大利民众投下反对票的就是民粹主义政党五星运动党。英国脱欧同样反映了这个巨大的社会分裂。这其实是对全球化霸权的反噬，因为全球化越来越造成都市和乡村的巨大分裂。对乡村的保守居民来说，他们长久以来习惯了稳定不变的生活，但全球化带来的文化变迁让他们感觉到传统流逝的威胁，而且，全球化时代以来的移民流动，让多元族群进入欧洲传统社会，尤其是这几年的西亚—北非难民大量进入欧洲，更让偏远地区的居民感到不适。再加上欧洲经济的持续震荡，包括工作

[1] 林德山：《左与右的共奏——欧洲民粹主义政党的现状、影响及未来》，载《探索与争鸣》，2016年第12期，第9-16页。
[2]Anselmi, Manuel.Populism: An Introduction, London: Routledge, 2017, pp.1-40.

外移以及科技进步产生的传统就业岗位减少，都让他们从经济到文化上感到威胁。

在这种价值对立的过程中，小城镇和农村的居民会产生自卑感和危机感，认为自身是被都市人所嘲笑的落伍者，而且掌握政治经济权力的大多就是属于都市精英，因此他们更感觉身居大都市的执政精英并不了解基层民众的利益与需求，因此越来越反对既有的政治体制以及既有利益集团，甚至厌恶外来移民、反对接受难民，要求政府保护传统产业。

这就让民粹主义政治人物有兴起的机会。这些接受高等教育、拥有财富和政治地位的社会精英，采取的是简单粗暴，甚至粗鲁直白的竞选风格，虽然他们被传统主流精英阶层所鄙视，但更容易被"草根阶层"所接受。因此，民族主义的成功公式就是强调代表"最广大的人民"利益，来对抗腐败、暗箱操纵的政治体制，反对外来移民，以争取国家的光荣与主权。

欧洲民粹主义政党化趋势已经改变了 2016 年至今的欧洲政治形势，呈现出愈演愈烈的趋势。"反全球化"作为欧洲民粹主义的核心标志，其社会根源来自于欧洲整体经济下行导致普通民众内心的恐惧或不安。而之所以仍有支持全球化的社会力量，只是因为他们对自身的经济能力、政治地位与资源保障有着足够的自信，所以压抑了这种恐惧和不安。此种逻辑的必然推论为：一个国家 / 地区，当整体上的经济或者综合实力处于下降周期时，就会爆发反全球化思潮，而处于上升周期时，则会开始拥抱全球化。[1] 因此，我们只要观察一个国家 / 地区对全球化 / 反全球化的支持程度，就可以推断出这个国家 / 地区民众对自身未来发展的信心水平。而欧洲传统的政党文化和官僚机构都具有小众化、精英化，距离普通民众尤其是底层民众越来越远，因此"反建制主义"作为民粹主义政党的另一个重要标志，就在于其挑战官僚机构和政党这两个主体的合法性。再加上互联网新媒体的蓬勃发展，使得政党政治步入媒介话语权的新阶段，使得"用脚投票"的选民，会高度服从和

---

[1]Stig Hjarvard. "The Mediatization of Society", *Nordicom Review*, Vol.29, No.2,2008, pp. 105-134.

依赖于媒介及媒介逻辑所宣传的政治信息。[1]

总而言之，欧洲民粹主义政党化具有明显的时代风格，这主要表现为三个方面：一是"民众中心论"。这是民粹主义与其他政治思潮的重要区别。民粹主义可能并不是单纯针对社会精英阶层，也可能针对其他的政治实体，例如外来移民。同时，"民众中心论"是民粹主义者开展反精英运动的重要理论依据：认为人民的常识作为一种朴素的判断标准，是界定一切问题正误的根本标准。二是"社会危机论"。民粹主义领导人通过列举社会不稳定因素来煽动民众的情绪，并且强调必须尽快解决这些危机，排斥传统的渐进式危机解决路径。由于普通民众对现代政党政治体系的不了解和不信任，且对社会治理复杂化的认识不足，因此易于排斥既有政治治理体系。三是粗鲁即为正义。欧洲民粹主义领导者无一例外都具有粗鲁无礼的政治风格：一方面是由于粗鲁的政治家显得更具真实性，因而更能获得底层民众的支持；另一方面，这实际上也反映了社会精英内部也存在对现有政治体系的不满。因此，研究欧洲民粹主义政党的现实意义，就是在于评估欧洲政治经济秩序能否良性运转。这对于中国对欧洲的战略合作规划与资源投放，具有重要的参考价值。

二、欧洲主要民粹主义政党的意识形态与政策主张

实际上，早在 2008 年欧债危机爆发开始，欧洲就已陆续出现反欧、反移民的民粹主义政党，而 2015 年大规模的中东和北非难民潮涌入西欧，迅速激化了欧洲内部反移民、反伊斯兰和反欧盟的情绪，导致民粹主义思潮的迅速蔓延，最终成为一股政治力量，登上各国的舞台。民粹主义政党具有较为明显的"反建制"特征，这对欧洲一体化、尤其是欧盟的内部团结具有较大的负面影响。[2] 当前，欧洲各国出现的右翼民粹主义政党，不仅发展势头迅猛，

---

[1][澳] 本杰明·莫菲特、西蒙·托米：《对民粹主义的再思考：政治、媒介化和政治风格》，宋阳旨译，载《国外理论动态》，2016 年第 10 期，第 27–38 页。

[2]Liang, Kristina. *Europe for the Europeans: The Foreign and Security Policy of the Populist Radical Right*, Routledge，2016，p. 187.

而且逐渐接近甚至部分掌握了国家政权，成为当前欧洲政局变化的新特征。以下逐一梳理了欧洲主义民粹主义政党的意识形态与政策主张。

（一）英国独立党

英国独立党（UK Independence Party）是英国最大的民粹主义政党。该党充分利用英国普通民众、特别是英国白人工人阶级对外来移民不断增多的担忧，以反对移民为旗号登上英国政坛。[1] 在 2014 年欧洲选举和 2015 年英国大选中取得重大突破。正是由于英国独立党对英国政府移民政策的持续施压，使其成为导致 2016 年英国脱欧公投的重要推手。

英国独立党在意识形态上的特点包括两个方面。一是欧洲怀疑主义，呼吁英国退出欧盟。其基本政治主张是：英国政体的最高优先事项是确保其完全由本国民族统治。该党将其立场描述为"公民民族主义"，展现了一种"固有的英格兰中心主义"，否定了苏格兰、威尔士和北爱尔兰人民的独特文化，鼓励英国人采用统一的公民身份。[2] 英国独立党还强调削减接收外国移民的数目，拒绝文化多元主义，并反对所谓的英国"伊斯兰化"。受撒切尔主义和古典自由主义的影响，英国独立党奉行经济自由主义。

二是"反建制主义"倾向。该党认为英国民众与治理国家的精英之间存在根本分歧，声称英国民众应从政治精英阶层手中获得权力。[3] 但该党继承了源自保守党右翼的意识形态遗产，曾大量使用民粹主义言论，包括将其支持者描述为"人民军"，从而使其与主流政党区别开来。在教育政策和刑事司法等社会问题上，采取保守的政治立场。

英国独立党的政策主张包括反欧盟、反穆斯林和反移民、孤立主义。

第一，英国独立党将欧盟视为不负责任、腐败和低效率的典范，欧盟的

---

[1]Abedi, Amir. "Doomed to Failure? UKIP and the Organisational Challenges Facing Right-Wing Populist Anti-Political Establishment Parties". *Parliamentary Affairs*.2009, Vol. 62, No. 1, pp.72-87.

[2]Rydgren, Jens. Class Politics and the Radical Right. Routledge Studies in Extremism and Democracy. London: Routledge. 2013,pp. 91-106.

[3]Clarke, Harold Clarke. "Modelling the Dynamics of Support for a Right-wing Populist Party: The Case of UKIP". *Journal of Elections，Public Opinion and Parties*，2016, Vol.26, No.2, pp.135-154.

开放边境政策造成大量东欧移民和穆斯林难民移居英国。因此，该党强调英国应重新获得国家主权，从而把反对英国加入欧盟作为"党的核心要务"。[1]英国独立党的欧洲怀疑主义程度位于其他西欧极右翼政党之冠，并以此作为政策主张的基础。该党主张退出欧盟，停止向欧盟提供运转资金，退出欧盟条约，同时保持与其他欧洲国家的贸易关系。

第二，"反移民和反穆斯林民粹主义"是英国独立党的标志性政策主张。在其2017年的竞选宣言中，英国独立党承诺一旦当选，就废除英国伊斯兰教法院，禁止在公共场合穿戴面纱和布尔卡（Burka），以此促进穆斯林与英国主流社会的融合。[2]

第三，英国独立党主张削减英国的国际义务，反对英国军队参与不符合国家利益的国际冲突，尤其是反对人道主义干预。[3]

（二）法国"国民联盟"

法国民粹政党"国民阵线"（Front national，FN）于2018年6月1日更名为"国民联盟"（Rassemblement National，RN）。当前，"国民联盟"是"欧洲民族与自由议会党团"（Europe of Nations and Freedom parliamentary group）的成员。"国民联盟"坚持实用主义和功利主义原则，以适应不断变化的政治环境。总体而言，其意识形态包括坚持对违法行为的"零容忍"，以确保政治秩序，并且反"伊斯兰化"。[4]随着"国民联盟"的影响力不断提升，其政治主张对主流政党的影响力也越来越大。

"国民联盟"的政策主张如下：

（1）有条件地反移民。"国民联盟"多次将移民与伊斯兰教、恐怖主义

[1]Deacon, David; Wring, Dominic. "The UK Independence Party, Populism and the British News Media: Competition, Collaboration or Containment?". *European Journal of Communication*, 2016, Vol.31, No. 2,pp. 169-84.

[2]Dennison, James; Goodwin, Matthew. "Immigration, Issue Ownership and the Rise of UKIP". *Parliamentary Affairs*, 2015, No.68, pp.168-187.

[3]Evans, Geoffrey, Mellon, "Working Class Votes and Conservative Losses: Solving the UKIP Puzzle", *Parliamentary Affairs*, 2016, Vol.69, No.2, pp.464-479.

[4]Anthony M. Messina. "The Political and Policy Impacts of Extreme Right Parties in Time and Context." *Ethnic and Racial Studies*, 2015, Vol.38, p.1355.

联系在一起，将法国社会和法律秩序的崩溃与移民的大量涌入联系起来，认为移民是"对法国国内和平的致命威胁"，将排斥非欧洲移民列入该党的早期纲领。该党主张阻止来自突尼斯、利比亚、叙利亚的移民，支持驱逐非法、犯罪或长期失业的移民，但不再要求遣返合法移民。[1]

（2）坚持贸易保护主义和国家福利主义政策。"国民联盟"支持贸易保护主义，同时批评某些行业的全球主义和资本主义。主张政府应更多关注养老、教育、交通、银行和能源等民生政策。

（3）反对欧盟、主张恢复法国经济主权。"国民联盟"提出法国脱欧、重新将法郎作为国家货币的政策主张。该党称欧盟为"通往世界政府之路的最后阶段"，将其比作"新世界秩序的傀儡"。[2] 此外，它反对土耳其加入欧盟，一直主张法国应脱离欧元区，重新设置海关边界，反对双重国籍。

（4）支持俄罗斯。"国民联盟"谴责东欧的反俄情绪，[3] 批评西方国家针对俄罗斯的制裁，并称俄罗斯总统弗拉基米尔·普京是"欧洲文明基督教遗产的捍卫者"。[4]

（三）德国另类选择党

德国另类选择党（Alternative für Deutschland, AfD）是德国中产阶级领导的民粹主义政党，成立于2013年。[5] 2017年德国另类选择党首次赢得联邦议院的席位。德国另类选择党的核心意识形态是德意志民族主义。

德国另类选择党的政策主张如下：

---

[1]Arthur Gold hammers. "Explaining the Rise of the Front National: Political Rhetoric or Cultural Insecurity?" *French Politics, Culture, & Society*, 2015, Vol. 33, Issue 22, pp. 145−147.

[2]Goodliffe, Gabriel. *The Resurgence of the Radical Right in France: From Boulangisme to the Front National.* Cambridge University Press, 2012,pp.1−25.

[3]Michelle Hale William. "Are radical right-wing parties the black holes in party space? Implications and limitations in impact assessment of radical right-wing parties." *Ethnic and Racial Studies* ,2015,Vol.38,p. 1329.

[4]Lichfield, John. " € 40m of Russian cash will allow Marine Le Pen's Front National to take advantage of rivals' woes in upcoming regional and presidential elections". *The Independent.* London,27 November 2014.

[5]José M. Magone, *Handbook of European Politics*, Rutledge. 2014, p. 580.

（1）支持欧盟但坚持维护德国的经济主权。该党支持德国留在欧盟，但反对欧盟进一步扩容，抨击欧盟对希腊等国的救助。未经公民投票批准，德国不再向欧盟转让经济主权。[1]

（2）民族复兴主义。随着叙利亚难民不断融入欧洲，该党宣称德国境内的非欧盟区移民和穆斯林难民，威胁到德国的文化荣耀与欧洲一体化进程。[2]德国另类选择党开始重提德意志民族主义，提升德意志民族的自豪感和凝聚力。

（3）气候政治怀疑主义。德国另类选择党质疑气候暖化问题，因此批评德国政府的节能改造政策，反对无限制开发可再生能源，尤其是主张限制无节制的风力发电。

（4）采取亲北约、亲美国的政策立场，支持以色列以耶路撒冷为首都。但该党反对欧盟通过对俄罗斯进行制裁的方式来支持北约和美国，并认为此举对欧盟有害无利。

（四）意大利"北方联盟"

"北方联盟"（Lega Nord）的意识形态是政治联邦主义、财政联邦主义、地区主义。虽然"北方联盟"常被视为右翼民粹主义政党，但该党领导人自称既不"右翼"也非"民粹主义"，而是"自由主义者和社会主义者"。"北方联盟"作为一个代表整个意大利北方地区的"全民党"，可以被看作是一个跨阶级的实体，团结意大利北部地区的工人阶级、小资产阶级，共同反对国家集权主义和全球主义。[3]"北方联盟"长期坚持反南意大利的政治立场，反对意大利南部居民大规模向北迁移，将南方意大利人称为"福利滥用者"，因此始终坚持地区分裂主义，并与加泰罗尼亚等地区分裂主义政党关系密切。

---

[1]Kemal Dervis, Jacques Mistral. *Europe's Crisis, Europe's Future*. Brookings Institution Press, 2014, p. 13.

[2]Tom Lansford, ed. *Political Handbook of the World 2014*, SAGE Publications, 2014, p. 532.

[3]Cento Bull, Anna. "The Lega Nord and fiscal federalism: Functional or post functional?". *Modern Italy*, 2011, Vol.16, No.4, pp. 437–447.

该党的政策主张如下：

（1）对来自穆斯林国家的跨国犯罪、非法移民采取强硬立场。认为穆斯林和恐怖主义有关，支持引进来自非穆斯林国家的移民，以保护意大利和欧洲的"基督教身份"。"北方联盟"通常在堕胎、安乐死、医学胚胎干细胞研究、人工授精、同性婚姻、大麻合法化等社会问题上采取保守立场。[1]

（2）反对国家主义，支持减少家庭和小企业家的税收，并对个人收入采取 15% 的固定税率。该党致力于保护环境，支持扩建公共绿地，建立自然公园。由于"北方联盟"受到农业部门的支持，因此支持保护传统食品行业，反对发展转基因农业，并且致力于修改共同农业政策的配额制度。[2]

（3）亲美不反俄的外交政策。该党钦佩美国的联邦政治体制，但并未有过完全亲美的政策立场。该党曾坚决反对意大利参与利比亚战争，由于俄罗斯是伦巴第和威尼斯企业家的主要经济伙伴，也是打击伊斯兰恐怖组织的潜在盟友，因此，"北方联盟"反对意大利对俄罗斯进行经济制裁。此外，在巴以问题上，"北方联盟"坚定支持以色列。

（4）主张将意大利政体从议会共和制转变为联邦制，并实现区域自治，让帕塔尼亚在财政联邦制度下保留更多的税收收入。这也是"北方联盟"与大多数欧洲地区主义政党之间的主要区别，后者主要关注能否为本地区获得特殊权利，但很少涉及政体的更迭。[3]

（五）奥地利自由党

奥地利自由党（Freiheitliche ParteiÖsterreichs，FPÖ）是奥地利的民粹主义政党，属于保守党阵营。奥地利自由党的意识形态包括：坚持个人自由主义、反建制主义、反伊斯兰教和外来移民、支持泛德主义。

---

[1]Russo Bullaro, Grace, *From Terrone to Extracomunitario: New Manifestations of Racism in Contemporary Italian Cinema:Shifting Demographics and Changing Images in a Multicultural Globalized Society.* Troubador Publishing Ltd., 2010, pp. 179−181.

[2]Caramani, Danièle; Mény, Yves, *Challenges to Consensual Politics: Democracy, Identity, and Populist Protest in the Alpine Region*, Bruxelles New York: P.I.E.−Peter Lang, 2005, pp. 113−130.

[3]Albertazzi, Daniele; McDonnell, Duncan. "The Lega Nord back in government". *West European Politics*, 2010, Vol. 33, No. 6, pp.1318−1340.

奥地利自由党的政策主张如下：

（1）反对土耳其加入欧盟，宣称如果欧盟允许土耳其入盟，则奥地利必须立即脱离欧盟。坚持适度亲美的观点，更倾向于支持联合国等多边机构。

（2）反对奥地利的"伊斯兰化"和穆斯林难民。该党还号召禁止分发《古兰经》的免费副本，并一再收紧接收穆斯林难民的庇护申请数目。由于塞尔维亚是奥地利最大的移民来源国，因此奥地利自由党为了获得亲塞尔维亚选民的支持，反对科索沃独立。

（3）主张用奥地利第三共和国取代现在的奥地利第二共和国，以实现公民民主。该党希望进行更广泛的公民投票，直接选举联邦总统，大幅减少中央政府机关的数量，将权力下放给联邦州和地方议会。2005年以后，反建制的政治立场成为选民投票支持奥地利自由党的主要原因之一。

（4）支持私有化和低税收，同时支持福利国家政策。

（六）芬兰人党

芬兰人党（Finns Party）将民粹主义视为一种崇高的意识形态，认为公民的团结是社会的基础，号召学校培养学生建立"健康的民族自豪感"，倡导在各级义务教育的课程中取消瑞典语作为第二官方语言，为学习其他外语（如英语、德语、法语、西班牙语、俄语）腾出学时。[1]芬兰人党在经济政策上属于中左翼，但在社会价值观上则属于保守派，并将社会文化威权主义和民族主义相结合。该党支持传统的家庭模式，反对同性恋等。[2]芬兰人党持欧洲怀疑论，并批评全球主义，同时极力支持芬兰的福利国家身份，反对穆斯林移民和欧洲"伊斯兰化"。

芬兰人党的经济政策主张包括四个方面：一是梯级税收制度和福利国家。芬兰人党提出采取梯级税率制度，以避免建立单一税率。该党呼吁筹集

[1] Arter, David, "The Breakthrough of Another West European Populist Radical Right Party? The Case of the True Finns", *Government and Opposition*, 2010,Vol.45,No. 4,pp. 484-504.

[2] Kuisma, Mikko. "Good" and "Bad" Immigrants: The Economic Nationalism of the True Finns' Immigration Discourse. *The Discourses and Politics of Migration in Europe*. Palgrave Macmillan,2013,p.94.

资本所得税和重新评估机构的财富税。此外，该党认为只有具备统一的社会政策，才能保证公民主动纳税的意愿，芬兰的福利国家地位方可持续。二是加大对农村、农业的支持。芬兰党提出的农村政策计划，建议国家提供农业补贴，以减轻产业结构变化对农村地区的影响。三是加大对基础设施和工业的投资，尤其是促进传统工业的升级。四是提升能源自给率，鼓励发展核能。[1]

芬兰人党的移民政策主张包括五个方面：一是严格限制难民的接收配额。二是加强移民家庭团聚的条件，只接收由经证实的直系亲属组成的移民家庭，并要求移民提供生活资料。三是驱逐经常犯罪和重罪在身的移民。四是只有在芬兰劳工局进行的经济状况调查中发现某一特定领域需要工人，才能从欧盟和欧洲经济区国家以外的地方进行技术移民。技术移民必须纳税并遵守芬兰劳动法。五是反对使用公共资金推进多元文化，确保外来移民不会集中在同一地区。[2]

芬兰人党外交政策主张包括两个方面：一是反对欧盟提出的共同难民庇护政策，尤其是难民分担机制。二是反对北约。主张非联盟或中立政策，认为芬兰国防军在国外的军事活动会浪费国防预算的资金，倡议维持一支35万人的作战部队，以保证整个芬兰的安全。

总体而言，欧洲各国的右翼民粹主义政党具有共同的政策主张，那就是支持民族国家作为至高无上的国际行为体、维护完全的主权、支持宪政、贸易保护主义、收窄移民政策，反对欧盟、反对全球化、精英政治和文化多样性，尤其反对非法移民。值得注意的是，近年来欧洲民粹主义政党的上台，大多是高举民族利益和国家利益至上的旗号，对欧洲一体化、国际贸易自由化产生了较大的反作用力。同时，反对穆斯林移民和防范欧洲"伊斯兰化"

---

[1]Ikkala, Markku. Finland: Institutional Resistance of the Welfare State against a Basic Income. Basic Income Guarantee and Politics. Palgrave Macmillan,2012,pp. 65–77.

[2]Fryklund, Björn. Populism – Changes Over Time and Space: A Comparative and Retrospective Analysis of Populist Parties in the Nordic Countries from 1965 to 2012. *Right-Wing Populism in Europe: Politics and Discourse.* Bloombsbury. 2013，pp. 267–269.

也是右翼民粹主义政党的主要政治纲领。

三、民粹主义政党对欧洲政党政治的影响

民粹主义，无论左与右，都属于非理性的极端主义思潮。民粹主义政党能够提出问题，表达民意，却难以提出解决问题的合理方案，无法做出理性的政治选择，因此民粹主义政党的上台，对欧洲社会秩序的破坏性极大，并缺乏建设性。因此，任由民粹主义政党主宰欧洲各国的政治决策，将会导致难以估量的政治风险。当前，民粹主义政党对欧洲政治社会的威胁主要表现在以下五个方面。

第一，挑动极端民族主义。中东难民潮和极端恐怖袭击事件，给西方民众的心灵造成了极大创伤，也必将给人们的社会心理和意识形态带来强烈的冲击。在民粹主义政党的鼓动下，疑欧主义阴云密布，新纳粹思潮再度泛起，仇外情绪持续发酵。

第二，推动欧盟的离心化。民粹主义政党的兴起，成为反欧盟的重要力量。民粹主义政党将冲击欧盟作为超国家行为体的合法性地位，和欧洲融合的价值理念。[1]民粹主义政党反对欧盟对成员国的管控权和决定权。事实上，在英国脱欧公投后不久，国际社会就掀起"谁是下一个脱欧国家"的猜测。法德两国的主流政党虽然仍支持欧盟，但在国内民粹主义政党的抨击压力下，也必然会调整立场，强调本国利益优先，甚至采取与民粹主义政党合作的方式来维护政权稳定。

第三，遏制和逼退全球化，贸易保护主义抬头。民粹主义政党大多提出维护本国经济利益、优先办好国内之事的政策主张，受到民众的普遍欢迎。民粹主义政党普遍坚持贸易保护主义，对新兴工业化国家采取警惕和防范的姿态，对自由贸易设置重重关卡，比如，欧盟不承认中国的市场经济地位。这将形成右翼民粹主义疯狂滋生的土壤，导致反全球化力量的集结，从而形

---

[1] 史志钦、刘力达：《民粹主义的蔓延与欧洲的未来》，载《红旗文稿》，2017年第8期，第34-36页。

成国家主义与世界主义的对抗，阻断全球化进程。

第四，冲击西方民主制度，导致民主劣质化。右翼民粹主义政党挟持民意，以无政府主义的"普遍民主"或"草根民主"削弱程序民主，不断降低和劣化西方民主制度的质量，加深了西方精英民主体制的危机。右翼民粹政党对既有政治体制的怀疑以及对政治正确的反对具有颠覆性、暴戾性，会毒化整个社会气氛。当前欧洲民主劣质化有两大表现形式：一是日益泛滥的全民公投。全民公投的存在本来是为了弥补代议制民主的缺陷，但是，欧洲近年来却将公投随意化，动辄将重大议题交付公投。不节制地实施"直接民主"，滥用全民公投，会造成社会资源浪费，是政治精英不负责任的表现，对代议制民主机制造成了伤害。二是右翼民粹主义利用当前民众的不安全感，煽动极端情绪，加剧民间与精英之间的龃龉；挑动群众斗群众，制造族群对立。民主培育公民，民粹产生暴民。民粹主义破坏民主需要的理性环境，尤其是把网络新媒体变成民粹化的工具，操弄舆论、撕裂社会，严重破坏了社会团结。民粹主义还可能导致"多数的暴政"，将把民主体制引向崩溃和瓦解。

第五，加速外交政策极端化，增大了发生国际冲突的风险。右翼民粹主义的非理性特点会导致不可测的国际风险。如果右翼民粹主义成为政策主流，其民族主义、国家主义的政策主张将激烈对抗全球主义，危害和平与发展的时代主题。被野心家煽动利用的右翼民粹主义社会舆情，有可能成为法西斯主义的民意基础。殷鉴不远，不可大意。我们必须对右翼民粹主义和任何一种极端主义的危险保持足够的警惕。面对全球化时代的民粹主义浪潮，需要以大智慧、大战略把握世界政治的全局。

综上所述，从欧洲政党政治的发展趋势看，随着民粹主义政党上台，欧洲各国政党政治出现明显的排外、贸易保护、反全球化、种族与宗教歧视等特征。欧盟成员国普遍经济低迷，维持高福利、高就业和社会安全等方面力不从心，再加上欧盟与成员国之间在缓解欧债危机和接收叙利亚难民等议题上的拉锯战，加剧了欧洲中下层民众对中东北非难民的排斥以及对欧盟的抵制。各国民粹主义政党利用普通民众的不满，剑指当下的政治构架。反观各国主流政党，为了赢得选举或谋求连任，也会在不同程度上吸收民粹主义政党的某些政策主张。可以预见，随着英国脱欧接近尾声，欧洲民粹主义政党搅动欧洲政坛的序幕才刚刚开始。

政党外交理论研究现状综述

陈伟功

无论作为跨学科的理论研究对象，还是作为国家总体外交重要组成部分的实践活动，中国共产党的对外交往都取得了极为丰富而且卓然有效的成果。理论是对实践经验的概括和总结。正是由于 90 多年来，中国共产党在各个历史时期制定了大量的对外工作的方针政策和目标，将马克思主义与中国革命和建设的具体实践结合起来，开展了艰苦卓绝的对外交往活动，并取得了令世人瞩目的伟大成就，与此相应，对这些伟大的实践经验进行研究和总结，自然就逐渐积累并形成了中国共产党对外交往的完整理论体系。[1]尤其是党的十九大所形成的习近平新时代中国特色社会主义思想，进一步丰富了党的对外交往理论体系，为国际政治和国际关系领域中的外交理论提出了新的研究内容、方法和思维方式。因此，政党外交成为当前理论研究的一个热点和重点，专家学者们从不同角度展开了持久而深入的研究，取得了丰硕的

---

[1] 吴祖荣：《中国共产党政党外交开创历史的一年》，载《北京日报》，2017 年 12 月 26 日，第 14 版。

成果。本文的重点是在理论视域中对有关专家学者的研究成果进行整理和概括，希望对相关的理论研究现状形成比较全面和客观的描述，[1] 并且在此基础上为下一步的深入研究提供必要的条件。

一、概念分析

（一）定义

学者们普遍认为，目前还没有、而且也难以对"政党外交"这个概念进行一个统一、严格的科学定义，不过，这并不妨碍大家对此概念仍然具有一种在讨论中逐渐形成相近认识的可能性。有些学者指出，"政党外交"这一术语是我国学界的研究者在上世纪 90 年代中期开始用来概括外交领域中的政党国际间的政治活动。[2] 政党外交思想则是人们基于政党外交的实践对政党外交这种客观的国际政治行为的内在本质和基本规律的把握和概括。[3]

因此，学者们从不同的角度对"政党外交"进行了界定，有学者对此进行了比较丰富的搜集与整理，[4] 在此不作赘述，仅举几例有代表性的说法，并略作分析。如，有学者将政党外交的概念界定为"所谓政党外交，就是主权国家合法政党为维护政党自身利益、促进国家关系、维护国家利益，在国

---

[1] 感谢此前有关的综述性先行研究成果，恕难在此一一列出，仅举几例，请参阅：金鑫，《国内外关于中国共产党对外交往的研究综述》，载《当代世界》，2015 年第 3 期，第 10-13 页。崔辉，《中共对外党际交流理论研究述评》，载《福建党史月刊》，2014 年第 16 期，第 22-27+30 页。宫玉涛，《中国共产党政党外交 90 年：成就与经验》，载《云南财经大学学报（社会科学版）》，2012 年第 4 期，第 5-8 页。张金平与牛嘉，《理论与实践：中国共产党政党外交的 90 年历程》，载《中共云南省委党校学报》，2011 年第 4 期，第 13-16 页。杨扬，《近年来中共政党外交研究综述》，载《中国特色社会主义研究》，2009 年第 2 期，第 106-111 页。

[2] 张文勋：《从中日政党外交谈政党外交的作用》，载《新西部（理论版）》，2015 年第 18 期，第 66 页。

[3] 余科杰：《邓小平政党外交思想的理论体系》，载《外交学院学报》，2005 年第 1 期，第 75 页。

[4] 王娟娟：《冷战后中国共产党对印度政党外交的特点、问题及建议》，载《南亚研究季刊》，2017 年第 1 期，第 34 页。

际交流中所秉持的价值理念、政策主张及其实践活动。"[1] 但这一定义所说的政党外交主体为"合法政党"而非"执政党",并且提到"维护政党自身利益",这就容易令人产生误解,是不是任何"合法政党"都有权成为政党外交的主体?进而言之,如果政党利益与国家利益不完全相同时,如何进行政党外交?

学者们在关注政党外交的目的"国家利益"的同时,提出了一些很有价值的定义,如有学者指出,"政党外交"就是在国家总体外交战略的指导下,一国之合法政党与他国政党或政党国际组织,为促进或影响国家关系、维护本国利益而进行的国际交流、对话与合作。主体上的合法性、功能目的上的国家政府属性,可谓政党外交概念内涵的核心,而这正是我们考察政党外交缘起和发展的前提和基础。[2] 这个定义既强调"合法性"又强调"国家利益",可谓把握住了政党外交的"核心"。需要完善的地方是,不论是执政党还是其他合法政党,为了国家利益在从事政党外交时应当得到政府的法律程序上的授权,否则,如何能保证其外事行为是"在国家总体外交战略的指导下"?

"政党外交"这个种概念的上位属概念是"外交",而"外交"自然有其特有属性,即代表国家从事对外交往的"合法性",从事外交的主体一定在宏观方面、在整体上代表的是国家,具体而言,外交使命是由该国现在的"合法"政府依法授权委派某一机构或组织依法行使国家主权的一种行为。因此,学者们关注政党外交的"合法性",有学者指出,"政党外交作为一种外交形式是否成立,是否以政党外交概括政党国际交往,一直有争议,特别是在竞争性政党制度下更是如此。"[3] 经过论证,该学者得出结论:"从行为主体、功能目的、主要内容等方面来说,政党作为外交主体是毋庸置疑的,

[1] 时新华:《浅议中国共产党政党外交研究的几个理论问题》,载《天府新论》,2010年第3期,第18—19页。
[2] 余科杰:《论"政党外交"的起源和发展——基于词源概念的梳理考察》,载《外交评论(外交学院学报)》,2015年第4期,第127页。
[3] 余科杰:《关于政党外交研究的若干思考》,载《新视野》,2018年第1期,第117页。

政党外交作为一种十分重要的外交形式，也是不可否认的。"[1]有学者提出，应把外交的一般性与政党的特殊性结合起来，认为"政党外交是指主权国家合法政党的对外交往活动。它既是国家总体外交的重要组成部分，也是政党政治的有机组成部分。这种特性要求政党外交既要遵循国家外交的基本准则，又要体现自身的规律和特点。政党外交应遵循四大原则，即尊重并遵守当代国家外交的基本原则、国家利益至上的原则、超越意识形态的原则和互利共赢的原则。"[2]

学者们对"政党外交"概念所做的界定有很多种，在此恕难全部列举出来。以上所述是为了说明，下定义是在逻辑学上揭示概念内涵的特定方法，为此，必须遵守"种差＋上位属概念"的公式进行。因此，为了给"政党外交"下一个合乎逻辑的、科学的定义，必须在明确"外交"概念内涵的前提下确定"政党外交"的"种差"即其本质属性。为此，应当开展相关的比较研究，以确定政党外交与其他外交，如政府外交、首脑外交甚至文化外交、民间外交等各种外交或准外交现象的区别和联系，从而明确"政党外交"概念的特定内涵。

（二）基本特征

如上所述，首先，政党外交主体应当具有代表国家主权的"合法性"，不论以何种形式，主体必须取得这种"合法性"才能够进行外交，这是必要的前提条件，否则，其行为就不能构成"政党外交"。其次，政党外交的目的是为了维护"国家利益"。政党外交既然是代表国家主权且由中央政府授权的合法外事活动，其目标当然是国家的整体利益，而非政党或某些团体的具体利益。第三，政党外交行为必须具有"外交"属性。政党外交既然称其为"外交"，那就必然具有主体的"合法性"以及目标的"国家性"，在此基础上，只有其中一些特定的行为才具有"外交"属性。

学者们普遍注意到政党外交这些特征，但有些学者在叙述中似乎没有明

---

[1] 余科杰：《关于政党外交研究的若干思考》，载《新视野》，2018年第1期，第118页。

[2] 李宏：《论政党外交应遵循的基本原则》，载《山东社会科学》，2010年第1期，第153—157页。

新型政党关系与新时代政党外交

确地把这些有关特征表述出来。如，有学者指出："政党外交是现代外交方式的一种，是指包括国际性和地区性跨国政党组织在内的各国政党在对外交往特别是与其他政党进行交往过程中所表现出来的政策取向、价值判断和具体实践。政党外交是政党政治在国际事务中的延伸，是推动国家和政府间交流合作的重要途径。"[1]这个定义强调"国家和政府间交流合作"的外交特点，这是其优点，但没有突出"合法性"与"国家利益"这两个核心要义。也有学者认为，是否以"政党外交"概括政党国际交往，一直存在争议。从简明规范的角度来看，"政党外交"可以作为概括描述党的对外工作的最主要用语，视不同语境，尽可能代替"党的对外工作""政党交往""党际交往""党际交流""对外交往""对外联络"等较为随意的词汇。[2]从客观角度来分析，以政党外交代替后面所列举的这几个词，一定会存在争议，因为，前者与后者毕竟具有本质的区别，"外交"是代表国家主权的政府及其授权的对外交往行为，普通意义上的仅仅是政党之间的交往和联络并不能称其为"外交"。

政党外交具有自身特定的属性，这是个开放的问题，需要在进一步的研究中更明确地揭示出来，而且应该进行必要的论证。有的学者指出政党外交有四个基本特征：一是政党外交的主体是各国的执政党。二是政党外交的目的是执行国家的外交政策和实现国家利益。三是政党外交的内容和载体是跨国政党交流。四是政党外交是政府外交的重要延伸和补充。而且政党外交的形式有三种：参与一国政府外交；加强跨国政党交流；推进多边政党合作。[3]这种概括应当属于目前学界比较全面客观而且合理的界定，它揭示了政党外交的特有属性，对其内涵与外延都有清楚的指称，可以在此基础上进一步研究，与时俱进，逐步丰富完善，以揭示出政党外交应有的本质属性和相关的特征。当然，这里需要指出的是，把政党外交的主体限定为"执政党"，排

[1] 李英:《改革开放以来中国共产党政党外交探析》,载《辽宁师范大学学报(社会科学版)》,2012年第2期,第154页。
[2] 余科杰:《论"政党外交"的起源和发展——基于词源概念的梳理考察》,载《外交评论(外交学院学报)》,2015年第4期,第136页。
[3] 赵可金:《政党外交及其运行机制》,载《当代世界》,2010年第11期,第44页。

除了其他合法政党为了维护国家利益而参与国家外交的权利和义务，似乎于法、于理、于情都说不过去，可能主体范围限定过窄了。

（三）概念运用

关于"政党外交"概念的运用：这个概念是"中国的"还是"世界的"？即，政党外交这个概念，是主要指中国特色的"政党外交"，还是包括世界范围内所有的政党"外交"？学者们对此持有不同的意见。如，有学者认为，"政党外交"作为一种对以政党为行为主体的外交形式的概括，是20世纪80年代末特别是90年代中期后我国外交理论界在研究我们党对外交往过程中所使用的概念。这一概念旨在体现和反映70年代末以后我们党对外工作的重大转型。考察"政党外交"的历史源流，可以发现，虽然"政党外交"所对应的现象早已有之，但作为一个正式规范用语，"政党外交"出现的时间并不长，且主要是在我国的外交界、学术界。此前，在涉及党的涉外事务时，官方和学界一般多用"党际关系""党的对外工作""党的对外交往""党的对外联络工作"等。[1]也有学者持类似观点，认为"关于政党外交的概念，西方学者不大使用，主要是由于受制于对于外交限于主权国家对外行为的严格界定，政党不是代表国家的合法外交行为主体。政党外交主要是中国学者和政治家使用的一个概念，主要涵盖了党派领导人之间的交往、领导人执政经验交流、执政党治国理政经验宣传和对话、党派所在国的政治形势交流对话等活动。"[2]这些界定抓住了政党外交的"中国特色"属性，突出了中国特色社会主义政党制度的特点。在这方面，《中国共产党对外交往90年》[3]对90年来党的对外交往工作从实践到理论、再从理论到实践进行了全面而深入地概括和再现，可谓是对90年来党的对外交往历史的集大成之研究，同时也为今后的政党外交研究做出了高屋建瓴的理论贡献。

---

[1] 余科杰：《关于政党外交的几点认识和思考》，载《当代世界与社会主义》，2011年第6期，第100页。

[2] 转引自赵可金：《政党外交及其运行机制》，载《当代世界》，2010年第11期，第44页。许月梅，建国后中国共产党政党外交理论研究，北京：中国社会科学出版社，2003年版，第18页。

[3] 王家瑞主编，《中国共产党对外交往90年》，北京：当代世界出版社，2013年版。

新型政党关系与新时代政党外交

如果把政党外交限定为"中国特色"的外交现象，沿着这条思路，就会在特定的方向上展开更为具体的、微观的研究。如，有学者为此对中国共产党的"政党形象"进行了研究，认为，政党形象主要是指在政党交往过程中，国外政党或公众对中国共产党本身、党的各项活动及其成果给予的总的评价和认定的抽象总和。政党形象是政党本质和宗旨的外在形式，不论其具体表现如何变化，其实质和核心都是永恒的、不变的。政党形象的客观存在既是历史的，又是现实的。其实质是一种外交行为。政党形象的概括和抽象，是形象主体对全世界做出的政策宣示和政治承诺，决定着政党外交的发展走向。政党形象有着其内在的生成逻辑，在中共政党外交不同的历史时期，表现出不同的内容与特质。在政党外交的未来发展中，政党形象的定位将走向更加民主、开放、向前。[1]具体而言，有学者主张：新时期中国共产党要进一步树立立党为公、执政为民和民主、进步、开放、创新的良好国际形象，就必须增强国际社会对中国共产党的了解，特别是要增强外国政党政要对我发展道路、政党制度、执政理念的了解和理解，而党的对外交往战线是重要阵地、重要途径。政党外交要用外国政党政要听得进、听得懂的语言阐述、宣传党中央提出的一系列理论创新成果，加深理解、消除误解、增进和解，争取最广泛的政党政要支持。[2]从这些阐述中，可以看出中国特色政党外交的可持续发展的特性以及可预测性，即，"政党形象"作为比较稳定的特征，政党外交在一定程度上一定会以维护这种特征为努力方向。因而，有学者指出："随着政党政治的普及，政党外交作为国家总体外交的一部分起着越来越重要的作用，得到世界上越来越多的国家和政党的广泛认同。国际形势、经济全球化、政党发展的自身逻辑、不同时期的不同身份、中国共产党的国际视野与宽广胸怀、国家总体外交策略等是影响中国政党外交的主要变量。其中中国共产党的国际视野与宽广胸怀在政党外交，特别是在政党外交政策

---

[1] 刘朋：《中共政党外交的形象谱系与生成逻辑》，载《理论月刊》，2012 年第 8 期，第 29 页。
[2] 余丽：《新世纪中国共产党政党外交的特点与发展趋势》，载《马克思主义与现实》，2009 年第 3 期，第 62 页。

制定过程中起着更为关键的作用。"[1]这里提到的"国际视野与宽广胸怀"就有中国共产党"政党形象"的代表意义，正是在这个意义上，可以说，树立了良好的"政党形象"，为有成效的政党外交奠定了坚实的基础。也有学者对树立中国共产党在国际社会的良好形象做了更为具体的分析：第一，向世界展示中国共产党负责任的大党形象。中国共产党在对外工作中立足中国，心系世界。第二，向世界展示中国共产党的科学执政形象。中国共产党在国际上十分注重树立我党立党为公、执政为民和民主、进步、开放、创新的良好形象，让外国政党政要了解和理解我党的政党制度、执政理念、发展道路、国际战略，把中国共产党科学执政、民主执政的真实面目展现在世界面前。第三，向世界展示马克思主义政党的国际主义形象。中国共产党是一个马克思主义政党，自成立以来一直坚持爱国主义与国际主义的统一，推进国际共产主义运动。[2]

然而，仅仅把政党外交限定于中国共产党的"中国特色"外交活动，似乎与国际关系领域中的外交实践并不完全一致，有些学者扩大到国际外交视域中对政党外交进行考察。比如，有学者认为：首先，政党政治在世界各国的普及，有利于政党对对外政策发挥重要作用，开展针对政党的外交才具有了实际意义。其次，随着民主政治制度的发展，政党获得了影响国家对外政策的制度平台，无论执政党还是在野党都可以通过立法机构、组织选举、影响政府等民主制度渠道影响国家的对外政策。再次，在全球化背景下，国际交往面对的扩大和全球公共问题日益增多，更为开展政党外交注入了强大的动力。[3]这是从国际政治的发展视角来看到政党外交在世界范围内的现实存在，显然，政党外交现象不仅仅局限于中国。有学者还列举了其他国家以及国际政党组织在外交实践中的典型的政党外交活动，如："自由党国际""基督教民主联盟""国际民主联盟"（保守党国际）"社会党国际"等政党国

---

[1] 时新华：《中国共产党政党外交的影响变量分析》，载《山东师范大学学报（人文社会科学版）》，2010年第1期，第104—107页。

[2] 周玉文：《和谐世界理念下中国共产党政党外交特色新论》，载《齐齐哈尔大学学报（哲学社会科学版）》，2011年第2期，第57页。

[3] 赵可金：《政党外交及其运行机制》，载《当代世界》，2010年第11期，第46页。

际组织，[1]这些国际政党组织的存在，充分说明了政党外交是在全世界范围内存在的国家间外交行为和国际政治与国际关系领域特有的现象，而且随着新的国际事务和国际问题的大量涌现，政党作为授权行使国家主权的外交行为主体不可或缺。有学者指出，作为国际关系中的新型行为主体，政党一方面可以通过国内政党政治这个介质传递各方意愿和要求，影响或牵制政府决策，从而影响国际政治；另一方面，政党间的国际交往可以提供和创造非政府的对话和沟通渠道，使得国家间的交流和沟通具有更大的灵活性和多样性，以达到弥补、配合和支持政府外交的功效。因此，政党间的国际交往不断扩大，政党外交得到世界上越来越多政党的广泛认同，现已成为现代外交和国际关系中亟待研究的新课题。[2]有学者在全球视野下审视政党外交的成长，认为政党外交的产生在政党政治形成之后，外交公开化的趋势是在特定的时代和社会背景下发展的结果。政党外交与政党政治的发展呈现出基本同步的发展轨迹。世界政党外交的发展经历了以欧洲为中心到意识形态对立再到意识形态淡化这三个阶段。[3]

因此，政党外交在中国极具典型意义，这是不可否认的事实，但在国际范围内，政党外交也是越来越重要的一种"合法"的外交行为。因此，应当加强对其他国家政党外交现象的研究，进一步充实和丰富政党外交理论研究。

（四）功能作用

在国家的总体外交体系中，由于政党外交具有议题广泛、内容丰富、形式上灵活多样的特点，因而在促进和发展国家关系方面具有不可替代性。[4]关于政党外交的重要意义，主要体现在它的功能作用上，学者们指出了其中的诸多方面，如：第一，政党外交是国家关系的重要政治基石；第二，政党

[1] 余科杰：《关于政党外交研究的若干思考》，载《新视野》，2018 年第 1 期，第 118 页。
[2] 周余云：《具有当代中国特色的政党外交——中国共产党对外交往 90 年》，载《新远见》，2011 年第 7 期，第 57—58 页。
[3] 张蕾蕾：《全球视野下政党外交成长的轨迹》，载《中共山西省委党校学报》，2012 年第 3 期，第 43 页。
[4] 余科杰：《关于政党外交的几点认识和思考》，载《当代世界与社会主义》，2011 年第 6 期，第 103 页。

外交是国家关系的助推器；第三，政党外交是对政府外交的重要补充；第四，政党外交是执政党自身建设和发展的一条重要战线；第五，政党外交是展示我党我国良好形象的独特舞台。有学者对后冷战时期东南亚政党外交进行了研究，从其效果来看，用政党外交带动了政府外交的突围和破局；用政党外交能够协助化解矛盾，解决纠纷，促进国家关系发展；用政党外交能够大力服务于国家间经济关系的发展与合作。[1]

有学者认为，在全球治理时代，政党外交功能性扩大体现在以下三个方面：在政策层面上，进入新世纪以来，国际形势复杂多变，国家间关系更加微妙，世界各国主流政党及其政要成为本国内外战略新调整的主导者、规划者和推动者；在经济层面上，通过党际之间交往渠道，可以为国家间对外经贸合作牵线搭桥，促进其在经济社会发展战略和方针政策方面的交流，这成为新时代世界各国主流政党及其政要对外开展工作的重要内容之一；在政治层面上，政党外交是国家关系的助推器和稳定阀。政党外交既有助于改善国家间关系、深化战略合作、推动构建新型国际关系，又具有弥补政府外交缺位、增强政治互信、增进国家友谊、促动多边往来等独特作用。[2]

当然，任何一种外交都不是全能的，政党外交也不例外。有学者研究了政党外交在全球治理中显现的不足与缺陷，认为：首先，意识形态因素制约了政党外交在全球治理中的效用。其次，政党外交的活动方式主要是"参与""谈判"和"协调"，这表现为一种"软治理"，缺乏诸如民族国家支撑的权力体系，没有形成有效的合作机制，因而在全球治理中具有先天不足的缺陷。作为在全球治理中日益兴起的治理模式，政党外交不仅受制于意识形态因素的影响和自身特征的约束，而且由于缺乏权力体系和合作机制的建设而严重影响其在全球治理中的效用。因此，政党外交的兴起在目前看来，其参与全球治理的途径和方式呈现多样化，但其效果只能是有限的治理。[3]

---

[1] 贾德忠：《中国对东南亚国家政党外交：历史得失与政策启示》，载《国际论坛》，2015年第3期，第47–48页。

[2] 郭锐、王彩霞：《新时代中国特色政党外交的战略诉求与发展思路》，载《探索》，2018年第3期，第37–38页。

[3] 谭晓军：《政党外交：一种新兴的全球治理模式》，载《攀登》，2009年第2期，第57–58页。

这种观点非常理性而可贵，可以启发研究者深入研究政党外交具有的特定功能，从而与其他种外交形式区分开来，充分发挥政党外交的作用，扬长避短。

（五）起源发展

政党外交的典型范例在中国，所以，研究政党外交必须以中国特色的政党外交为不可绕过的重点对象，事实上，有不少学者把政党外交理解为中国特色的外交。有学者提出理解中共政党外交的几条线索："首先，近代中国由被迫打开国门到主动融入整个世界的曲折过程，与近代以来中华民族的历史使命。其次，国际格局的曲折演变过程。第三，中国共产党由夺取政权到执政，由革命思维到执政思维的转换。第四，中国共产党对共产主义革命中心的认识及对国际主义理解不断变化的过程。"[1]这是从中国共产党为中华民族的复兴和中国人民的幸福而奋斗的纵向的发展历程来梳理的，也有学者从横向的国际政治和国际关系领域中进行了概括："政党政治和现代外交的兴起使政党成为国际关系的重要行为体，政党外交成为国家总体外交的重要组成部分。中共在长期的对外交往中已经形成具有中国特色的全方位、多渠道、宽领域和深层次的政党外交格局，政党外交的对象、内涵、原则和作用不断丰富和提升。政党外交在把握外交全局、配合政府外交、推进党的建设和提升执政能力等方面日趋重要，并在全球性议题和制度化网络建设等方面面临新的发展机遇。"[2]政党外交作为中国特色的外交形式之一，既然在国际范围内是一种现实的、伟大的存在，也一定具有世界意义，从而对国际政治和国际关系理论产生深远的影响。有学者分析了政党外交产生的国际形势背景："二战后，国家虽然在国际关系中依然发挥主要作用，但已经不是绝对作用。从参与主体来看，战后国际关系发展的一个重要特征是在主权国家之外，以政府间组织、非政府组织和多国公司为代表的非政府行为体迅速崛起，并在国际事务中发挥日益重要的影响力。与此对应，外交也从传统外交向总体外交转变。……正是在这样的背景下，政党作为一个新兴的行为体开

[1] 时新华：《浅议中国共产党政党外交研究的几个理论问题》，载《天府新论》，2010年第3期，第19-20页。

[2] 牛海彬：《中共政党外交的评估与前瞻》，载《国际展望》，2011年第4期，第89-102页。

始积极地介入国际关系事务并产生了政党外交。"[1] 这些研究说明，政党外交在中国有典型意义，在国际政治舞台上也有普遍意义，要全面深刻地把握"政党外交"概念，就应当在国际关系的世界层面上拓宽研究范围，并紧紧围绕某些典型问题展开深入研究，点、面结合，中、外并重。

二、理论构建

（一）重要意义

政党外交理论研究之所以具有重要意义，首先从一些政党外交实践的数据就可以看出。据统计，1956 年 9 月党的八大召开时，包括社会主义各国执政党在内共有来自五大洲的 56 个共产党、工人党的代表团到会祝贺。[2] "文革"时期，当时世界上 89 个共产党与工人党中有 78 个先后与我们党中断了关系，使我党陷于自我封闭与自我孤立的状态之中。改革开放以来，我党不断进行理论和实践调整与创新。20 世纪 80 年代末，我们党已与 110 多个国家的 270 多个政党建立了各种形式的交往，党的对外工作出现蓬勃发展的势头。2002 年，中国共产党已经同 147 个国家和地区的 418 个政党和组织建立了多种形式的联系和交往，成为当今世界上国际交往最为广泛深入的执政党。[3] 2007 年，我党与世界上 160 多个国家和地区的 400 多个政党、政治组织保持着不同形式的交往和联系。[4]2011 年到现在，同我们党有交往的政党已经遍及世界各国，总数达 160 多个国家的 600 多个政党，交往范围从国际到国内、从经济到社会各个领域，中国共产党政党外交新型格局已形成并逐

---

[1] 赵和平、卢红飚：《背景、作用与展望：论中国共产党政党外交》，载《长春理工大学学报（社会科学版）》，2017 年第 3 期，第 21 页。

[2] 戴秉国：《发挥政党外交优势 服务全党全国工作大局——纪念中联部成立 50 周年》，载《当代世界》，2001 年第 2 期，第 4—5 页。

[3] 余科杰：《邓小平政党外交思想的理论体系》，载《外交学院学报》，2005 年第 1 期，第 79 页。

[4] 林立平：《党际交往：探索中国特色政党外交——目前中国共产党已与 160 多个国家和地区的 400 多个政党和政治组织保持联系和交往》，载《新华每日电讯》，2007 年 10 月 12 日，第 1 版。

新型政党关系与新时代政党外交

渐走向成熟。[1] 随着政党政治的发展，这些数据表明，政党越来越成为国际政治舞台上不可或缺的一个重要主体，对中国共产党与这些国外政党及其组织的党际关系以及有关外交行为的关注、理解和解释自然就成为理论研究的对象了。

学者们非常关注对这门理论体系的建构和阐发。有学者指出，中国特色政党外交理论，既是中国特色社会主义理论的一个重要组成部分，又是中国特色外交理论的重要组成部分。中国特色社会主义理论是政党外交战略调整和确立新型党际关系的前提条件和理论基础。[2] 有学者认为："政党作为国际关系中的新型行为主体，一方面可以表达不同社会阶层的意愿和要求，牵制国家和国际组织的决策；另一方面，可以创造和提供非政府性的对话和信息渠道，使得国家间的交流和沟通具有更大的灵活性和多样性，解决国家和政府组织不便于、不愿意、不应该介入的双边事务和国际问题。因此，党际关系已成为现代国际关系的主线之一，并在一定程度上牵动着国际关系。……发展政党外交，便成为全球治理的重要内容……。这就要求中国共产党不仅要立足于国内，而且要具有国际眼光。要充分利用对外交往这一了解世界、认识世界、走向世界的渠道和窗口，重视研究人类社会发展规律、社会主义建设规律和共产党执政规律，注意从一些外国政党兴衰成败的经验教训中汲取政治营养。"[3] 这个表述的前半部分揭示了研究政党外交在国际范围内的重要意义，后半部分揭示了研究政党外交对于中国共产党的重要意义，因此，立足于国内和国际两个大局进行政党外交理论研究已成为学者们的学术热点。也有学者指出现有理论研究的不足，认为在现实中，中国特色政党外交既缺少完善的理论体系支撑，也缺少创新性、时代性的理论思想引导，亟须加强理论体系建设。在新时代条件下，充实和完善中国特色政党外交理论

[1] 杨扬：《改革开放以来中国共产党政党外交的创新》，载《科学社会主义》，2016年第3期，第75页。
[2] 吴兴唐：《中国特色政党外交与党的事业发展同行》，载《红旗文稿》，2011年第6期，第12页。
[3] 时新华：《浅议中国共产党政党外交研究的几个理论问题》，载《天府新论》，2010年第3期，第19页。

122

体系，具有现实的迫切性和深远的影响性。[1] 以上所述表明，理论研究往往滞后于实践，随着中国特色政党外交以及国际外交舞台上政党外交实践的发展，越来越需要理论的概括和提升，从而对实践产生积极的推动和影响，这就为国际政治和国际关系等相关领域的理论工作者提出了重要的时代任务。

（二）学科定位

作为一种新近的重要的外交现象，对相关理论研究做出学科定位，至少对于理论工作者而言是非常重要的。应该将政党外交理论归于哪个学科，采用哪些研究方法，有关研究对象的范围界定等等，学者们对此也发表了不少宝贵意见。如，有学者认为，"政党外交的研究是同国际政治、国际关系的研究紧密联系在一起的，属于国际政治学的一部分，也属于外交学的一部分。政党外交研究的特点是，在研究世界政党发展变化规律的基础上，也要紧密联系和跟踪国际形势发展，从两者的结合上预测未来发展方向。要在科学分析当今时代的形势特点基础上，从理论上和战略上对我国的国际战略和对外政策提出建设性的参考建议。"[2] 这就是说，政党外交作为一种实践性极强的跨学科研究对象，要成为一种科学理论或一门"政党外交学"，这门新学科需要系统总结和分析研究政党外交的实践经验，探索新时期政党外交的发展规律，上升为理论。政党外交的理论研究，要以马克思主义为指导，运用马克思主义的立场、观点和方法，理论密切联系实际，形成具有中国特色的政党外交学。[3] 为此，这门理论或学科应当提出自己的核心概念、基本范畴、特有的研究对象和方法，做出特有的理论贡献。为此，必须深入研究相关学科如政治学、政党政治学、国际政治学、国际关系学、外交学等学科的理论体系，了解它们的研究对象，熟悉其研究方法的效应及其界限，从而探寻作为跨学科的政党外交学的特有理论范畴和范式，对其论域、论题、分析和论证方法及其界限有明确的理解。

[1] 郭锐、王彩霞：《新时代中国特色政党外交的战略诉求与发展思路》，载《探索》，2018年第3期，第40页。
[2] 蔡武：《加强对政党外交的研究》，载《当代世界》，2005年第2期，第63—64页。
[3] 吴兴唐：《中国特色政党外交的理论思考》，载《当代世界》，2011年第3期，第28页。

（三）研究方法

作为交叉学科，外交学与政治学等学科的基本研究方法当然对政党外交研究具有重要指导意义。有学者提出以下几种基本理论与方法：（1）历史研究法。通过对每个时期不同政治生态的再现，在比较中发现哪些变量是根本的，哪些是非根本的。（2）系统分析方法。必须把政党外交视为一个开放、动态的体系，并建立一种开放动态的分析框架，以考察各个变量与政党外交系统之间的互动，在动态中把握政党外交在各个时期所显示的不同图景。（3）结构——功能主义分析方法。在政党外交研究中，我们要通过对政党外交的主体、客体、内涵，与其他类型外交的关系、差异等基本理论研究入手，厘清其特殊结构与功能，以明确政党外交在国家整体外交中的特殊作用。另外，通过完善政党在整个国家政治生活中的作用，从而完善政党外交本身的结构，以达到优化其功能的目的。（4）建构主义的身份理论。政党是全方位外交的行为主体之一，本身在国内不同时期、在国际上与不同意识形态国家的交往中身份会有所不同，进而会影响到别国政党对其的态度，在长期的党际间交往互动中就会建构彼此相适应的身份认同，由此影响到政党之间的关系及政党外交战略、策略的选择。[1] 这些方法侧重借鉴西方政治学理论的研究范式，在"科学"意义上具有很大的价值，相信在后续的深入研究中，学者们会发现更多的研究方法，充实政党外交学的方法论，并确定自身特有的研究方法。

（四）文献研究

进行理论研究当然要占有文献资料，学者们依据一定数量的论文和著作开展了各具特点的研究。

在论文方面，从"中国知网"检索，截至 2018 年 8 月 23 日，共有 131 篇包含"政党外交"为篇名的论文，其中核心期刊 70 篇，中文社会科学引文索引（CSSCI）26 篇。

在著作方面，以"政党外交"命名的书主要有 4 本：（1）《建国后中国

---

[1] 时新华：《浅议中国共产党政党外交研究的几个理论问题》，载《天府新论》，2010 年第 3 期，第 19~20 页。

共产党政党外交理论研究》（许月梅著，中国社会科学出版社 2003 年）主要
介绍了中国共产党政党外交理论的思想基础、中国共产党第一代领导集体的政党
外交理论、新时期中国共产党政党外交理论的新发展、新时期中国共产党政
党外交理论的特征、中国共产党政党外交理论在探索中的发展等内容。（2）
《政党外交和国际关系》（吴兴唐著，当代世界出版社 2004 年）基于吴兴
唐同志长期从事党的外事工作和民间交流以及与此有关的研究工作，此书把
60 多篇文章分成 7 个专题：开创政党外交的新局面；冷战后国际形势的新特
点；和平与发展是我们时代的特征；外交的哲学思考和文化视角；反霸、反
恐和新安全观；中国同其他国关系述评；当代社会主义、和平运动和左翼思
潮，主要从政党外交和国际关系两个方面进行阐述，推动了政党外交研究。[1]
（3）《中国共产党政党外交研究》（张蕾蕾著，军事科学出版社 2013 年）
运用翔实的资料，分 6 章研究了政党外交的发展及动因，研究了新中国成立
前中国共产党政党外交的基本理论与实践过程，探讨了新中国成立后中国共
产党政党外交的起步、中国共产党政党外交的曲折、中国共产党政党外交的
调整、中国共产党政党外交的推进等各个时期的政党外交基本理论与实践过
程。（4）《中国特色政党外交》（于洪君主编，金鑫、胡昊执行主编，社会
科学文献出版社 2017 年）由中共中央对外联络部组织编写，基于编者方得
天独厚的优势，本书写作过程中充分运用中联部相关档案、文字资料和研究
成果，采用文献研究、案例研究、比较研究及历史分析等方法，对中国共产
党成立至今对外交往的历程和经验、中国共产党政党外交规律进行了深刻总
结，对中国共产党在新世纪新阶段更好地处理外交活动、更好地服务国家总
体外交具有重要参考价值。[2]

有学者对包括"党际关系"在内的政党外交文献进行了研究，认为当前
政党外交的研究者多以党史、党建、国际共运为背景，鲜有源于外交问题的
研究者。[3] 有学者就现有的成果做了小结，认为政党外交的研究面较广，涉

[1] 蔡武：《加强对政党外交的研究》，载《当代世界》，2005 年第 2 期，64 页。
[2] 王小艳：共饮一泓水——写在《中国特色政党外交》一书出版之际，载《人民政协报》，
    2017 年 12 月 18 日，第 10 版。
[3] 余科杰：《关于政党外交研究的若干思考》，载《新视野》，2018 年第 1 期，第 116-118 页。

及的问题也较多，但多是作宏观研究，研究的深度不够。[1] 这些观点冷静而理性地提出了研究所应关注的重点内容以及所应把握的研究方法，不能仅仅局限于对国内外党际交往实践的历史和现状进行重复性的描述，不能仅仅局限于宏观地概括有关政党外交的概念、功能、特征等等，还应当对有关概念和问题进行微观细致的分析，并提出独到的见解和解决方案，在粗线条的勾勒之后还应在细节方面多下功夫，如此才能表现出政党外交理论研究的实践效果来。

三、基本问题

（一）政党政治与政党外交

政党政治是现代政治的主体形式，这是由现代生产方式所决定的。政党政治当然决定了政党外交的产生和发展，政党外交的日益发展也离不开政党政治的成熟。学者们对此基本问题进行了研究，有学者指出，政党作为政党外交的主体，政党外交的发展必然以一定数量的政党的出现为前提，近代以来的三次民主化浪潮（尤其是第三波民主化浪潮）使世界多数国家建立起了民主制度并发展了符合本国实际的政党政治。截至 2016 年，全球政党组织的数量已超过 5000 个，180 个左右的国家和地区都已实行政党政治，仅有少数国家因为历史遗留问题而不存在政党。[2] 有学者从现代外交和政党政治两个层面的结合点上，论述了政党外交产生的历史条件，即政党外交是外交在现代的发展和政党政治普及的必然结果。对政党政治在内政外交中的地位及其对国际政治、国际关系的影响进行考察，并以此为基础论述了政党外交在总体外交中的地位和作用。论述了政党外交的指导原则及其在实践中遇到的新问题，并结合政党政治的新变化，阐述了政党外交的发展趋势和制约因

---

[1] 刘朋：《政党外交研究述评》，载《哈尔滨工业大学学报（社会科学版）》，2011 年第 6 期，第 73-79 页。

[2] 赵和平、卢红飚：《背景、作用与展望：论中国共产党政党外交》，载《长春理工大学学报（社会科学版）》，2017 年第 3 期，第 21 页。

素。[1]有学者认为，政党外交的产生在政党政治形成之后，外交公开化的趋势是在特定的时代和社会背景下发展的结果。政党外交与政党政治的发展呈现出基本同步的发展轨迹。世界政党外交的发展经历了以欧洲为中心到意识形态对立再到意识形态淡化这三个阶段。[2]

有学者从执政能力建设方面研究政党外交，认为对于每一个执政党来说，如何提高执政能力，以更好地巩固政权、实现政治理想，都是一个恒久的重要命题。在国际国内格局发生重大调整的形势下，中共面临着严峻考验。作为国家总体外交的重要组成部分，政党外交在国际舞台上日益发挥着不可忽视的作用，通过与其他国家各个类型的政党建立密切联系和合作，可以有效提高党的执政能力，增强党的亲和力和感召力，塑造党良好的国际形象，优化执政环境；借鉴其他国家执政党的经验和教训，探索总结政党执政的共同规律，增强党自身科学执政的能力和水平；逐步形成、完善中国特色外交理论，丰富中国特色社会主义理论。[3]学者们关注政党外交对于国家软实力提升的重要意义，有学者对中共政党外交在提升国家软实力中的价值进行讨论，认为政党外交可以塑造良好国际形象、赢得国际舆论支持、增强世界对我政治价值观的认同、促进对外文化交流，同时主张应注意以下几个方面：统筹兼顾，坚持软实力和硬实力"两手抓"；循序渐进，坚持区域战略和全球战略"两步走"；扩大与西方国家主流政党的交流与合作；积极发挥民主党派在国家软实力提升中的作用。[4]

（二）政府外交与政党外交

学者们主张把政党外交与政府外交区分开来，并对政党外交进行合理定位。有学者指出，在政党政治中，政府的外交政策在一定程度上受执政党对外政策的影响，政党外交是为国家总体外交服务的。政党外交相对于政

---

[1] 周余云：《论政党外交》，载《世界经济与政治》，2001年第7期，第16-21页。

[2] 张蕾蕾：《全球视野下政党外交成长的轨迹》，载《中共山西省委党校学报》，2012年第3期，第43-46页。

[3] 王少华：《政党外交与执政能力建设》，载《甘肃理论学刊》，2011年第1期，第85-88页。

[4] 刘朋：《政党外交与国家软实力提升——基于2003-2009年中国共产党重要对外交往活动的考察分析》，载《中共贵州省委党校学报》，2010年第4期，第120-124页。

新型政党关系与新时代政党外交

府外交而言，具有交往对象灵活而广泛、交往内容广泛、交往方式灵活等特征，也正是因为这些非政府特性，为国家间提供了一种非正式的沟通和交流渠道，不受外交关系和外交礼仪的约束，便于解决国家和政府组织涉及的棘手事务和问题。政党外交是国家总体外交的重要组成部分，是政府外交有益的补充。党际关系与国家关系是一致的，这就要求中国共产党在政党外交的实践中正确处理好两者的关系，积极发挥好政党外交对政府外交的促进作用。[1]有学者回顾了王稼祥在这方面的重要贡献：王稼祥强调一个马克思主义政党在执政前后对他国革命的支持所处的环境发生了重大变化，不能不受到国际关系方面的制约，强调取得政权的党，它不能号召别国人民起来打倒本国的统治者。因为作为社会主义执政党，一方面要同现行统治者交往，建立外交关系；另一方面，又要号召其所在国的马克思主义政党推翻现行政府，这完全陷入一种两难困境，是不利于发展政党外交与政府外交的，这是对政党外交思想的一个重大创新。[2]有学者指出，政党与作为主权国家载体的政府都是国际社会的重要行为主体，都具有对外职能。当一国政党上升为执政党时，其对外职能和政府的对外职能具有同向性，即党的外交与政府外交在根本方向上具有一致性，但二者在具体的对外职能分工上存在差异。政党外交与政府外交是两个不同的历史范畴，把政党外交和政府外交区分开来，摆正二者的位置，使政党外交服从于国家总体外交的目标，发展政党外交是为了推动国家关系的发展。从主体性来说，政党外交体现的是各政党之间的关系，更多体现了各国间阶级利益或阶层利益的合作或矛盾。政府外交是主权国家之间的关系，其主权、安全、经济、政治和意识形态等更多反映了综合性的国家利益。[3]有学者强调，党际关系对国际关系的发展有着重要的影响，它可以促进或阻碍国际关系的发展。需要对政党外交与政府外交进行严格区分，良好的党际关系可以促进国际关系的和谐发展，并推动国际关系的民主

[1] 刘朋：《中国共产党政党外交的历程、经验与展望》，载《新疆社科论坛》，2011年第4期，第12页。

[2] 杨扬：《论王稼祥对政党外交的贡献》，载《求索》，2017年第7期，第188页。

[3] 杨扬：《改革开放以来中国共产党政党外交的创新》，载《科学社会主义》，2016年第3期，第72页。

化进程。当政党外交与政府外交相混淆、以党际关系干预国际关系时，国际关系就会逐渐向恶性方向发展。[1]

（三）党际关系与政党外交

随着研究的深入，尤其是对党际关系与政党外交进行的比较研究，学者们从中揭示了政党外交的一些特有属性。但也有学者主张不必对二者做出严格区分，如，有学者认为，新中国成立以来中共对外党际关系和新中国的政党外交，二者作为研究对象，它们所对应的范围、内容，几乎可以划等号。因此，在界定政党外交研究，梳理政党外交研究成果时，除了直接以"政党外交"为研究对象的成果外，那些以"党际关系"为研究对象的大部分成果也应当包括在内。[2] 这个观点显然符合新中国外交的历史事实，但随着时代的发展，情况仍然发生了改变。如，有学者认为，在分析中国共产党政党外交的发展时，应该用党的对外交往或党际关系而不是政党外交来概括党在建国前的对外交往活动。政党外交在我国特指中国在对外交往特别是与其他国家的政党进行交往过程中表现出的价值判断、政策取向和交往实践。政党外交与政党的对外交往都是指政党的跨国交往行为，但只有当政党的对外交往是为了维护国家利益或促进国家关系时才称得上政党外交。前者主体是一国的合法政党，后者则不然。政党外交侧重于政党的政治行为，即服从和服务于国家利益，交往对象是外国合法政党或国际政党组织，党际关系侧重服务政党利益的政党间关系。政府外交主要是外交部、政府官员、外交人员处理国家间、政府间的具体事务；政党外交亦官亦民，不处理具体的外交事务，方式比较灵活，不受外交关系的约束，主要由中联部执行，交往主体和客体主要是政党。[3]

（四）意识形态与政党外交

政党是意识形态色彩最强的政治组织。历史证明，意识形态相同的政党之间未必不发生矛盾和冲突，意识形态相左的政党之间未必不能和平共处。

[1] 杨扬：《21世纪中国共产党政党外交的三重维度》，载《当代世界与社会主义》，2018年第1期，第173页。
[2] 余科杰：《关于政党外交研究的若干思考》，载《新视野》，2018年第1期，第116页。
[3] 牛海彬：《中共政党外交的评估与前瞻》，载《国际展望》，2011年第4期，第90~91页。

新型政党关系与新时代政党外交

有学者指出，中国共产党对外交往从"不以意识形态划线"，到"超越意识形态"，再到在党际关系四项原则的基础上同一切合法政党和政治组织建立开放式的交流关系，中国共产党以开放的心态扩大了共识，强化了政党政治中的宽容共存精神，求同存异，推动世界的和谐、多样化发展。[1] 有学者认为，21 世纪的中共政党外交，必须超越意识形态的差异，要正确理解"超越意识形态"这个概念的基本含义。首先，"超越"不等于放弃。意识形态的差异是客观存在的，超越是以承认这种差异为前提的。其次，"淡化"不等于"同化"。意识形态领域的影响和渗透始终是存在的，对此要有清醒的认识，但不应搞意识形态对抗，不扩大争论，不强加于人，既不要求对方改变立场，也不放弃自己的立场。第三，"超越"只是前提，落脚点在"了解""合作"，最终达到搁置分歧、求同存异、促进共同发展的目的。[2] 有学者比较详细地分析了"超越意识形态"的含义：承认并尊重意识形态多样性及其差异，这是"超越"原则的前提。要淡化意识形态的对抗，这是"超越"原则在实践中的具体运用。"超越"的落脚点在于增进政党之间的了解，最终达到求同存异、促进共同发展、互利共赢的目的。超越意识形态是当代政党政治和国际政治发展的大势使然。"超越意识形态"并不意味着在政党外交领域已不存在意识形态之争。即使在全球化时代，意识形态的分界、对立乃至斗争仍然存在，只不过以新的形态、新的方式表现出来。[3] 也有学者强调，政党外交超越意识形态的差异，以国家利益为最高准则，摆正了意识形态与国家利益的位置，为中国共产党与世界各国政党广泛交流合作、发展友好关系开辟了非常广阔的空间，极大地促进了中国共产党政党外交的发展。但同时应该注意，"超越"意识形态的差异并不意味着无视差异的存在。中国共产党在政党外交中必须正视与他国政党意识形态的不同，在承认差异的前提

[1] 刘朋：《中国共产党政党外交的历程、经验与展望》，载《新疆社科论坛》，2011 年第 4 期，第 12 页。

[2] 杨扬：《解读十七大确立的政党外交基本思路》，载《唯实》，2008 年第 4 期，第 6 页。

[3] 李宏：《论政党外交应遵循的基本原则》，载《山东社会科学》，2010 年第 1 期，第156–157 页。

下，尽量防止和避免这种差异影响或者阻碍双方友好关系的发展。[1]

（五）国家利益与政党外交

维护国家利益是政党外交以及其他所有外交的最主要的目的，因此，国家利益与政党利益之间的关系也成为学者们关注的基本问题。有学者认为，坚持国家利益至上的同时兼顾政党利益是政党外交的基本要求，强调国家利益的优先性和至上性并不意味着国家利益的唯一性或排他性。国家利益是一个综合宽泛的概念，可以根据重要程度分为四个层次：根本利益、极端重要利益、重要利益和次要利益。政党在从事对外交往活动时，在明确并维护本国根本利益或核心利益的前提下，可以对非根本性利益进行协商并做出适当妥协。国家利益具有变化发展的特性，在不同时期，国家利益的内涵与重点会有较大的变化。国际社会的新特征要求政党外交必须尊重和顺应时代特点及其趋势，在不损害本国根本利益的前提下，兼顾其他利益。政党在从事对外交往、坚持国家利益至上原则的同时还必须反对两种倾向，一种是国家利益和谐的乌托邦倾向；一种是国家利益不可调和的极端现实主义倾向。[2] 有学者指出，政党关系和国家关系具有不同的性质和内容，政党关系是各国不同阶级和阶层间的交流与合作，国家关系则是代表不同民族利益的国家主体之间在政治、经济、军事、文化等各个层面的交往，其包含的内容相比政党关系要广泛得多。但是中国共产党却在很长时期内不能正确区分和对待政党关系与国家关系，长期将发展与各国共产党、工人党的关系置于最重要的地位，由此一定程度忽视了国家关系的发展，使其事实上从属于政党关系的发展。[3]

（六）经济全球化与政党外交

经济全球化对于政党外交的发展具有两面性，一方面，经济全球化为政

---

[1] 彭沛：《中国共产党政党外交的实践及基本经验》，载《南京社会科学》，2011年第10期，第153页。

[2] 李宏：《论政党外交应遵循的基本原则》，载《山东社会科学》，2010年第1期，第155~156页。

[3] 彭沛：《中国共产党政党外交的实践及基本经验》，载《南京社会科学》，2011年第10期，第153页。

新型政党关系与新时代政党外交

党外交的发展提供了新的机遇,另一方面,经济全球化也为政党外交提出了新的挑战。有学者认为,一个国家的政党,特别是执政党的政党外交战略选择与其国内经济发展往往呈现一种互动关系。经济发展的客观要求决定和影响着该国政党的政党外交战略选择;相反,政党外交战略选择得正确与否又会促进和制约该国的经济发展进程。[1] 有学者认为,许多国家的政党都把如何提高执政(参政)能力、发展民族经济、加强国际竞争地位作为优先考虑的治国理政问题,与他国政党之间在经济发展模式、发展战略和发展思路等方面进行交流,促使政党之间的经济交流与合作日益成为政党外交的最新生长点。目前的全球化是以西方资本主义国家为主导的全球化,不可避免地要打上资本主义的烙印,在全球经济一体化过程中向广大发展中国家渗透、传播西方的理念、价值原则。国家及政党间的交往过程中意识形态对立的消失不等于在价值观上的完全一致,事实上西方从来没有停止过对制度不同国家的和平演变,这在一定程度上给政党外交带来了挑战。因此,我们应该时刻清醒,制定正确的政党外交策略以在经济全球化过程中做好正确应对。[2] 有学者也认为,经济全球化进程的加快使各国联系日益紧密,共同的经济利益,使各国能够"搁置争议,共同发展",在某种程度上,使国际经济关系超过了国际政治关系,成为世界各国共同面临的问题,而共同问题的解决需要各国同心协力,这有利于国际关系的发展,并有利于外交活动的展开,从而为我国政党外交提供了较好的国际环境。另一方面,在特定的领域内主权国家必须服从于国际机构的协调,这势必在某种程度上对传统的国家主权形成挑战。经济全球化的加快为西方发达资本主义国家推行其"分化""西化"战略创造了有利条件,它们利用国际经济传播资产阶级的政治观念、游戏规则,破坏发展中国家的稳定。这就要求我国政党外交在开展党际交往活动

---

[1] 李兆凯、卢秀廉:《建国以来党的政党外交战略选择与经济发展的互动》,载《党史文苑》,2006 年第 20 期,第 17 页。

[2] 时新华:《中国共产党政党外交的影响变量分析》,载《山东师范大学学报(人文社会科学版)》,2010 年第 1 期,第 105 页。

时，必须坚持正确的工作方针，采取积极措施应对挑战。[1]

四、历史经验

学者们对中国共产党政党外交的基本历程进行了回顾，认为中国共产党成立90年来，政党外交大致经历了三个阶段：第一阶段是1921—1949年的政党外交，第二阶段是1949—1978年的政党外交，第三阶段是1978年至今的政党外交。[2]中国共产党在此积累了丰富的政党外交经验，应当高度重视对这些经验进行总结，尤其要对毛泽东与邓小平政党外交思想进行深入研究。

（一）毛泽东政党外交思想

毛泽东思想是在革命战争年代和新中国建国初期中国共产党集体智慧的结晶，其中具有丰富的政党外交思想，学者们对此进行了研究。有学者认为，作为建国后中国共产党的第一代领导核心，毛泽东为政党外交进行了积极探索，形成了独立自主的政党外交思想。毛泽东直接参与了我国对外政策的制定，他从我国总体外交目标出发，总揽全局，统筹安排，对党的对外工作予以高度重视。毛泽东的政党外交思想集中回答了战后国际形势、国际关系、国际共运和新中国外交所面临的许多重大问题，有力地指导了当时我国的整个政党外交工作。具体而言，毛泽东思想表明政党外交的目的就是争取一切国际朋友的支援，把中国建设成一个伟大的社会主义国家。毛泽东政党外交思想的主要原则：一是独立自主原则，要根据自己国家的情况决定自己的政策；二是平等互利原则，坚持党际关系的平等；三是爱国主义和国际主义高度统一原则。[3]毛泽东政党外交思想超越意识形态的差异，发展与不同类型政党

[1] 刘玉琼、李爽：《论经济全球化进程中的中国政党外交》，载《新疆社科论坛》，2002年第4期，第49页。
[2] 宫玉涛：《中国共产党政党外交90年：成就与经验》，载《云南财经大学学报（社会科学版）》，2012年第4期，第5-6页。
[3] 孙全胜：《建国初期毛泽东的政党外交思想探析》，载《胜利油田党校学报》，2011年第4期，第20-22页。

的关系，坚持团结的价值取向，对中共政党外交的实践具有重要的指导作用，为后来政党外交的发展奠定了坚实的理论基础。[1]毛泽东政党外交思想取得的主要成就包括：一是在建国之初，通过政党外交推动政府外交关系的初建和发展；二是推动国际共产主义运动发展，提升扩大中国在社会主义阵营中的影响力；三是奠定了中国政党外交的基本原则和经验。

有些学者也研究了毛泽东政党外交思想中的意识形态特征及其不足，毛泽东把无产阶级政党之间的关系因意识形态相同而看作同志加兄弟，从而确立"一边倒"的外交路线，大力弘扬意识形态上的国际主义，着力谋求无产阶级政党之间意识形态的一致性。[2]有学者指出其中所导致的失误：第一，中共在社会主义阵营大力开展援助外交，达到不计后果的程度。第二，受世界革命思想的影响，中国对东南亚国家外交有时候背离独立自主和党际关系平等原则，干涉相关国家的内部事务，影响了国家关系的发展。[3]

（二）邓小平政党外交思想

同毛泽东思想一样，邓小平理论也是马克思主义同中国革命和社会建设实践具体相结合的中华民族的宝贵精神财富，而政党外交思想也是邓小平外交思想宝库中的一个重要组成部分。王家瑞部长指出，我党领导人毛泽东、周恩来、刘少奇等对于党与党之间的关系都有过一些重要论述，但像邓小平这样较为全面、完整地论述党际关系还是第一次。[4]作为中国社会主义改革开放和现代化建设的总设计师，邓小平政党外交思想不仅为新时期党的对外工作调整与开拓提供了理论依据、行动指南和政策基础，而且对今天我们开创政党外交新局面仍有重要现实指导意义。[5]有学者对从指导思想、目标宗

[1] 杨扬：《论建国后毛泽东的政党外交观》，载《攀登》，2012 年第 2 期，第 89-93 页。

[2] 周玉文：《中共在政党外交中处理意识形态问题的发展历程》，载《党史文苑》，2011 年第 8 期，第 15-16 页。

[3] 贾德忠：《中国对东南亚国家政党外交：历史得失与政策启示》，载《国际论坛》，2015 年第 3 期，第 45-46 页。

[4] 王家瑞：《邓小平与政党外交——纪念邓小平诞辰 100 周年》，载《当代世界》，2004 年第 8 期，第 4 页。

[5] 钟联文：《邓小平政党外交思想与对外工作的历史性开拓》，载《党建研究》，2004 年第 11 期，第 58-60 页。

旨、主题判断、功能作用以及党际关系的基本原则和策略艺术等方面阐明和构建了邓小平政党外交思想的主要内容和理论体系。[1] 有学者强调，邓小平修复了因意识形态大论战而生疏的党际关系，而且突破意识形态的藩篱，与西方不同性质的政党进行交往，从而解开了政党外交中的意识形态的心结。[2]

在邓小平政党外交思想中，"四项原则"具有特别重要的意义。在邓小平理论指导下，1982 年 9 月，中国共产党第十二次全国代表大会正式提出中国共产党处理社会主义国家间党际关系的四项原则，即独立自主、完全平等、互相尊重、互不干涉内部事务，并第一次将党际关系四项原则写入党章。1987 年 10 月，中国共产党的十三次全国代表大会将党际关系四项原则扩大到适用于处理同各国各类政党的关系，使邓小平正确处理党际关系的思想理论成为中国共产党的政策和原则。在 1997 年党的十五大报告中，我们党总结了改革开放近 20 年来党的对外工作的经验，提出在党际关系四项原则的基础上，"同一切愿与我党交往的各国政党发展新型的党际交流和合作关系，促进国家关系的发展"。这一跨世纪政党外交指导方针的提出，是对邓小平新型党际关系思想的坚持和发展。在 2002 年党的十六大报告中，我们党再次重申，"我们将继续坚持独立自主、完全平等、互相尊重、互不干涉内部事务的原则，同各国各地区政党和政治组织发展交流与合作"[3]。多数学者引用邓小平提出的政党外交的"四项原则"进行分析研究，有学者还对这些原则之间的关系进行了论证，认为独立自主原则既是四项原则的基础、核心和灵魂，也是正确处理党际关系的立足点和出发点，完全平等原则则是独立自主原则的必然要求、重要保证，互相尊重原则作为完全平等原则的内在要求和外在表现，互不干涉内部事务原则是对前面三项原则的重要补充、逻辑发展和客观要求。有学者指出，实践证明，这四项原则既符合我国改革开放

---

[1] 余科杰：《邓小平政党外交思想的理论体系》，载《外交学院学报》，2005 年第 1 期，第 75—79 页。

[2] 周玉文：《中共在政党外交中处理意识形态问题的发展历程》，载《党史文苑》，2011 年第 8 期，第 16—17 页。

[3] 王家瑞：《邓小平与政党外交——纪念邓小平诞辰 100 周年》，载《当代世界》，2004 年第 8 期，第 4 页。

和现代化建设需要，也适应变化了的世界政党形势和普遍公认的其他国际关系准则，得到了外国政党的广泛赞赏和认同。[1]

有学者还研究了邓小平时代对东南亚政党的外交得失，取得的成就是：第一，党际关系的调整带动了国家间关系的恢复。这一时期中国与东南亚国家逐步发展和建立外交关系，很多都是先由党际关系调整带动的。第二，中国以"革命党"向"执政党"形象转变，树立了以国家利益为核心的政党外交原则。第三，提升了政党外交的认识水平，也提出新的理论挑战。其中的不足主要体现在政党外交的积极作用还没有得以充分发挥，包括两个方面：一方面，当政府外交关系发生巨大转折的时候，政党外交"转身"较慢。另一方面，当政府外交进展缓慢时，政党外交又难以另辟蹊径，打破坚冰。[2]

（三）邓小平之后的经验梳理

学者们回顾了中共政党外交的对象，追溯历史可知，在第一代领导集体时期，中国共产党政党外交的对象主要局限于同质型政党，主要是共产党与工人党、资本主义国家内的左翼政党，中共同资本主义国家的右翼政党几乎处于一种隔绝状态。改革开放以来，中国共产党政党外交的对象不断拓展，逐渐广泛，从最初的只同共产党与工人党交往到同各种不同类型的政党与政治组织开展外交活动。1982 年党的十二大报告指出："我们党坚持在马克思主义的基础上，按照独立自主、完全平等、互相尊重、互不干涉内部事务的原则，发展同各国共产党和其他工人阶级政党的关系。"1987 年党的十三大报告指出："按照独立自主、完全平等、互相尊重、互不干涉内部事务的原则，发展同外国共产党和其他政党的关系。"1992 年党的十四大报告指出："我们将按照独立自主、完全平等、互相尊重、互不干涉内部事务的原则，同各国政党建立和发展友好关系，本着求同存异的精神，增进相互了解与合作。"至此，中共在政党外交中，不再区分"外国共产党和其他政党"，而广泛地表述为"各国政党"。1997 年党的十五大报告指出：中国共产党"同

---

[1] 戴秉国：《发挥政党外交优势 服务全党全国工作大局—纪念中联部成立50周年》，载《当代世界》，2001 年第 2 期，第 6 页。

[2] 贾德忠：《中国对东南亚国家政党外交：历史得失与政策启示》，载《国际论坛》，2015 年第 3 期，第 46-47 页。

一切愿与我党交往的各国政党发展新型的党际交流和合作关系，促进国家关系的发展"。2002年党的十六大报告指出：中国共产党"同各国各地区政党和政治组织发展交流与合作"。2007年党的十七大报告强调中共将继续开展同各国政党和政治组织的交流合作。2012年党的十八大报告提出"我们将开展同各国政党和政治组织的友好往来"，"夯实国家关系发展社会基础"。历届党代会报告反映出，中国共产党政党外交的对象逐渐扩大，其广泛性非常突出，不仅包括共产党与工人党，也涵盖世界各国不同性质的各类型政党，左翼的，右翼的，只要它们愿意与我们交往，都是中国共产党政党外交的对象。[1]进入新世纪以来，我党与30多个国家的近百个政党新建了党际关系，南太岛国、中东地区、中美加勒比地区都新增了我党的朋友。交往对象更加广泛，与共产党、工人党、社会党、工党、保守党等传统政党的关系持续有发展，与绿党等新兴政党关系取得突破，与欧洲议会主要党团、政党国际组织的关系也有新拓展。[2]因此，有学者指出："随着中国共产党对外交往面的不断扩大，在理念上逐步实现了从'党的对外工作'向'政党外交'理念的转型，中国政党外交的逻辑越来越清晰，独立性越来越强，成为中国总体外交的重要组成部分。"[3]

在具体的政党外交领域，学者们也回顾了有关历史经验和教训。

关于中苏政党外交，有学者做了小结：1949—1976年，中苏政党外交经历了一个发展变化的过程。建国初期，中苏政党外交处于友好合作发展期，并逐渐达到友好外交的顶峰；自20世纪50年代末始，中苏两党矛盾逐渐显露，两党外交逐渐陷入曲折与重挫。这种演变的原因是多方面的，主要有意识形态的作用；两国国家利益的差异；苏共的大国主义与大党主义、中苏国内政治的发展等。[4]也有学者具体回顾了共产国际为中国共产党的革命道路

---

[1] 杨扬：《改革开放以来中国共产党政党外交的创新》，载《科学社会主义》，2016年第3期，第73页。

[2] 林立平：《党际交往：探索中国特色政党外交——目前中国共产党已与160多个国家和地区的400多个政党和政治组织保持联系和交往》，载《新华每日电讯》，2007年10月12日第1版。

[3] 赵可金：《政党外交及其运行机制》，载《当代世界》，2010年第11期，第44页。

[4] 杨扬：《论1949-1976年中苏政党外交的演变》，载《求索》，2013年第8期，第67-70页。

新型政党关系与新时代政党外交

提供了思想和路线指导，从财政上和军事上等各方面给中国共产党提供了物质援助。[1] 还有学者针对 20 世纪 50、60 年代之交中苏两党之间由分歧而致的大论战对中国政党外交产生了重大的影响，认识到坚持独立自主，首先要求各国政党一律平等，坚决反对"父子党""领导党"，反对党际交往中的大党主义。认为中苏大论战及两党关系的破裂，根本原因在于苏共长期以"老子党"自居，奉行大国沙文主义政策。因此，独立自主是我们党政党外交及国家外交的基本经验。[2] 因此，有学者总结了中苏政党外交的经验与教训，认为中苏两党关系的亲疏好坏直接决定了中苏两国关系的发展，两党之间的分歧最终导致了两国关系的破裂。实践证明，将政党关系凌驾于国家关系之上不利于国家关系的正常发展。[3] 有学者就此发表意见，认为虽然中国共产党在政党外交过程中发生过一些错误和偏差，在一定程度上忽视了国家利益，影响了党和国家事业的健康发展，但这并非政党外交历史的主流，不能因为这些曲折和失误，而忽视和否定中国共产党政党外交在维护国家利益、民族利益，服务全党和全国工作大局中所发挥的积极作用。[4]

关于中日政党外交，有学者认为，中国共产党与日本民主党的交往比较典型地体现了中国共产党政党外交的宗旨、原则，结合中共与日本民主党交流历史，有助于我们认识政党外交的形式、内容和作用，更有利于我们总结中共作为执政党以来开展政党外交所取得的成就与经验。[5] 有学者分析了中日两国政党外交的背景以及发展过程，论证了政党外交对两国的邦交正常化具有十分重要的作用：政党外交可以为政府之间的正常外交塑造良好的互动环境，政党外交推动两国关系的正常化，政党外交在两国的特殊关系时期发

[1] 杨扬：《论王稼祥对政党外交的贡献》，载《求索》，2017 年第 7 期，第 184 页。
[2] 时新华：《中国共产党政党外交六十年之考察与思考》，载《南京政治学院学报》，2009 年第 6 期，第 74 页。
[3] 彭沛：《中国共产党政党外交的实践及基本经验》，载《南京社会科学》，2011 年第 10 期，第 153 页。
[4] 刘朋：《中国共产党政党外交的历程、经验与展望》，载《新疆社科论坛》，2011 年第 4 期，第 12 页。
[5] 李广民、欧斌：《从与日本民主党的交流看中共政党外交》，载《中共党史研究》，2010 年第 2 期，第 101–106 页。

挥着重要且独特的作用。[1]有学者从中国共产党与日本民主党的交往中梳理了中国共产党政党外交的宗旨、原则,认为结合中共与日本民主党交流历史,有助于我们认识政党外交的形式、内容和作用,更有利于我们总结中共作为执政党60年来开展政党外交所取得的成就与经验。[2]

关于与周边政党开展的友好交往,有学者从总体上分析了周边国家政党政治的状况和特点:首先,社会主义国家的政党制度不尽一致。其次,俄罗斯和蒙古上世纪80年代末90年代初社会制度转型,政党体制也由原来的一党制转向了多党制。第三,在东亚地区,日本韩国都已形成了较为稳定的多党制。第四在东南亚和南亚地区,除不丹实行君主制以外,其他国家均实行不同形式的多党制,但情况迥异。第五,在中亚地区,土库曼斯坦只有一个党,其他各国均实行不同特色的多党制。第六,近年来,我国周边地区政党政治中出现了一个令人瞩目的新情况。这就是各国政党,特别是那些长期执政的党、政治活动经验较为丰富的党,越来越关心地区和国际事务,越来越积极地致力于对外交流与合作,政党多边交往空前活跃。[3]有学者认为,周边政党交往对我国周边总体外交的配合和推动作用日益凸显。其主要表现是:发挥高层交往的独特作用,从战略上把握国家关系发展方向,推动国家关系健康稳定地全面发展;广泛的党际交流与合作,使中国与周边国家的睦邻友好关系得到全面巩固和发展;积极参与周边地区多边政党交往,充分展示我党我国坚持改革开放、谋求和平与发展的良好形象。[4]自新中国成立以来,东南亚国家是中国的重要外交方向,其中政党外交发挥着特殊作用。有学者回顾了毛泽东时期、邓小平时期、后冷战时期中国对东南亚政党外交的历史得失,从中国的特殊政治制度、中共的意识形态和历史条件、东南亚国家特殊

[1] 张文勋:《从中日政党外交谈政党外交的作用》,载《新西部(理论版)》,2015年第18期,第66页。

[2] 李广民、欧斌:《从与日本民主党的交流看中共政党外交》,载《中共党史研究》,2010年第2期,第101-106页。

[3] 于洪君:《中国的睦邻友好外交与中国共产党的周边政党交往》,载《红旗文稿》,2005年第16期,第34-35页。

[4] 于洪君:《中国的睦邻友好外交与中国共产党的周边政党交往》,载《红旗文稿》,2005年第16期,第35-36页。

新型政党关系与新时代政党外交

政党政治生态、中国和东南亚国家的复杂关系等方面分析了中国开展对东南亚国家政党外交的基本政治条件，并从政治观念与国家利益、政党外交与政府外交、制度化途径与领袖魅力等三组平衡关系出发对中国同东南亚的政党外交提出政策建议。[1] 有学者讨论了冷战后中国共产党对印度的政党外交的特点、问题与建议，认为取得了一定成绩，但其中也存在缺憾，提出以下建议：一是在战略思想上，提升对印政党外交整体战略的认知，并树立短、中、长期的政策目标；二是在政党双边交流机制建设上，以加强与印人民党的交往力度为突破口，推动中印政党高层次双边交流机制的建立；三是在推动与邦级政党的交流方面，通过已有的中印友好省邦与城市网络，以打造西部地区省份与印度重要邦级政党的对接为重点，在"一带一路"倡议与"西部大开发"战略的引领下推动西部地区与印邦级政党所在邦的政治、经济与文化合作；四是利用地区多边政党组织和国际政党组织的平台，推动中印政党在地区与全球治理层面上的交流与合作，进而带动中印总体外交的发展。[2]

关于拉美非建交国的政党外交，有学者指出，当代中国与拉美非建交国的政党外交起步于 20 世纪 70 年代末，经过 80 年代的探索，90 年代双方的交往遽然增加，真正形成了全方位、多领域的格局，2000 年以后随着国外局势的重大变化，对拉美非建交国的政党外交进入了一个新的时期。30 多年的政党外交对处理好台湾问题、发展与拉美非建交国国家关系奠定了坚实的基础，发挥了重大作用。[3] 关于对非洲的政党外交，有学者叙述了中国共产党与尼日尔"全国发展社会运动——纳萨拉"党（简称发展运动党）、塞内加尔民主党、刚果（金）重建与民主人民党（简称人民党）于 2007 年 9 月 3—19 日的

---

[1] 贾德忠：《中国对东南亚国家政党外交：历史得失与政策启示》，载《国际论坛》，2015年第 3 期，第 44–49+80 页。

[2] 王娟娟：《冷战后中国共产党对印度政党外交的特点、问题及建议》，载《南亚研究季刊》，2017 年第 1 期，第 33–42 页。

[3] 余科杰：《论当代中国对拉美非建交国政党外交的历史发展和基本特征》，载《当代世界与社会主义》，2013 年第 6 期，第 115–121 页。

外交活动。[1]有学者还分析了政党外交在搭建中非农业合作中的作用。[2]

（四）经验概括

学者们对中国共产党的对外交往和政党外交的基本经验作了概括总结，有学者从宏观方面讨论，认为其中包括：坚持把马克思主义党际关系理论与党和国家的具体实际以及时代特征相结合，用中国特色的党际关系理论和政党外交思想指导实践；区分党际关系与国家关系，使党际关系服从和服务于国家关系，以国家利益作为党际交往的最高准则；既坚持党际关系四项原则，也坚持国家关系中的和平共处五项原则；超越、淡化意识形态，并不是放弃意识形态追求，而是为了更好地实现意识形态利益；坚持韬光养晦，有所作为；坚持原则的坚定性和策略的灵活性相结合。[3]有些学者在政党外交的具体方面进行讨论，认为政党外交要以国家利益为最高准则，要遵循党际关系四项原则，适时调整政党外交政策，妥善处理意识形态和社会制度的差别，维护国家和民族利益，服务全党全国工作大局，理顺政党外交与政府外交的关系，为党的自身建设提供智力支持，维护执政安全，要切实为"现实需要"服务。[4][5][6][7]有学者还梳理了其中的逻辑关系，认为审时度势及时调整政党外交的战略是中共政党外交的重要经验，理论创新是中共政党外交保持活力的源泉，独立自主是中共政党外交的基本经验；正确对待政党之间的意识形态差异是政党外交顺利开展的根本保证；中共政党外交的根本目的在于维护

---

[1] 岳阳花：《对非洲政党外交大有可为——中联部副部长李进军率中共友好代表团访问非洲三国》，载《当代世界》，2007年第10期，第12-13页。

[2] 何晨青：《政党外交搭建中非农业合作之桥——中非农业合作论坛侧记》，载《当代世界》，2010年第9期，第20-22页。

[3] 余科杰：《论中国共产党政党外交的基本经验》，载《中国特色社会主义研究》，2011年第3期，第33-37页。

[4] 宫玉涛：《中国共产党政党外交90年：成就与经验》，载《云南财经大学学报（社会科学版）》，2012年第4期，第7-8页。

[5] 刘朋：《中国共产党政党外交的历程、经验与展》，载《新疆社科论坛》，2011年第4期，第9-13页。

[6] 刘朋：《中国共产党政党外交的基本经验》，载《中国社会科学报》，2014年6月25日第B03版。

[7] 彭沛：《中国共产党政党外交的实践及基本经验》，载《南京社会科学》，2011年第10期，第150-156页。

新型政党关系与新时代政党外交

国家利益。[1]

　　中国共产党政党外交是一个不断创新和发展的过程。有学者还对改革开放以来的政党外交在理论和实践层面的创新进行概括，认为中国共产党政党外交的理论创新主要在于：超越意识形态的差异，谋求相互了解与合作；政党外交原则的理论发展；对政党外交与政府外交进行区分，并对政党外交进行合理定位。中国共产党在政党外交的实践中，其创新之处体现在：外交对象的广泛性；外交内容的丰富性。中国共产党政党外交的理论创新与实践创新相互交织，相得益彰，共同推动政党外交事业的蓬勃发展。[2]学者们在回顾中国共产党政党外交的主要成就时，有学者从四方面进行了概括：第一，政党外交在新民主主义革命的胜利过程中发挥了重要作用。第二，政党外交为社会主义建设和改革取得一系列成就做出了重要贡献。第三，政党外交提升了国家的软实力。第四，政党外交为维护和促进地区乃至世界和平与发展创造了条件。[3]

　　随着中国共产党政党外交的发展，其交往内容继续深化，既有参观考察，也有理论研讨；既有政治对话，也有经济文化交流；既商谈促进国家关系发展的新途径，也探讨加强各自党的建设的新方法；既交流治国理政、兴邦立国之策，也研讨国际和地区问题的解决之道。交往平台更趋多元，不仅与各国主要政党交往，还积极参与外国政党的党代会、党报节等多边活动，多次主办政党国际会议。我党于2004年主办的第三届亚洲政党国际会议有多达80多个政党参加，搭建了与周边国家政党交流与合作的新平台。据统计，2002年到2007年有1200多个外国政党代表团来华访问，我党600多个代表团应邀出访，党际交往空前活跃。[4]

[1] 时新华：《中国共产党政党外交的历史经验》，载《山东社会科学》，2015年第2期，第181-185页。

[2] 杨扬：《改革开放以来中国共产党政党外交的创新》，载《科学社会主义》，2016年第3期，第69-75页。

[3] 宫玉涛：《中国共产党政党外交90年：成就与经验》，载《云南财经大学学报（社会科学版）》，2012年第4期，第6-7页。

[4] 林立平：《党际交往：探索中国特色政党外交——目前中国共产党已与160多个国家和地区的400多个政党和政治组织保持联系和交往》，载《新华每日电讯》，2007年10月12日，第1版。

五、前瞻性研究

(一)以习近平新时代中国特色社会主义思想为指导

十八大以来,中国特色政党外交在实践方面表现出许多新气象、新变化,对国内国际都产生了深远的积极影响,学者们对此进行了研究。

习近平同志在纪念党的对外工作90年暨中联部建部60周年大会上的讲话指出,党的对外工作"必须遵循独立自主、完全平等、互相尊重、互不干涉内部事务的党际关系四项原则,诚心诚意同各国政党发展有利于促进国家关系和人民友谊的党际关系,推动同各国友好关系的发展"。习近平同志强调政党外交原则要服务于党际关系与国际关系,以党的关系推动国家关系的发展。[1]2015年3月28日,《推动共建丝绸之路经济带和21世纪海上丝绸之路的愿景与行动》发布,强调要"充分发挥政党、议会交往的桥梁作用,加强沿线国家之间立法机构、主要党派和政治组织的友好往来"。学者们对此展开了研究,有学者认为,"一带一路"战略对中国共产党政党外交发挥交流沟通、协调各方、整合资源的作用提出了新的挑战。"一带一路"战略下中国共产党政党外交表现出三个方面的新趋势:密切政党交往,推进沿线国家政党互信和政治互信;以政党交流为切口,增强沿线国家经贸合作;创新政党合作方式,促进沿线国家民心相通。中国共产党政党外交要不断适应新情况新要求,更加积极主动,为"一带一路"战略创造良好的外部环境。[2]有学者认为,"一带一路"战略的提出,为中国的政党外交提供了新的舞台和空间。政党外交可以通过参与政府外交、跨国政党双边交流以及多边政党合作等机制,来整合各方资源,协调各方意愿,从而铸就共识,形成合力行动,实现对"一带一路"战略的宏观引导作用。当然,政党外交在助力"一带一路"战略的具体实践中,应遵循党际关系"四项原则",超越意识形态的藩篱;应以"中国梦"和"丝路梦"的相通共赢,创造良好政治生态;应因地制

---

[1] 杨扬:《改革开放以来中国共产党政党外交的创新》,载《科学社会主义》,2016年第3期,第72页。

[2] 王常启:《"一带一路"战略下中国共产党政党外交新趋势》,载《上海党史与党建》,2015年第9期,第36-39页。

宜、慎重应对，处理好各种复杂关系；还应汇聚力量，充分发挥民主党派的襄助作用。[1]还有学者预测"一带一路"战略背景下的中国共产党政党外交将呈现以下发展趋势：一是政党外交有重点和阶段性开展。二是政党外交进一步淡化和超越意识形态。三是政党外交的主体拓展与客体延伸。[2]2017年11月30日至12月3日，中国共产党与世界政党高层对话会在北京举行，来自120多个国家的近300位政党和政治组织的领导人参加会议。中共中央总书记、国家主席习近平发表了题为"携手建设更加美好的世界"的主旨讲话。有学者指出，这是十九大后中国举行的首次重大多边外交活动，是习近平新时代中国特色社会主义思想在世界层面、政党领域、对外舞台的第一次集中展示。[3]

（二）总结现有理论成果

理论研究成果丰富到一定程度，就自然会促进反思与前瞻性的研究。学者们不断对先行研究进行总结，有学者还做出一些预测。有学者指出："进入新世纪以来，国内学界对政党外交研究不断升温。纵观这些研究成果，在政党理论一般方面对政党外交内涵、作用、功能等进行了程度不同的探讨。在政党理论特殊方面，则对中国共产党政党外交的历史进程进行了梳理，并在宏观上初步构建了中国新时期政党外交的基本理论框架，为学界进一步研究奠定了基础。而政党外交微观方面的研究则有待加强。……继续加强政党外交理论一般研究，着重加强中国共产党政党外交研究，特别是从微观上对政党外交理论进行进一步建构，从对中国共产党政党外交历史过程研究中把握其过去、现状与未来；从多种影响变量中找到政党外交战略的主要影响变量，从变量互动中发现贯穿始终的线索，进而对中国共产党在各个时期政党外交的战略及其调整与各种影响变量的互动关系有一个清楚把握；从对经验

---

[1] 陈心香、林怀艺：《政党外交在"一带一路"战略中的作用及其实现》，载《学习与探索》，2016年第9期，第64-69页。

[2] 赵和平、卢红飚：《背景、作用与展望：论中国共产党政党外交》，载《长春理工大学学报（社会科学版）》，2017年第3期，第24页。

[3] 郭锐、王彩霞：《新时代中国特色政党外交的战略诉求与发展思路》，载《探索》，2018年第3期，第35页。

教训的反思中、从对变量的考察中预测政党外交未来发展趋势。[1]这种观点比较全面地在整体上对相关研究从一般到特殊、从宏观到微观、从历史到现状与未来进行了总的反思，并提出要在微观方面进行研究的思路。

（三）政党外交的未来走向

在政党外交实践方面，有学者也提出了一些前瞻性的意见，如，有学者认为，中国共产党政党外交的未来走向主要表现在以下几个方面：政党外交的方式越来越多样化，表现出更强的灵活性；政党外交的内容和议题从宏观层面转向微观层面，更加突出"中国理念"的重要性；中国共产党将和越来越多的国外政党建立外交关系，不断拓展政党外交的数量，同时提升政党外交的质量；中国共产党政党外交将与政府外交密切配合，做好"排头兵"，推进总体外交的发展。[2]有学者主张：要着重加强政党间战略思维的交流与沟通；加强同总体外交其他形式的配合；提高政党外交的质量，降低外交成本；加强同政党国际组织以及未建立联系重要政党的交往。[3]具体到周边国家政党交往领域，有学者主张要不断提高其质量和水平：继续加大同周边国家政党高层交往的力度；要把周边政党交往当作全党的事业来办；把周边政党交往与国家总体外交特别是周边外交紧密结合起来；继续探索周边政党交往的新思路和新形式。[4]有学者主张：平衡政治观念和国家利益的关系，通过政党外交引领公共外交，为"义利兼顾"的新外交打开局面；平衡政党外交和政府外交的关系，彰显特色、错位发展，从渠道、内容和价值三个层面对政府外交提供有益补充；努力做到制度化的外交途径和政党领袖的个人魅力的结合。[5]这些见解都比较宏观，有些甚至也非常具有实践价值，但要

[1] 时新华：《浅议中国共产党政党外交研究的几个理论问题》，载《天府新论》，2010年第3期，第20页。
[2] 杨扬：《21世纪中国共产党政党外交的三重维度》，载《当代世界与社会主义》，2018年第1期，第177-178页。
[3] 林立平：《党际交往：探索中国特色政党外交——目前中国共产党已与160多个国家和地区的400多个政党和政治组织保持联系和交往》，载《新华每日电讯》，2007年10月12日，第1版。
[4] 于洪君：《中国的睦邻友好外交与中国共产党的周边政党交往》，载《红旗文稿》，2005年第16期，第36页。
[5] 贾德忠：《中国对东南亚国家政党外交：历史得失与政策启示》，载《国际论坛》，2015年第3期，第48-49页。

在实践中落到实处，还需要在微观方面进行细节上的研究，多问几个"怎么做"？在此基础上，结合实际情况进行富有成效的理论建构。

（四）推进现有研究的深入

考察政党外交理论现有的研究成果，学者们也发表了不少看法，其中不乏有建设性意见，可以推进更为深入的思考和研究。如，有学者指出：在研究的内容上，要加强政党外交研究的广度和深度。就现有的成果看，政党外交的研究面较广，涉及的问题也较多，但多是作宏观研究，研究的深度不够。因此，政党外交应加强微观领域和基础理论方面的研究；在研究方法和研究视角上，应摆脱目前研究中存在的方法和视角单一性的问题，应扩大政党外交研究的学科视角，提高跨学科研究的能力；政党外交的相关档案资料有待进一步开放、整理、出版。[1] 也有学者指出，多年来，有关学术机构和职能机关对发展中国的国际政治和国际关系理论做出了不懈的努力和积极贡献，但中国特色的国际政治和国际关系理论体系的建立尚需继续不断努力。其中一种倾向就是"食洋不化"，把西方理论介绍和引进过来是完全必要的，但不能照搬。因此建立马克思主义的有中国特色的国际政治和国际关系理论体系任重道远，政党外交的理论研究要为此做出贡献。[2] 这确实是一种洞见，针对国际政治和国际关系实践中的具体问题，西方学者当然从其角度可以进行属于西方学术传统的研究，中国学者也完全可以借鉴他们的研究成果和方法。但必须认识到，对于这些问题，尤其是在政党外交领域提出的问题，决不能完全套用西方学术研究范式，因为，政党外交具有鲜明的"中国特色"，从这种特殊性知识中探索普遍性知识，发挥中国学术传统的独到优势，恰恰能为推进和丰富国际政治与国际关系理论的研究起到提纲挈领的作用，要充分用好这个"抓手"，抓住这个先机和优势，运用习近平新时代中国特色社会主义思想对政党外交进行深入研究。

---

[1] 刘朋：《政党外交研究述评》，载《哈尔滨工业大学学报（社会科学版）》，2011年第6期，第78页。

[2] 吴兴唐：《探索中国政党外交的新发展》，载《当代世界》，2013年第1期，第16页。

形势篇

论新时代政党外交与中国特色大国外交的联动性

扬扬 [1]

政党外交是中国特色的政治概念，严格意义上讲，起源于 1951 年中共中央对外联络部的成立，用来处理无产阶级政党之间的相互关系。外交涉及三个层面的内涵，即政府的、民间的和政党的三个层次。全球化的发展，使外交的主体和空间等进一步扩大，政党外交便成为国际社会高度关注的一种政治现象。近年来，中国共产党在全球范围内大力开展与外国政党的外交活动，政党外交日益兴盛，推动了中国特色大国外交的发展。政党外交积极与中国特色大国外交相互联动，相互影响，共促发展，相得益彰。

一、以政党外交推动中国特色大国外交的发展

[1] 扬扬，西南大学政治与公共管理学院副教授，美国伊利诺伊大学香槟分校访问学者。主要研究方向为国际政治学、科学社会主义理论与实践等。代表作有《21 世纪中国共产党政党外交的三重维度》《中共与欧洲共产党情报局的政党外交》等。

新型政党关系与新时代政党外交

新世纪以来，政党外交日益受到高度重视，逐步展现了自身的活力。戴秉国在纪念中共中央对外联络部成立 50 周年之际在《求是》上发文《发挥政党外交优势 服务全党全国工作大局》，使政党外交逐渐成为国际社会关注的热门词汇，中共中央对外联络部也真正走入国际社会的视野，如美国学者沈大伟的《中国的寂静外交：中共中央对外联络部》分析了中联部的角色和发展演变过程等。学界对政党外交的分析近年来日益增多，理论框架日益完善，理论深度日益深化，凸显了政党外交在我国总体外交中的重要性。

政党外交是中国特色大国外交的重要组成部分，政党外交的具体实践推动了中国特色大国外交的发展，真正向世界展示了"中国特色"。中国共产党不仅积极开展双边政党外交活动，与世界范围内的亚非拉欧美等地区的政党建立了广泛的联系；并直接组织和参与多边政党外交活动，诸如主办亚洲政党国际会议、中国共产党与世界政党高层对话会等具有全球性影响力的外交活动，充分体现了中国特色大国外交的吸引力，获得了国际社会的高度赞誉和称道。政党外交作为党的重要战线，需要发挥党的优势，加强政治引领；作为国家总体外交的重要组成部分，需要发挥自身特色优势，服务国家发展，维护国家利益，更好地服务于中国特色大国外交的发展。

中国特色大国外交的独特之处，就是要区别于传统大国兴起的不同道路，强调和平发展，超越权力政治的所谓永恒法则。要摆脱"修昔底德陷阱"，中国外交从本质上要强调与世界的共同利益，不仅要关注自身国家利益的发展，也要重视与其他国家的共同利益，重视世界的整体性利益，以通过合作共赢来超越大国崛起的困境。简而言之，中国特色大国外交的总体战略就是和平发展、合作共赢。习近平强调，党的十八大以来，我们深刻把握新时代中国和世界发展大势，在对外工作上进行一系列重大理论和实践创新，形成了新时代中国特色社会主义外交思想，其中重要的一条即是坚持以相互尊重、合作共赢为基础走和平发展道路。[1] "以求同存异、相互尊重、互学互鉴"为核心的新型政党关系，亦是强调以相互尊重、合作共赢为基础

[1] 习近平：《坚持以新时代中国特色社会主义外交思想为指导 努力开创中国特色大国外交新局面》，载《人民日报》，2018 年 6 月 23 日，第 1 版。

的和平发展道路。从这个意义上说，政党外交与中国特色大国外交具有共同性和一致性。中国共产党政党外交的发展，即立足于中国特色大国外交的特色，把和平发展作为政党外交的战略指向，以合作共赢作为发展政党外交的方式和路径。中国共产党发展与世界各国政党的外交联系，都是强调和平发展，始终保持中国特色大国外交的战略基调。中国共产党通过与外部政党的交流、沟通和协商，寻求彼此共同利益，加强在不同领域的合作，以求共赢和多赢的发展态势。2018 年 7 月，中国共产党与世界政党高层对话会非洲专题会，是落实中国共产党与世界政党高层对话会机制化倡议的重要举措，也是高层对话会首次走出国门。从北京到非洲，会议主题从构建人类命运共同体、改革开放，再到探索适合各国国情的自主发展道路，中国道路、中国理念正在国际上得到越来越多的理解和认同。构建人类命运共同体的美好愿景，正在凝聚越发强大的政党力量。[1] 这次专题会，将进一步加强中非和平发展、互利共赢的合作之路。面对分歧和矛盾，中国共产党总是以和平和友善的姿态，强调尊重彼此的社会制度和具体国情等，加强彼此协调，最终解决分歧。当中日关系因 2010 年撞船事件遭遇挫折后，中国共产党与日本各方政党多次沟通协商，最终把陷入低潮的中日国家关系拉回到正常的轨道。政党外交始终强调合作共赢、走和平发展之路，这是以中国特色大国外交为先导，更好地服务于中国特色大国外交的发展，实现中华民族伟大复兴的中国梦。

中国特色大国外交具有开放性、平等性、务实性等鲜明特色，政党外交深刻反映和体现了中国特色大国外交的特点。中国共产党发展与世界各类政党的外交联系，既有无产阶级政党，又有资产阶级政党、民族主义政党等；既有左翼政党、中左政党，也有右翼政党；改革开放以来，中国共产党政党外交的对象从"各国共产党和其他工人阶级政党"走向"一切愿与我党交往的政党"，直至党的十六大把政治组织也纳入其中，深刻体现了政党外交的开放性和包容性。政党外交强调"完全平等"，各党无论大小强弱、建立时

---

[1] 宦翔：《共同探讨走符合国情的发展道路》，载《人民日报》，2018 年 7 月 19 日，第 21 版。

间长短、执政与否，都有自己的地位与尊严，中国共产党都是平等对待之；各国政党之间，不存在"老子党""父子党"，决不能发号施令，把自己的观点强加于其他政党。政党外交的平等性，从根本上体现了中国特色大国外交的"平等性"，在本质上与中国特色大国外交具有相通性和共融性。政党外交不仅体现在它的政治性发展，也是立足于国内经济建设，推动中国特色社会主义现代化建设的发展，反映了中国特色大国外交的务实性。政党外交为经济建设牵线搭桥，为中国企业走出去创造条件，营造良好的经济环境。中共中央对外联络部为地方省市的经济发展搭建与外部世界沟通的桥梁，为企业提供良好的运营和投资环境，促进我国经济建设的发展。政党外交的"经济"内容，更好地体现了中国特色大国外交的务实性，把发展作为第一要务，为中华民族的伟大复兴铺设道路，打下基础，创造条件。政党外交的发展，其直接目标是为我国外交战略服务，为中国特色大国外交服务，政党外交的"中国特色"与中国特色大国外交具有连通性和一致性，其价值目标都是立足于和服务于中华民族的伟大复兴，实现中国梦。

十八大以来，中国特色大国外交取得了丰硕的成果，中国与周边国家关系、与大国关系、与发展中国家的关系正处于上升的发展势头。习近平总书记提出了构建人类命运共同体的宏伟蓝图，我们以周边和大国为重点，以发展中国家为基础，以多边为舞台，以深化务实合作、加强政治互信、夯实社会基础、完善机制建设为渠道，全面发展同各国的友好合作，我国全方位、宽领域、多层次对外交往格局更加丰富完整，我们的"朋友圈"覆盖全球。[1]中国特色大国外交确立了以"一带一路"建设为统领的对外开放新格局，成功召开各种国际合作会议，在国际社会引起了很大的反响，提升了新时代中国在国际社会的威望，树立了良好的国际形象。新时代中国特色大国外交在国际社会具有深远影响力，真正从"韬光养晦"走向"有所作为"，甚至是"积极有所作为"。政党外交通过做外国政党政要的工作，来赢取对我国外交工作的支持，主要通过沟通交流的方式做基础性工作，为中国特色大国外交贡

[1] 杨洁篪：《深入学习贯彻习近平总书记外交思想 不断谱写中国特色大国外交新篇章》，载《求是》，2017 年第 14 期。

献自身的力量。政党外交还存在更广阔的发展空间，这主要是由于政党在政治生活中的地位和作用决定的，也是因为外交的自由空间进一步增大。中共中央对外联络部的政党外交需要把"寂静外交"更好地转化为"活跃外交"，更好地提升政党外交的影响力，更好地服务于中国特色大国外交的发展。政党外交要敢于创新，尤其是政党外交的方式需要与时代发展紧密结合，更高质量地成为中国特色大国外交的重要支撑力量。

二、中国共产党领导的政党外交与中国特色大国外交

政党外交作为党的一条重要战线，需要在中国共产党的领导下，努力争取国际社会对我党的理念和主张的理解和支持；作为国家总体外交的重要组成部分，必须坚持党的领导，积极通过政党交往增进国家与国家、人民与人民之间的了解和友谊。中国特色大国外交是中国特色社会主义事业的重要组成部分，必须坚持中国共产党的领导。

政党外交是我们党的一条重要战线，也是国家总体外交的重要组成部分。政党外交始终与党的事业、与党和国家的中心任务紧密联系在一起，把维护党的执政地位和国家政权安全作为首要的政治任务。政党外交是中国共产党与国外政党的交流与合作，以促进双边关系和解决国际事务为目标，服务于党的事业，维护党的执政地位，巩固中国共产党在我国社会主义现代化建设事业中的核心领导地位，确保党的执政地位和国家政权长治久安。中国特色大国外交是中国共产党领导的中国特色社会主义的外交事业，服务于党的事业，服务于我国社会主义现代化建设，立足于巩固党的执政地位，确保国家政权的稳定性。政党外交与中国特色大国外交在方向目标上具有一致性，都是与党的事业和任务具有相通性、为国家的中心任务服务的战略支撑。

从党的对外工作的渠道来看，政党外交交往广、程度深。中国共产党政党外交的对象遍及亚洲、非洲、欧洲、美洲、大洋洲等地区的各类政党与政党组织，与世界上160多个国家和地区、600多个政党和政治组织保持着联系，形成了全方位、多层次、宽领域的政党外交新格局。中国共产党通过双

边对话、多边会谈等多种机制发展政党外交，形成了中国特色的政党外交新路径。通过理论研讨会、干部考察团、各种电文等方式和渠道，中国共产党与外部世界其他政党深化彼此关系，拓展探讨问题的深度，加强对世界和平与发展诸类问题的交流合作，推动中国共产党政党外交的发展。中国特色大国外交具有外交对象的广泛性，与周边国家、发达资本主义国家、发展中国家、社会主义国家等建立了广泛的外交联系，同时，深化外交议程，加强问题探讨，推动世界和平与发展。从党的对外工作渠道来看，中国共产党政党外交与中国特色大国外交紧密相连，二者都具有外交对象的广泛性和外交议程的深度性。

从党的对外工作的优势来看，中国共产党政党外交发挥政治引领作用，依靠自身的人脉优势、理论思维优势、深度战略思考优势等，推动中国特色大国外交的发展。中国共产党充分发挥方向引领、理念引领和认知引领的功能，面对人类向何处去、世界往哪里走的重大历史命题，中国共产党提出了人类命运共同体的战略理念，加强了方向引领；中国共产党将全球治理和"一带一路"作为理念引领的重点，充分发挥政党外交的作用；中国共产党通过政党外交工作，增进世界对我党和中国的了解、尊重和认同。中国共产党充分发挥做"人"的工作这一优势，推进中国共产党与世界各类政党的友谊与合作。中国特色政党外交也是充分发挥党各方面的优势，全面推动中国总体外交的发展。中国特色大国外交借助于政党外交的优势，并把政党外交作为重要推动力，来实现自身的全面发展。中国特色大国外交是基于政党外交基础上的各种力量的综合，形成中国特色社会主义外交的重要合力，全面推进中国特色社会主义外交事业。

政党外交具有高度的灵活性，这是一个至关重要的优势。中国共产党充分利用政党外交的灵活性，推动中国特色大国外交的发展。中国共产党非常重视政党外交的作用，积极发展党际关系来促进中国特色大国外交的发展。这主要表现为：（1）与未建交国先发展党际关系，以党际关系推动政府外交关系的建立，促进国际关系的发展。中国共产党同哥斯达黎加外交关系的建立，离不开政党外交的作用，也正是因为有中国共产党与哥斯达黎加"改革

2000"多党联盟、哥斯达黎加民族解放党的交往起了诸多铺垫作用，最终促成了 2007 年 6 月 1 日两国外交关系的建立。(2) 与未建交国发展党际关系，为推动国家外交关系的建立做准备，促进国际关系的发展。虽然没有建立国家间的外交关系，但中国共产党发展党际关系，为国际关系的发展做更多的积淀和准备工作。中国共产党与洪都拉斯主要政党建立了联系，积极发展政党间关系。我党与洪都拉斯改革党、自由党和国民党都保持着广泛联系。
（3）与断交的国家发展党际关系，推动国家外交关系的恢复，促进国际关系的发展。1989 年，中国与格林纳达中止外交关系，进入 21 世纪，中国共产党积极发展与格林纳达统一工人党和民族民主大会党的关系。中国共产党积极发展与格林纳达主要政党的关系，推动了中格双边关系的发展，双方于 2005 年 1 月正式恢复外交关系。（4）当国家间关系出现倒退时，通过发展党际关系，把倒退的国家关系又拉回到正常的轨道上来。国家关系的发展并非一帆风顺的，可能在某个特定历史时期受特定事件的影响而陷入低谷，当政府外交表现得比较脆弱时，政党外交的重要性就会凸显，通过做政党领导人的工作，把国家关系的大局摆在突出位置，从而推动国家关系的恢复与发展。
（5）国家间有正常的外交关系，但由于某些因素的制约，两国关系的发展更多的是通过政党外交来推动的，中朝关系便属于这类情况。

中国共产党是中国特色大国外交的领导者、布局者和规划者。十八大以来，在以习近平同志为核心的党中央领导下，我国外交工作走出了一条中国特色大国外交新路，取得了历史性成就。坚持强化党中央在外事外交工作的核心领导地位是开创中国特色大国外交新格局的根本保证。做好新形势下外事工作，中央外事工作委员会要发挥决策议事协调作用，推动外交理论和实践创新，为外事工作不断开创新局面提供有力指导。要强化顶层设计和统筹协调，提高把方向、谋大局、定政策能力，推进对外工作体制机制改革，加强外事工作队伍建设，抓好重点工作的推进、检查、督办，确保党中央决策部署落到实处。[1] 必须全面加强党的集中统一领导，改革和完善中国外交工

---

[1]《加强党中央对外事工作的集中统一领导 努力开创中国特色大国外交新局面》，载《人民日报》，2018 年 5 月 16 日，第 1 版。

作机制，充分发挥中国特色大国外交的制度优势，统筹协调中央和地方两种资源，深化我国外交战略布局，为实现"两个一百年"和中华民族伟大复兴的中国梦服务，这是新时代中国特色大国外交工作的根本出发点和落脚点。

中国共产党是政党外交的领导者和直接参与者。中国共产党是政党外交的主体，领导并参与政党外交的具体实践，中共中央对外联络部作为党中央的职能部门，直接领导、组织和参加政党外交的实践。在政党外交中，中国共产党是伙伴关系的推动者、世界和平的建设者，是全球发展的促进者、文明互鉴的践行者、生态环境的守护者。

中国共产党在处理中国特色大国外交与政党外交的角色和作用具有差异性，决定了中国特色大国外交与政党外交的联系与区别。要坚持中国共产党的核心领导地位，强化中国共产党的集中统一领导，推动中国特色大国外交和政党外交的协同发展。

三、政党外交以不同路径支撑中国特色大国外交发展

十八大以来，政党外交凸显了自身发展优势，使中国共产党在国际社会的国际地位和形象极大提升，中国共产党的国际影响力与日俱增，中国共产党政党外交成为国际社会的一面旗帜和航标，发挥着重要的政治引领作用，推动中国特色大国外交向前发展。2017 年 12 月召开的中国共产党与世界政党高层对话会，中国共产党提出了构建新型政党关系，使政党外交进入了一个新的境界。新时代，政党外交以不同路径和方式支撑中国特色大国外交向前发展，并使之不断迈上新台阶。政党外交的发展，是立足于构建人类命运共同体的目标，服务于中华民族的伟大复兴。政党外交主要通过以下几种路径支撑和推动中国特色大国外交的发展。

第一，以政党外交推动新型国际关系的发展。发展政党外交，推动建设相互尊重、公平正义、合作共赢的新型国际关系是构建人类命运共同体、建设美好世界的必然要求。求同存异、相互尊重、互学互鉴的新型政党关系立足于探索新型国际关系，把"新型政党关系"和"新型国际关系"联系起来，

把政党关系作为国际关系的有机组成部分，把建立新型政党关系作为促进带动新型国际关系的重要途径。[1]世界是多样化与多元化的整体，自然万物要和谐相处，需要求同存异。求同存异是新型政党关系的重要内容，不同政党具有不同党情和国情，因此需要各政党相互尊重，不能把自己的发展道路、制度模式强加于人。互学互鉴更侧重于文化文明层面的内容，正如习近平总书记指出："文明相处需要和而不同的精神。文明之间要对话，不要排斥；要交流，不要取代。人类历史就是一幅不同文明相互交流、互鉴、融合的宏伟画卷。"[2]求同存异、相互尊重、互学互鉴三个方面的内涵共同形成了新型政党关系的核心内容，与"相互尊重、公平正义、合作共赢"的新型国际关系具有相通性。新型国际关系是中国特色大国外交的重要内容与目标，通过新型政党关系支撑的新型国际关系来推动中国特色大国外交的发展，是中国外交的重要活力和支柱。同时，构建人类命运共同体是各国各类政党回应人民愿望、引领前进方向的最大公约数，是世界政党开展合作、携手努力的利益契合点，这与构建新型国际关系、开展中国特色大国外交的战略目标是一致的。中国共产党需要在新型政党关系指导下，加强与各国政党的协调与合作，需要与世界各国加强友好往来建立新型国际关系，以争取更广泛的国际尊重、理解和支持，为构建人类命运共同体赢得越来越多的理解者和同行者。

第二，政党外交助力"一带一路"倡议，推动中国特色大国外交的发展。政党外交是"一带一路"倡议的重要推动力，"一带一路"是构建人类命运共同体的重要举措，为人类命运共同体的建设奠定坚实基础。中国共产党在与国外政党交流中，推进"一带一路"建设，是为人类命运共同体铺砖添瓦的过程。正是融"交流沟通、协调各方、整合资源"三维于一体，政党外交才能在"一带一路"倡议中发挥"铸就共识、合力行动、互补共赢"等宏观

[1] 余科杰：《建立新型政党关系：新时代政党外交新境界》，载《光明日报》，2018年1月16日，第6版。
[2] 习近平：《携手构建合作共赢新伙伴 同心打造人类命运共同体》，载《人民日报》，2015年9月29日，第2版。

引导作用。[1] 政党外交能推动"一带一路"倡议中各利益攸关方相互协商，解决分歧，共同行动，共促发展。"一带一路"沿线国家的国情各不相同，如何整合各国的资源，化解矛盾和分歧，政党外交大有作为。中国共产党通过与沿线国家政党的交流与协商，一方面充分发挥各国的资源优势，尽可能使各国资源发挥最大效用；另一方面，加强各国资源优势互补，解决资源短缺现象，为"一带一路"建设提供良好的资源条件，这是中国共产党在党际交流中充分利用国际社会各种资源来推进国际合作的结果。中国共产党在国际舞台上与他国政党交流合作，协商沟通，其实质就是推动国家之间友好关系的发展，为加强各国的紧密联系创造条件，真正形成人类命运共同体的有效机制。人类命运共同体的重要内核是以合作共赢来推动国际社会各行为主体的协调发展，而政党外交正是基于合作共赢来推动人类命运共同体的有机实践。政党外交推动"一带一路"建设的发展，"一带一路"建设成为中国特色大国外交的重要表现形式和载体，政党外交则成为中国特色大国外交的重要支柱和推动力，为构建人类命运共同体作出重要贡献。

　　第三，政党外交以全球治理为主要内容推动中国特色大国外交的发展。全球性问题的善治，则是实现人类命运共同体的重要条件。政党外交通过推进全球治理，解决各种全球性问题来促进人类命运共同体的实践发展。全球治理的发展，离不开政党外交的功能。中国共产党政党外交，是一种治理外交，就是通过与他国政党的沟通合作，参与全球治理，解决各类全球性问题。政党是全球治理的主要行为体，通过党际交流与互动来解决世界各领域的矛盾。政党外交将为全球经济治理贡献智慧，诸如中国共产党与非洲国家主要政党就扶贫问题协商合作，推动贫困治理，加强政党协调，贡献中国共产党在治理贫困问题上的有效方案。2016 年中国共产党与世界对话会，充分展示了政党作为全球经济治理的方向引领者、力量培育者和进程推动者的重要作用。只有对全球性问题进行有效治理，达到真正意义上的善治，人类命运共同体才能朝现实迈进。吉尔吉斯斯坦社会民主党领导人内巴依·图尔松

---

[1] 陈心香、林怀艺：《政党外交在"一带一路"战略中的作用及其实现》，载《学习与探索》，2016 年第 9 期，第 66 页。

别科夫指出："对话会使我们有机会就世界经济发展和探讨全球经济治理的创新途径开展积极的讨论，以应对当前世界经济中的困难。解决世界经济难题，一个非常有效的途径就是，开展经济结构的创新与改革，提高经济的活跃度。"[1]作为世界上最大的执政党，中国共产党积极推进全球经济治理，"一带一路"倡议和亚洲基础设施投资银行等是中国为世界提供的国际公共产品，致力于通过有效供给来催生新的需求，推动全球经济再平衡，为人类命运共同体的实践发展创造物质条件。善治是人类命运共同体的实践基础，只有整个地球村逐步解决了各种问题和矛盾，人类命运共同体才能在实践上获得前进的动力，因此，政党外交是人类命运共同体的实践源泉，是推动和完善中国特色大国外交的重要力量。中国特色大国外交必须发挥政党外交的重要作用，进一步完善和发展中国共产党政党外交机制，为我国总体外交的发展提供重要力量源泉。

---

[1]《发挥政党引领作用 创新全球经济治理》，载《人民日报》，2016年10月25日，第15版。

新型政党关系对党际交往原则的继承和发展

苏淑民 [1]

建立新型政党关系是以习近平同志为核心的党中央在继承和坚持党际关系四项原则的基础上，主动因应中国共产党与世界关系的历史变化，对党际关系四项原则进行的与时俱进的创新与发展。建立新型政党关系以求同存异、相互尊重、互学互鉴为内涵，是习近平新时代中国特色社会主义思想和习近平总书记关于党的对外工作重要思想的有机组成部分，是新时代开展政党外交的指导原则和行动指南。

一、新型政党关系的科学内涵和时代背景

2017 年 11 月 30 日至 12 月 3 日，中国共产党与世界政党高层对话会在

---

[1] 苏淑民，北京第二外国语学院政党外交学院教授。

北京召开，会议主题为"构建人类命运共同体、共同建设美好世界：政党的责任"。习近平总书记发表了题为《携手建设更加美好的世界》的主旨讲话，提出不同国家的政党应该加强沟通、增进互信、密切协作，在探索新型国际关系的基础上建立求同存异、相互尊重、互学互鉴的新型政党关系，搭建多种层次、多种形式的国际政党交流合作网络，汇聚构建人类命运共同体的强大力量。[1]

（一）新型政党关系的科学内涵

政党是代表一定阶级、阶层或集团的利益，具有不同的意识形态、价值取向和政策选择，为实现自己的目标和理想，力求取得政权、保持政权或影响政权而进行活动的政治组织。党际关系是国际关系的重要组成部分，对推动国家关系的发展具有不可替代的重要作用。各国间不同类型的政党如何交往，影响着国际关系和国际社会发展的走向。建立求同存异、相互尊重、互学互鉴的新型政党关系，是中国共产党适应形势发展的需要，提出的世界上各个国家的各类政党（包括执政党、参政党、合法在野党、未建交国各类政党）、政党国际组织为促进国家关系发展，构建人类命运共同体的需要，也是在交往中所应恪守和秉持的基本理念、原则和策略。

1. 求同存异

求同存异就是在政党外交中，寻找政党间的共同之处，搁置或超越政党间的差异，协调政党间的矛盾，以扩大"同"的内涵，增加党际交往的基础，减少"异"的摩擦，削弱党际交往的离散力。"求同存异"概念是周恩来总理在上世纪 50 年代印尼万隆召开的第一次亚非会议上正式提出的，他指出，"我们的会议应该求同而存异"，"在亚非国家中是存在有不同的思想意识和社会制度的，但这并不妨碍我们求同和团结"。[2] 之后，"求同存异"成为中国外交的一个重要政治主张，也成为政党外交实践的重要准则。

当今世界各国政党由于受到不同的地理环境、文化传统、民族历史、政

---

[1] 习近平：《携手建设更加美好的世界——在中国共产党与世界政党高层对话会上的主旨讲话》，http://www.chinanews.com/gn/2017/12−01/8390624.shtml。

[2]《周恩来外交文选》，北京：中央文献出版社，1990 年版，第 122 页。

治制度等影响，必然会产生不同的价值观念、意识形态、组织形态、行为方式等，不可避免地存在着差异和斗争。求同存异就是要求政党间超越文化、理念、信仰、地域和民族等方面的分歧和差异，努力寻求各国政党的最大公约数。[1] 十一届三中全会以来，中国共产党秉持"求同存异"原则，拓展政党外交的对象和范围，在与西方政党开展政党外交时，求和平共处之同，存意识形态之异；在恢复与无产阶级政党交往中，求团结合作之同，存意见分歧之异；与周边国家政党开展友好往来中，求周边安全之同，存争端分歧之异，使得中共的政党外交蓬勃发展。当前求同存异的关键就是要求各国政党在一个互联互通世界中，超越政治理念、政治信仰、文化文明等方面的差异，克服困难，携手合作，解决当今世界共同面临的治理赤字、和平赤字、发展赤字等问题，构建人类命运共同体，共建美好世界。

2. 相互尊重

相互尊重就是坚持各国政党无论大小都一律平等，互不干涉内部事务，尊重各国政党的主体地位和自主选择。邓小平同志在讲到处理与兄弟党的关系时指出："各国的事情，一定要尊重各国的党、各国的人民，由他们自己去寻找道路，去探索，去解决问题，不能由别的党充当老子党，去发号施令。"[2] 他还说，无论是大国还是小国，都有着自己的特点，各国政党对党内事务和国家事务有独立判断权和自主处置权，在政党交往中，只有尊重各国政党和人民独立自主地选择自己的社会制度，探索自己的发展道路，坚持自己的价值观念，解决自身存在的问题，才能保持良好的党际关系，这对于每一个党，无论是大党、中党和小党都是十分重要的。[3] 总之，各国政党之间互相尊重，就是要尊重彼此的社会制度和发展道路的选择，尊重彼此的利益和关切，尊重各国的人民期待和历史选择。[4]

---

[1] 宋涛：《建立新型政党关系，建设更加美好世界》，载《当代世界》，2018年第1期，第5页。
[2] 《邓小平文选》（第三卷），北京：人民出版社，1993年版，第279页。
[3] 《邓小平文选》（第三卷），北京：人民出版社，1993年版，第236页。
[4] 《习近平在亚洲博鳌论坛2015年会上主旨演讲》，http://www.xinhuanet.com/politics/2015-03/29/c_127632707.htm。

3. 互学互鉴

互学互鉴就是通过政党之间的思想交流与政治对话，在相互尊重、求同存异的基础上互相学习，加深了解，扩大共识，取长补短，共同寻求全球问题解决之道。[1] 习近平总书记指出，"文明之间要对话，不要排斥；要交流，不要取代。人类历史就是一幅不同文明相互交流、互鉴、融合的宏伟画卷"。[2] 文明交流互鉴，是推动人类文明进步和世界和平发展的重要动力。"政党在国家政治生活中发挥着重要作用，也是推动人类文明进步的重要力量"。[3] 深化各国政党之间的理念互鉴和交流合作，能够汇聚起构建人类命运共同体的强大力量。不同政党具有不同的贡献、作用和经验，为政党在共同建设人类政治文明中互学互鉴创造了必要条件。中国共产党主张通过深化自身改革发展实践，同各国政党分享执政的成功经验，进一步探索人类社会发展规律，而不是把自己的意志和观点强加于人。中国共产党不"输入"外国模式，也不"输出"中国模式，不要求别国"复制"中国的做法。[4] 此外，各国政党还应积极构建相互尊重基础上的交流对话机制，通过举办各类形式的高层论坛、学术研讨，人员往来等活动，搭建多种形式的政党交流平台。

在建立新型政党关系的过程中，求同存异是基础，相互尊重是关键，互学互鉴是目的，三者有机统一、相辅相成，共同致力于构建人类命运共同体，建设更加美好世界。[5]

(二)建立新型政党关系的时代背景

当代世界正在发生深刻变动，中国也正在发生深刻变革，世界各国政党所面临的国内外形势、所肩负的使命任务也在发生重大变化。建立新型政党关系是中国共产党着眼于世界政党格局和国际格局变化以及中国共产党的使

[1] 宋涛：《建立新型政党关系，建设更加美好世界》，载《当代世界》，2018年第1期，第5页。
[2] "习近平总书记在第七十届联合国大会一般性辩论时讲话"，《人民日报》（海外版），2015年09月29日，第2版。
[3] 《习近平出席中国共产党与世界政党高层对话会开幕式并发表主旨讲话》，http://www.xinhuanet.com/politics/leaders/2017-12/01/c_1122045499.htm。
[4] 同上。
[5] 彭修彬：《新型政党关系：内涵与建设路径研究》，载《国际问题研究》，2018年第5期，第15页。

命和责任提出的应对世情、党情、国情变化所给出的中国方略和中国倡议。

1. 国际格局的变化

当前，世界正处于大变革大发展大调整时期，世界多极化、经济全球化、文化多样化、社会信息化深入发展，全球治理体系和国际秩序变革加速推进，国际力量对比此消彼长，全球性问题越来越突出，各国相互联系和依存程度日益加深，各国人民的前途命运前所未有地紧密联系在一起。然而，世界仍很不太平，人类依然面临诸多难题和挑战，单边主义、霸权主义、结盟主义、地区主义等陈旧思维对世界和平与稳定的消极影响越来越突出，部分发达国家仍然固守"赢者通吃"的零和博弈和"弱肉强食"的丛林法则，以英国公投"脱欧"和特朗普"美国优先"施政理念为代表的"逆全球化"行为大行其道，经济民主主义和贸易保护主义抬头，世界经济增长由于各种以邻为壑、独善其身的国家治理行为而动能不足，世界经济实现共同繁荣的传统界域、生产要素在全球范围的合理配置难以维系；贫富分化日益严重，地区热点问题此起彼伏，恐怖主义、网络安全、气候变化、重大传染性疾病、文化冲突等非传统安全威胁持续蔓延，全球治理体系滞后于经济全球化进程、跟不上科技发展的问题越来越突出，西方传统国际关系理论越来越显示出局限性，世界面临的不稳定不确定性突出。我们生活的世界既充满希望，也充满挑战。共同探讨人类社会未来发展的方向和现实问题的应对之道，推动构建人类命运共同体，携手建设更加美好的世界，为推动人类文明进步作出贡献，是各国政党不可推卸的责任。建立新型政党关系能够汇聚构建人类命运共同体的强大力量。

2. 世界政党政治的变化

在世界格局正发生深刻变化的时代背景下，政党站在人类社会发展的十字路口，肩负着新的使命，政党要担负起时代赋予的新的责任。

首先，政党活动国际化加强。全球化正弱化着传统的民族国家主权，同化着民族国家的决策体制，淡化着公民的民族国家认同，全球化时代的政党正在成为民族国家政治生活的核心和决定国家前途命运的主导力量。全球化不仅直接地推进着跨国政党政治的发展，而且通过影响民族国家之内社会政治生活的方方面面而间接作用于国内政党政治。[1]

随着全球化浪潮的汹涌席卷，全球性问题泛滥成灾，国内问题外溢成为国际问题，世界各国政党置身其中，面临着领导力、应变力以及生命力的严峻考验，唯有积极应对、趋利避害，加强党际交往、增加国际协商，方能解决这如雨后春笋般丛生的国际性问题。因此，各国政党的交流和合作日益频密、空前活跃、愈加丰富，在此基础上政党活动方式的国际化趋势日益增强。

全球化时代世界政党政治所发生的上述转型，日益影响着国际形势的风云变幻、引导着世界政治的发展方向、塑造着国际秩序的未来走向。政党和政党间国际组织日益成为新型的国际关系行为主体和其他国际行为主体利益表达和政治诉求的非政府性沟通渠道之一，政党政治逐渐成为当代国际政治基本要素和当今世界绝大多数国家所实行的现代民主政治的实现形式之一。[2]

其次，政党在构建人类命运共同体、共同建设美好世界中具有重要责任和担当。一是引领责任。随着近代以来民主政治的发展，政党政治便逐渐成为政治体系的主流。在现代国家，从进行选举、组织政府直到治理国家和社会，通常都是通过政党实现的。政党作为国家政治生活的重要力量和基本组织，发挥着重要的政治引领作用。政党的这种功能和作用是其他社会组织和政治组织所不具备的。[3] 二是主体作用。政党不是现代国家的附加物和附属品，而是政府的组织者和中心力量，是政府中决定性、创造性的角色。各国政党政治的运行机制、政党的纲领主张、政党的作为程度、政党之间的相互关系，不仅决定着一个国家的政治生活、经济发展、人民生活，而且深刻影响着世界的格局。三是推动作用。新型政党关系通过构建包括政党网络、政党对话等新机制，推动政党由国内走向全球，赋予了政党以新的功能。政党间开展交流对话为推动构建人类命运共同体和建设更加美好世界搭建了重要

[1] 李家成：《全球化时代世界政党政治的六大转型》，载周淑真编著：《世界政党格局变迁与中国政党制度发展——中国统一战线理论研究会政党理论北京研究基地论文集（第六辑）》，北京：中国友谊出版公司，2013年版，第129页。
[2] 金鑫：《世界政党政治的现状、发展趋势及对当代国际关系的影响》，载《国际论坛》，2001年第2期，第18页。
[3] 周淑真：《政党是构建人类命运共同体的重要力量》，载《兵团日报（汉）》，2018年2月14日，第1版。

平台，政党交流为构建人类命运共同体注入了新的动力。

3. 中国共产党的使命和责任

十九大报告提出了中国特色社会主义进入了新时代，中国发展进入新的历史方位。中国正在日益走近世界舞台中央，不断为人类做出更大贡献。新时代的主要任务，就是要构建人类命运共同体。中国特色社会主义道路、理论、制度、文化不断发展，拓展了发展中国家走向现代化的途径，给世界上那些既希望加快发展又希望保持自身独立性的民族和国家提供了全新选择，为解决人类问题贡献了中国方案和中国智慧。[1]

中国共产党与世界政党高层对话会是中国共产党针对这一变化所做出的积极回应。习近平总书记在主旨讲话中指出，"当前世界格局在变，发展格局在变，各个政党都要顺应时代发展潮流、把握人类进步大势、顺应人民共同期待，把自身发展同国家、民族、人类的发展紧密结合在一起"。习近平总书记郑重宣示，为推动构建人类命运共同体，中国共产党将一如既往为世界和平安宁作贡献，一如既往为世界共同发展作贡献，一如既往为世界文明交流作贡献。[2] "三个一如既往"展现出中国共产党对世界的高度责任感，是新时代中国共产党面向世界的宣言和郑重承诺。站在新的历史关口、面对世界发展变局，中国共产党将不忘初心、一如既往，勇于担负起大国大党的世界责任和时代使命，为人类发展进步作出更大贡献。

二、新型政党关系对党际交往原则的继承

党的十一届三中全会以后，我国社会主义现代化建设和改革开放进入了新的历史阶段，在"解放思想、实事求是"思想路线指导下，中国政党外交的理论与实践开创了新的局面。1982 年 9 月，中共十二大报告提出了"在马克思主义基础上，按独立自主、完全平等、互相尊重、互不干涉内部事务

---

[1] 陶文昭：《论中国特色社会主义新时代》，载《教学与研究》，2017 年 12 期，第 15 页。
[2] 宋涛：《汇聚世界政党共识，共建更加美好世界》，载《人民周刊》，2017 年第 12 期，第 1 页。

的原则，发展我党同各国共产党和其他工人阶级政党的关系"，标志着党际交往四项原则正式确立。其后，这四项原则写入了新修订的《中国共产党章程》，其适用范围、理论内涵不断发展，成为中国共产党开展党际交往长期遵循的基本原则。习近平同志提出的建立新型政党关系，是对党际交往四项原则的丰富和完善，与党际交往四项原则逻辑贯通、精神一致。新型政党关系对党际交往四项原则的继承主要表现在：

（一）相互尊重

相互尊重是在尊重别国政党独立自主地位，在完全平等、互不干涉内政的前提下，在沟通了解中平等相待，在相互借鉴中共谋发展，在相互谅解中共同进步。首先，相互尊重的前提是独立自主。中国共产党主张任何国家的事情都只能由那个国家的政党和人民去判断，各国的政党有权根据本国情况和自身条件独立自主地决定自己的一切事务。中国共产党充分尊重别国政党的独立自主地位和权利，当然也希望别国的政党尊重中国共产党的独立自主地位和权利。其次，完全平等。中国共产党主张世界各国的政党理应平等相待，不能把自己的观点、做法等强加于其他党。意识形态不同的党是这样，意识形态相同的党也应当这样；对执政的党是这样，对处于非执政地位的党也应该这样。中国共产党一贯反对党与党交往中的霸权行为，自己也绝不搞霸权主义，不谋求特殊地位。第三，互相尊重。在党际关系中，最核心的就是要尊重对方根据自己国情制定的内外政策，尊重对方的独立自主权利。意识形态、价值观念的不同，不应当成为政党交往的障碍。各国政党之间应本着平等交流、增进了解、求同存异的原则发展友好交往。第四，互不干涉内部事务。各国政党之间应当互不干涉内部事务，也不应介入和干涉别国内部各个政党之间的事务，更不应利用党际交往干涉别国内政，输出自己的意识形态、价值观念、社会制度和发展模式。中国共产党对别国政党一切好的东西都要研究、学习和借鉴，但绝不允许别人把同我国的社会制度和国情不符的意识形态、价值观念强加于我们。

（二）维护国家利益

维护国家利益，促进国家关系的发展是中国共产党对外交往一以贯之的出发点与落脚点。国家利益是主权国家生存和发展所需要拥有的各种利益，其中包含着国家安全利益、政治利益、经济利益、文化利益等要素，是维持一个国家生存和发展的基础。中国共产党作为国家和民族的主要代表，自身的利益是与国家利益紧密联系在一起的，党的对外工作以国家利益，即人民的利益为至高准则，因此，维护国家利益是开展政党外交的基本原则，是政党外交的根本立足点。

党际关系成为推进国家关系的助推器，必须而且也能够服从和服务于国家利益。二十世纪五六十年代，我们曾把党际关系简化为同志关系、兄弟关系，积极履行支援世界革命的国际主义义务，把支持兄弟党的革命活动放在第一位，国家关系实际上是服从党际关系的。实践证明，这不利于国家关系的健康发展，有时甚至会成为发展正常国家关系的障碍。

党的十二大报告明确指出，"我们是爱国主义者，绝不容忍中国的民族尊严和民族利益受到任何侵犯……中国绝不依附于任何大国或者国家集团，决不屈服于任何大国的压力。"这标志着以国家利益为对外政策出发点的思想，正式成为中国外交政策的基本原则。此后，邓小平在与外宾的交谈中，也多次提到国家交往要互相尊重和理解国家利益。尤其在 20 世纪 80 年代末，他特别强调我国外交工作实践中要始终把国家利益放在首位的重要性。1989 年 10 月，在与来访的美国前总统尼克松的谈话中，邓小平指出："考虑国与国之间的关系主要应该从国家自身的战略利益出发。着眼于自身长远的战略利益，同时也尊重对方的利益……我们都是以自己的国家利益为最高准则来谈问题和处理问题的。"[1] 这个讲话阐述了一个非常重要的思想，那就是只要世界在政治上还是由国家所组成，在国际政治中实际上最后的语言就只能是国家利益；国家关系就是利益关系，国家利益就是确定国家关系的最高准则和对外政策的根本出发点；国家关系不能建立在"大家庭"或"集团政治"的基础上；那种要求以各国利益服从所谓"国际利益""共同利益"的理论实际上是让一国利益服从另一国利益的霸权主义理论。

---

[1]《邓小平文选》（第三卷），北京：人民出版社，1993 年 10 月版，第 78 页。

新一代领导人一如既往强调维护好国家利益是对外关系的基本原则,坚持以国家利益为发展对外党际关系的根本出发点。习近平总书记指出,"我们要坚持走和平发展道路,但决不能放弃我们的正当权益,决不能牺牲国家核心利益。任何外国不要指望我们会拿自己的核心利益做交易,不要指望我们会吞下损害我国主权、安全、发展利益的苦果"。[1]我们坚持和平发展道路是有底线的,这个底线就是决不能放弃我们的正当权益,决不能牺牲国家核心利益。我国作为一个主权国家,有自己国家的正当权益和国家利益,不容任何国家和个人损害。我国在《中国的和平发展》白皮书中明确指出要坚决维护国家核心利益,我国的核心利益包括:国家主权,领土完整,国家统一,国家安全,宪法确立的国家政治制度和社会大局稳定,经济社会可持续发展的基本保障等等。一旦我们的正当权益和国家核心利益受到不法侵害,我们必将做出积极回应和有力还击。

(三)坚持爱国主义和国际主义相结合

无产阶级国际主义是马克思主义的核心内容,它是关于全体无产阶级在实现自己解放自己的斗争中始终坚持的一项根本原则,是国际共产主义运动中处理阶级关系、党际关系和国际关系的重要指导原则。

在战争与革命时代,国际主义的基本内涵是在马克思和恩格斯提出的"全世界无产者,联合起来"和列宁提出的"全世界无产阶级和被压迫民族联合起来"口号的指导下推翻资产阶级的统治,建立无产阶级专政。

早在建党之初,如何处理爱国主义与国际主义关系问题就已经成为影响中国共产党对外交往的重要问题。在近代以来,中国一直受到西方列强欺压,苏联党的真诚帮助得到了中共的积极响应,出于对苏联党和革命人民的感激和对苏联成功革命经验的学习,中共很容易接受了苏共和第三国际的国际主义思想。在列宁之后,"在苏共特别是斯大林看来,保卫苏联、保卫社会主义成为国际共产主义运动的两个首要目标,也是苏联外交政策中的两大任务,而且在多数情况下第一个目标往往高于第二个目标,并通过第二个目

---

[1] 习近平:《更好统筹国内国际两个大局,夯实走和平发展道路的基础》,http://cpc.people.com.cn/n/2013/0130/c64094-20368861.html。

标的形式加以实现。"[1]这样就决定了中共在革命时代的对外交往,国际主义居于主导地位,而爱国主义则居于次要地位。特别是在革命初期,表现为中共缺少独立自主,在某种程度上服从苏联利益,在形式上更多地表现为对苏共及其指导下的共产国际决议的服从。此后,中国革命由于缺乏独立自主陷入困境,毛泽东新民主主义革命道路的开辟则使中国革命最终走向胜利。总结正反两方面的经验教训,中共得出了爱国主义必须和国际主义相结合的结论。

新中国成立后,毛泽东领导中国人民一方面积极探索适合自己国情的社会主义建设道路;另一方面根据国际主义的精神和原则以各种不同的形式对各国人民的民族独立和解放斗争提供力所能及的援助,为世界无产阶级革命运动和民族独立解放做出了积极的贡献,后来这些国家与中国一道构成了第三世界的主体,成为共同推动世界历史前进的一股重要革命力量。但是我们也必须看到20世纪60年代后期中共对国际主义的一些偏颇认识和激进做法。毛泽东认为,世界大战无非是两种可能:一种是战争引起革命,一种是革命制止战争。这就导致外交活动曾以推动世界革命为目标,而忽略了国家利益至上的原则。他还认为,战争是阶级斗争的产物,是阶级斗争的最高形式,因而导致外交过程中过分强调阶级性和对抗性,而忽视了国家间的共处和合作。

20世纪80年代,邓小平做出了"和平与发展是当今时代的主题"的精辟概括,这是邓小平站在时代前沿,以深远的历史眼光和独到的战略洞察力观察风云变幻的世界局势做出的科学判断,加深了中国共产党对国际主义的深刻认识。在和平与发展的时代,国际主义的基本内涵是:坚持独立自主的和平外交政策,以和平共处五项原则和《联合国宪章》为准则来处理一切国际事务,反对霸权主义、维护世界和平,积极推进建立国际新秩序。在对外关系中,中国努力实践这些原则,成为维护世界和平、促进共同发展的中坚力量,充分体现了新时代国际主义的思想和理念。

---

[1] 郭树勇:《从国际主义到新国际主义》,北京:时事出版社,2006年版,第134页。

习近平新型政党关系继承了邓小平新型政党关系中将维护国家利益作为政党外交出发点的思想，同时也突出强调政党的国际责任，要求政党外交发挥好政治引领作用，推动人类命运共同体的建设，这是中国共产党在新时代的国际主义情怀。维护国家利益是政党外交属性的本质要求，同时鉴于人类同处一个星球，各国人民的前途命运紧密相连，各国政党也要超越本国利益分歧，为全人类的前途命运贡献力量。因此，习近平总书记在中国共产党与世界政党高层对话会上，呼吁世界各国政党要发挥好政治引领作用，共同构建人类命运共同体。

三、新型政党关系对党际交往原则的发展

习近平总书记关于建立新型政党关系的倡议，是根据新时代新要求，对政党外交思想的重大创新，是在继承中国共产党在对外交往中遵循独立自主、完全平等、互相尊重、互不干涉内部事务的基础上，把中国共产党党际关系理论提升到了崭新的高度。

（一）彰显了中国共产党奋发有为、勇于担当的积极进取精神

俄国十月革命后，列宁创建了共产国际，国际内形成了一种国家间党际关系模式——"中心模式""大家庭模式"，即共产国际是领导中心，其他党是共产国际支部，无形中苏共获得了"领导党"、苏联获得了领导中心地位。

以毛泽东为代表的中共第一代领导集体，把马列主义普遍原理与中国革命具体实践相结合，逐渐形成了以独立自主为核心内容的对外交往思想，始终强调独立自主原则，强调不"强加于人"，反对大国大党主义，各党内部事务不允许外部干涉。提出这样的原则，主要出于防御心理，反对苏共对我国内部事务的干涉。

以邓小平为核心的中共第二代领导集体，根据时代发展的变化和党的历史使命，提出了"独立自主、完全平等、互相尊重、互不干涉内部事务"的党际交往四原则，强调各国党根据本国实际选择发展道路，不把自己的观点

或者模式强加于人，也反对国外政党向中国输入自己的意识形态，即侧重于"互不干涉内部事务"，强调我们"不做什么"，我们要办好自己的事情，一心一意搞好经济建设。

构建新型政党关系将重心放在体现开放包容、合作共赢精神的互学互鉴上，强调各国政党在竞争比较中取长补短，在求同存异中共同发展。中国共产党一方面将自己的思想、理论、经验、做法与世界分享，并且这种互学互鉴超越中国共产党与其他政党的双边范畴，为所有政党间交流与合作提供了"中国共产党方案"和公共产品。另一方面向世界其他政党学习优秀的经验，更重要的是使世界上各个政党之间形成广泛的全球治理共识，为构建人民命运共同体奠定了良好基础。

习近平提出构建新型政党关系，体现了中国共产党的大党情怀和担当，强调发挥中国共产党的政治引领作用，为解决世界面临的共同难题和挑战，贡献中国智慧、中国力量。这种大党情怀和担当是以政党自信为基础的。具有政党自信，才能勇于担当，积极进取，奋发有为，才能求同存异，正视自身问题，互学互鉴，积极学习借鉴世界各国人民创造的文明成果。

（二）彰显了中国传统文化的底蕴

世界各国政党要相互尊重、求同存异、互学互鉴、构建人类命运共同体的思想，是马克思主义关于各国无产阶级的政党关系理论在新时期中国的创新和发展，同时也深深植根于五千多年来文明发展中孕育的中华优秀传统文化，代表着中华民族独特的精神标识，积淀着中华民族最深层的精神追求。[1]

中国传统文化是中华民族及其祖先所创造的、为中华民族世世代代所继承发展的、具有鲜明民族特色的、历史悠久、内涵博大精深的文化。革命的、道德的和大同的思想元素构成了中国文化的基本特征。在中国人的精神世界里，自古以来，人类命运共同体理念就引领着中华民族对"天下"这一价值理想世界的憧憬和永恒价值的追求。新型政党关系思想，更加彰显了中国传统文化的底蕴，彰显了马克思主义与以协和万邦、天下大同，"大道之行，

---

[1] 李慎明：《促进不同文化和文明真诚对话、互学互鉴、合作共赢》，载《中国人大》，2016 年第 11 期，第 5 页。

天下为公"等和合文化为内涵的中国传统思想的结合，是马克思主义中国化的体现。

（三）彰显了中国共产党的崇高使命

以党际关系推动国家关系发展，是中国共产党对外交往的主要宗旨和目的。这种国家关系，主要指国家间的双边或多边关系。新中国成立后，中国共产党成为执政党，大党大国的地位，增加了党对外交往的优势，执政党的对外交往成为新中国对外关系的一个重要组成部分。上世纪60年代前后，中国共产党一度与外国90多个共产党或工人党建立了联系并进行友好交往。这一时期党的对外工作在国家总体外交中发挥了很大作用，对于新中国打破西方国家的政治孤立、经济封锁和军事威胁具有重要意义，对当时的世界和平和民族解放运动也产生了积极的影响。但在后来的国际共运大论战和"文化大革命"期间，由于国内外形势的曲折变化和"左"的指导思想的干扰，中国共产党同绝大多数共产党的关系基本中断，只同十余个党还继续来往，这种不正常的党际关系干扰了国家关系的正常发展，其教训是非常深刻的。[1]

十一届三中全会以后，中国共产党重新确定了党的对外工作指导思想和基本方针，在党际关系四项原则指导下，中国共产党的对外工作始终围绕着为中国的改革开放和社会主义现代化建设服务，为国家总体外交服务，为巩固党的执政地位服务而展开，在巩固、开拓和发展国家关系中发挥着重要作用，做出了应有的贡献。

新型党际关系原则在使党际交往围绕国家发展战略和总体外交展开之外，还赋予了党际交往崇高使命，中国共产党秉持"天下一家"的理念，把建立新型政党关系作为推动构建新型国际关系，推动构建人类命运共同体的重要途径，将建设持久和平、普遍安全、共同繁荣、开放包容、清洁美丽的世界作为自己的崇高使命。这是将无产阶级国际主义与中国传统文化中的"天下主义"相结合，是习近平新时代中国特色社会主义思想的重要组成部分。

---

[1] 姜跃：《以党际关系推动国家关系》，载《中共石家庄市委党校学报》，2008年第10期，第15页。

173

政党外交对构建新型国际关系的作用

徐 亮[1]

当代世界面临着诸多复杂的形势与严峻挑战。构建平等互信、包容互鉴、合作共赢的新型国际关系，无疑对于应对挑战，推动建设持久和平、共同繁荣的世界具有非常重要的意义。作为一种新的理念和主张，构建新型国际关系，不仅符合中国的国家利益，也符合国际社会发展趋势和世界上多数国家的共同利益。党的十九大报告对新型国际关系的内涵做了新的探索，将"推动建设以合作共赢为核心的新型国际关系"进一步发展到"推动建设相互尊重、公平正义、合作共赢的新型国际关系"，其核心是合作共赢。要建设新型的国际关系，需要重要的抓手和途径。而政党外交就是一种重要的方式。

政党外交术语产生于20世纪60年代国际共产主义运动中党际交往活动。根据外交学院余科杰教授的说法，"政党外交"是指一国之合法政党与

---

[1] 徐亮，北京第二外国语学院政党外交学院副教授。

他国政党或政党国际组织，为促进或影响国家关系、维护本国利益而进行的国际交流、对话与合作 [1]。"政党外交"这一术语在中国国内的使用则反映了 20 世纪 70 年代末以后中国共产党对外党际交往工作的重大转型。十八大以后，随着中央提出整体外交的大外交思路，政党外交日益受到党和政府的高度重视，并逐渐展示出其内在的魅力和效果。2017 年 11 月 30 日至 12 月 3 日，来自世界 120 多个国家近 300 个政党和政治组织的领导人共 600 多名中外代表出席中国共产党与世界政党高层对话会，各方一致通过《北京倡议》。习近平总书记发表题为《携手建设更加美好的世界》的主旨演讲，标志着当代中国的政党国际交往进入新时代、达到新境界。对于新型国际关系的构建来说，政党外交的作用是非常独特的，具体体现在提供新的主体、提供新的抓手、提升推动者形象、提供新的思路、提供新的评估与控制标准、塑造良性竞争的氛围、创设新的多边机制、把握未来趋势等八个方面。

一、政党是构建新型国际关系的重要主体

在传统的国际关系中，一般将主权国家、国际组织、民族解放组织看作是国际关系的主体。从而将研究的主要内容，放在国家间的活动、国际组织和民族解放组织的活动等方面。但是政党作为国际关系的主体，却往往被研究者所忽视。事实上，政党从来也没有缺席过国际关系。从第一国际到共产国际，再到现在还继续发挥作用的社会党国际，都是政党外交发挥作用的某种多边组织平台。政党在国内政治活动中对本国政治起到引领和建设作用，但随着国家间相互交往活动日渐深入，政党的对外交往角色也愈加重要。中国更是从积极意义上把政党的角色定位为推动人类文明发展与进步的重要力量。在新型国际关系的创建中，政党外交可以弥补政府外交的不足，以政党特有的灵活性、机动性成为新型国际关系的主体。一个国家的执政党可以从其使命和人类利益出发，直接将自己的意识形态及对人类社会发展趋势的预

---

[1] 余科杰：《论政党外交的起源和发展——基于词源概念的梳理考察》，载《外交评论（外交学院学报）》，2015 年第 4 期，第 124 页。

测贯彻和体现到外交政策和国际格局构建中。无论是追求使命的政党，还是专注于解决问题的政党，具有国际交往能力的各国政党都能为开创世界更加美好未来贡献自己的智慧和力量。尤其是中国，在当今国际社会发挥着越来越重要的作用。90 多年来，中国共产党人根据不同时期的情势，因地制宜、因时制宜地制定了对外工作的目标和方针，逐步形成了具有鲜明本国特色的政党外交理论体系。中国共产党以自己的国际交往活动，为外交事业做出了突出的贡献。习近平总书记着眼人类孜孜以求过上幸福美好生活的愿望，"深情描绘了人类命运共同体的美好图景，明确提出了建设美好世界的'四点倡议'"[1]，以中国共产党人特有的战略眼光和国际交往能力，向全球各国政党发出了同心协力应对全球挑战，开展政党间国际合作，群策群力，一起构建人类命运共同体的历史性倡议，该倡议从客观上必然引导各国政党提高国际交往与沟通能力，使传统的外交领域增添更多有活力的主体。当今世界是一个你中有我，我中有你的世界。任何一个国家的发展都离不开其他国家的发展。政党不仅在本国专注于国家治理或取得政权，也需要顺应全球化的历史潮流，积极发展自身的角色，锻造自己的国际交往能力，成为引领人类进步的重要力量，在国际政治、世界经济和人类文明与发展进程中发挥建设性作用。只要能调动各国政党的责任心和坚强意志，各方一起规划，一起努力，不懈奋斗，是构建新型国际关系的主导性力量。

二、政党外交为新型国际关系构建提供新的路径

新型国际关系的存在和发展，取决于多方面的力量共同参与。政党作为有组织、有能力和有目标的政治组织，在参与国际交往时成为国际关系构建的重要参与者。可以说，政府外交对象是政府，民间外交对象侧重于民众，那么政党外交则在人民和政府之间搭建了一个新的桥梁。政党上接国家政权，下接人民，处于政治环节中的关键位置。如果说，政府外交主客体交往

[1] 人民日报评论员：《把各国人民对美好生活的向往变成现实——二论习近平总书记中国共产党与世界政党高层对话会主旨讲话》，载《人民日报》，2017 年 12 月 3 日，第 1 版。

与执政党官员之间来往具有一定程度重合的话，那么政党外交则可以把对象国家的执政党、在野党、参政党、反对党等，也即已在执政的、将要执政的、可能会执政的力量，纳入到一个无死角、全覆盖的全方位外交体系之中。反对党或在野党通过议会或舆论压力影响或校正执政党对外政策及其对外交往行为，也是一股不可忽视的力量。如英国保守党对工党、美国民主党对共和党的牵制等。历史规律证明，各国政党在本国政府外交政策制定中通过斗争与妥协的辩证统一达成一致，一起参与到本国政府对外关系的决策过程中来。政党外交对象的全方位覆盖，可以深入到对象国的社会层面，并集中于那些有组织能力的社群中。当代世界面临的问题，需要集合各方面的智慧与力量。在如何汇聚不同的政党，并一起商讨全球治理方面，需要相应做出一些机制创新。可以说，在近一个世纪对外联络工作的基础上，我们党总结"中国共产党与世界对话会""中欧政党高层论坛""中国非洲政党理论研讨会"和"中美政党对话机制"等诸多双边、多边政党交流机制运行的经验，通过"中国共产党与世界政党高层对话会"与来自120多个国家的近300个政党和政治组织的领导人共同研究全人类面临的问题。这是中国共产党为世界各国政党的人民搭建的具有广泛代表性和国际影响力的高端政治对话平台，能促进中国同世界各国人民和各国政党之间开展广泛的对话和交流合作。在这方面政党外交充分体现了包容性和广泛性，有利于各国人民之间的交流与相互理解，有利于创建新的国际关系主体和内容，更有助于为世界贡献更多的智慧，服务于构建人类命运共同体的伟大目标。

三、政党外交提升中国共产党构建新型国际关系推动者形象

中国共产党是构建新型国际关系的推动者，政党外交能显著提升中国共产党作为推动者的形象。提升中国执政党形象，发展政党外交是国家当前的重大战略。近年来，中国对新型国际关系创建的贡献越来越大，但在当前西方掌控的国际舆论中，对中国共产党形象的负面评价仍然较多。当今中国是世界公认的大国，很多外国人对中国经济的发展赞不绝口，但是对中国的政

治制度和执政党的治理能力，却仍然充满着误解。由于政党成员的交流具有"面对面"的深度沟通特性，发展政党外交，重视面对面的信息沟通，包括报纸、杂志、广播以及网络的类似"外交小灵通"的政党外交小灵通，向世界各国党派讲好中国共产党的故事，把握外国政党成员文化习惯，在事实上构成了一种"议程设置"的能力。政党外交能让外国政党"走进来"亲自体验中国的政治经济变迁与成就，然后回到本国后能对政党成员的价值观和认知起到改善的作用，这样更容易让各国民众了解中国主张的新型国际关系与世界利益的共通性，减少国际社会对中国创建的新型国际关系内涵不确定性的担忧。

四、政党外交为新型国际关系的构建提供新的思路

政党取得政权以后，将自己的意识形态和政治纲领通过内政外交政策实施变为现实，不仅意味着在国内确立了某种新秩序，也意味着该国在国际社会中具有了某种政治色彩的角色定位。通过政党外交，这些国家的执政党可以将自己的治国理政经验与世界各国政党分享，从而为新型国际关系中的合作共赢注入新的活力与内容。相当多的政党无论是执政，还是因为失败而下台，积累了各式各样的经验和教训。政党外交或拓展了世界各国政党交流互鉴新领域，能为人类进步事业和世界和平繁荣做出更大贡献。"建立新型政党关系与构建新型国际关系既一脉相承又相互促进"[1]。类似"中国共产党与世界政党高层对话会"的多边政党外交舞台，可以使中国共产党建设更美好世界的智慧在与世界各国政党的交流碰撞中相互促进，从而为各国政府合作构建新型国际关系寻找到新的共识领域，增添强大思想动力。可以这样讲，政党外交为新时代中国整体外交开辟了日益广阔的前景，是对马克思列宁主义政党思想的重大发展。习近平总书记强调指出，"面向未来，中国共产党愿同世界各国政党加强往来，分享治党治国经验，开展文明交流对话，

---

[1] 宋涛：《建立新型政党关系　建设更加美好世界》，载《当代世界》，2018年第1期，第2页。

增进彼此战略信任，同世界各国人民一道，推动构建人类命运共同体，携手建设更加美好的世界"[1]。

五、政党外交为新型国际关系构建提供新的评估与控制标准

国际关系行为体一般被界定为政府、国际组织和民族解放组织，但当代世界的国际关系行为体已经远超出国际关系传统范畴，而现有国际关系覆盖范围之广，也超过了传统理论覆盖的范围。政党可以说是国际关系中被"重新发现""再次定义"的行为体。政党在"在野"或"在朝"之间灵活度高，政治周旋范围广，不仅可以迅速了解社会新动向，也可以把握政府政策走向。在这个过程中，对对象国的民众心理过程、外交政策效果评估、新型国际关系创建中的危机控制与化解，能够实现提前预警与事后纠错。建立新型政党外交关系，发展新型国际关系，是以新的时代观、全球观、政党观和中国共产党对自身历史使命的深刻把握和准确定位为前提和基础的。与世界上多数国家政党的交往，既能听到他们对于国际关系的呼声，也能建立一套完整的舆情评估与控制系统，从而服务于国家外交的大战略。政党外交可以为新型国际关系的推动与建设设计好灵活、前瞻的大数据，为国家外交，特别是"一带一路"的建设提供好智力支持和服务。这样，就能尽量减少中国投资的损失和挫折，减少政党轮替带来的冲击，避免发生类似 2017 年斯里兰卡暂停港口城项目、2018 年马来西亚暂停中国投资项目的事情发生，从而为新型国际关系和平与繁荣的稳定性提供政治保障。

六、政党外交有利于塑造新型国际关系中模式良性竞争的氛围

国际氛围，又称为国际环境，是指在国际交往互动关系中逐步形成的，

---

[1] 习近平：《携手建设更加美好的世界——习近平在中国共产党与世界政党高层对话会上的主旨讲话》，载《人民日报》，2017 年 12 月 2 日，第 2 版。http://cpc.people.com.cn/n1/2017/1202/c64094-29681332.html。

具有一定特色的,可以被国际关系行为体感知和认同的气氛或环境,包括国家间关系、相处方式、作用和心理相融程度等。一个国家的经济与社会发展如果处于一个良好的国际范围内,则经济得到发展,社会成员在国际社会的感觉良好,也能激发本国民众的自豪感和奉献精神。中国一直致力于塑造良好的国家交往氛围,而美国则从特朗普上台以来成了国际和平与发展氛围的破坏者。不仅如此,美国还拉拢一些国家破坏中国的努力,无端指责中国。2018年以来美国越来越倾向于采用一些对抗的措施,来促使中国做出有利于美国国家利益的让步,如公开在《国家安全战略报告》将中国列为"欲修正世界现有秩序"的国家,定位中国为"美国的竞争对手"等。2018年6月美国国务卿蓬佩奥提出"西方模式"和"中国模式"竞争的问题。美国国防部长马蒂斯更是在2018年6月美国海军战争学院的毕业典礼上攻击中国试图在国际舞台上复制威权模式。可以说在一段时期内,对中国模式和中国倡导的新型国际关系的首要指责者就是美国。中国主张尊重每个国家选择的道路,也尊重其他国家选择自己经济发展模式的意愿。中国从没有主动挑起什么模式之争。正如习近平总书记指出的,"我们不'输入'外国模式,也不'输出'中国模式,不会要求别国'复制'中国的做法"[1]。互学互鉴则是求同存异、互相尊重的根本目的。习近平总书记指出,"文明之间要对话,不要排斥;要交流,不要取代。人类历史就是一幅不同文明相互交流、互鉴、融合的宏伟画卷"[2]。中国共产党作为新型政党关系的倡议者,身体力行,努力用和平共处的党际交往原则和新型政党关系的思想理念来指导自身的双边、多边党际关系。尽管中国共产党不搞输出模式、也不搞模式之争,但客观上中国共产党的治国理政为世界政党独立探索适合本国国情的发展道路发挥了表率引领作用,会把中国对世界的看法与精神境界传递给其他国家政

---

[1] 习近平:《携手建设更加美好的世界——习近平在中国共产党与世界政党高层对话会上的主旨讲话》,载《人民日报》,2017年12月2日,第2版。http://cpc.people.com.cn/n1/2017/1202/c64094-29681332.html。

[2] 习近平:《携手建设更加美好的世界——习近平在中国共产党与世界政党高层对话会上的主旨讲话》,载《人民日报》,2017年12月2日,第2版。http://cpc.people.com.cn/n1/2017/1202/c64094-29681332.html。

党。尽管中国共产党不愿意看到世界上存在着模式之争,但西方世界会将这种对待世界的不同看法看作竞争。和美国主张积极推动的西方模式不同,中国模式更多是依靠其他国家政党借鉴式学习,是一种善意、良性的。政党外交注重相互探讨,在相互尊重的基础上相互学习,没有强制性、引导性的因素。这种独特的形式有助于其他国家政党理解中国的发展,接受中国提出的新型国际关系本质,塑造一种友好、和谐的氛围。他们能从政党外交体现的相互包容、相互尊重精神上,感知到中国倡导的新型国际关系的正面形象,从而和中国相向而行。

七、政党外交为新型国际关系构建创设新的多边机制

可以这样说,新型国际关系的良性运行与发展,需要相应的双边与多边交流机制。中国的政党外交活动,就为新型国际关系创设了新的多边机制。到目前为止,中国共产党与世界上 600 多个不同类型的政党建立和发展了党际关系,形成了全方位、多层次、宽领域的政党外交新格局。从双边的频繁沟通,到中国主动创建国际性的世界政党对话会,并力图将该对话会长期化、机制化,能使新型国际关系获得稳定的制度性保障,确保新型国际关系的顺利建设。正如学者所言,"习近平总书记关于建立新型政党关系的倡议,重申中国共产党将在独立自主、完全平等、互相尊重、互不干涉内部事务的基础上,同各国各地区政党和政治组织发展交流合作,促进国家关系发展。同时根据新时代新要求,把中国共产党党际关系理论提升到崭新的高度,这无疑是政党外交思想的重大创新"[1]。这是中国共产党人向全球政党发出的诚挚倡议,是有关世界各国各类政党怎样处理相互关系的主张和建议,也是中国共产党与各国各类政党发展相互关系的指导性规范。新型政党关系的理念基于探索和发展新型国际关系的实践,明确提出"探索在新型国际关系的基础上建立求同存异、相互尊重、互学互鉴的新型政党关系",把"新型国

---

[1] 余科杰:《建立新型政党关系:新时代政党外交新境界》,载《光明日报》,2018 年 1 月 16 日,第 5 版。http://dangjian.people.com.cn/n1/2018/0116/c117092-29767001.html。

际关系"与"新型政党关系"融会贯通起来，把政党间相互关系作为 21 世纪国际关系的有机组成部分，把建设新型政党关系界定为促进新型国际关系的重要方式。不同国家政党党际交往中形成的"求同存异、相互尊重、互学互鉴"理念本身就构成了新型国际关系的重要部分。中国共产党通过政党外交的实践向全球进步政党做出了中国共产党的庄严承诺，中共将一以贯之为世界和平与安全作出自己的独特贡献，将始终如一地为全球合作与文明发展作出自己的应有贡献。"我们倡议世界各国政党同我们一道，做世界和平的建设者、全球发展的贡献者、国际秩序的维护者""我们倡议世界各国政党同我们一道，为世界创造更多合作机会，努力推动世界各国共同发展繁荣""我们倡议将中国共产党与世界政党高层对话会机制化，使之成为具有广泛代表性和国际影响力的高端政治对话平台"[1]。习近平总书记向各国政党倡议，将中国共产党与世界政党高层对话会机制化，使之成为具有广泛代表性和国际影响力的高端政治对话平台。该倡议获得了世界各国政党组织的热烈响应，他们认为中国共产党与世界政党的高层对话会是世界性的创举，愿意一起推动该对话会机制化、长期化。

八、政党外交顺应了新型国际关系未来发展趋势

新型国际关系的未来趋势是塑造"人类命运共同体"。"命运共同体"的本质特征是国际社会的集体主义，是对国家单边主义的一种扬弃。在当代世界，不同的国家有不同的利益，也存在着多元、有差异的世界观，这是国际关系现状。权力与价值观在类型和深度、广度的差异意味着在国际无政府状态下，每个国家都自觉和主动追求本国利益的最大化，因而造成了安全困境。而建构合作共赢的新型国际关系所指向的命运共同体，能弥补国际体系的传统缺陷。当今人类面临的问题与挑战越来越需要人们齐心协力，共同应

[1] 习近平：《携手建设更加美好的世界——习近平在中国共产党与世界政党高层对话会上的主旨讲话》，载《人民日报》，2017 年 12 月 2 日，第 2 版。http://cpc.people.com.cn/n1/2017/1202/c64094-29681332.html。

对。世界各国人民应该秉持"天下一家"理念，彼此理解、求同存异，共同为构建人类命运共同体而努力。世界各国政党正是构建人类命运共同体的责任主体。政党外交能促进各国参与中国倡导的命运共同体建设，拉动各国政党主动参与共同构建。可以说，把世界政党凝聚成为构建人类命运共同体的强大力量，这是中共一再强调的责任担当意识在新型国际关系创设中的表现，是新时代中国政党外交新境界的体现。

当前，世界格局在变，发展格局在变，各个政党都要顺应时代发展潮流，把自身发展同国家、民族、人类的发展紧密结合在一起。政党是人类文明进步的重要力量，中国共产党是为本国人民谋幸福的党，也是为人类发展与繁荣而奋斗的党。建立新型国际关系的倡议，为全球不同政党发展相互关系和自身建设提供了重要借鉴。2008年金融危机以来，世界上很多国家的国家治理出现了严重问题，传统政党纷纷下台，失掉政权。一些政党为了局部利益，不仅党内内斗不止、彼此消耗，而且党际关系党同伐异，致使国家治理和政党自身建设共同陷入了困境。政党为加强自身建设，就先进执政党的治国理政、政党自身建设与各国政党加强交流互鉴，能使各国政党把握住国际关系的历史潮流，避免一叶障目。政党外交的形式为各国政党的国际化和避免封闭保守、固步自封搭建了崭新的前瞻性平台。世界各国不同类型、不同主张的政党能坐在一起，超越地理、超越文化、超越宗教、超越意识形态，深入交换意见，共同协商人类的命运与世界发展大计，体现了政党国际交往的巨大开放性和包容性，有助于全世界各国政党准确把握历史脉搏和发展大势。

"一带一路"政党外交的重大意义、总体思路和战略举措

张耀军 [1]

政党是现代国家治理不可或缺的主体，政党政治则是当代世界最具共性的政治运作方式之一。[2] 作为政党政治在国际关系领域的延伸拓展，政党外交在全球治理体系变革中日益发挥着重要作用。习近平总书记在党的十九大和中国共产党与世界政党高层对话会上指出，中国共产党是为中国人民谋幸福的政党，也是为人类进步事业而奋斗的政党。"一带一路"倡议提出至今，已经获得100多个国家和国际组织的支持，充分体现了中国共产党始终将推动本国发展同人类进步事业联系在一起的政党使命和责任担当。站在新的历史方位，在习近平新时代中国特色社会主义思想指引下开展"一带一路"政党外交，既为"一带一路"注入新活力，也为政党外交开拓新空间。

---

[1] 张耀军，北京第二外国语学院中国"一带一路"战略研究院副研究员。
[2] 张耀军：《二战后西欧左翼政党联盟研究》，北京：社科文献出版社，2018年版导言。

一、"一带一路"政党外交大有可为

(一)助力"一带一路"高质量发展的新机遇

共建"一带一路"续写了中国特色社会主义开放理论的时代版本,丰富了开放条件下中国特色社会主义发展的理论内涵。它以政策沟通、设施联通、贸易畅通、资金融通、民心相通为核心内容,根本目的在于促进要素有序自由流动、资源高效配置和市场深度融合,推动参与各国开展更大范围、更高水平、更深层次的国际合作,共同打造政治互信、经济融合、文化包容的利益共同体、责任共同体和命运共同体。作为一项世纪工程,"一带一路"涉及政治法律制度、经济社会发展、宗教信仰、历史文化等各不相同的国家和地区,面临着政局不稳、经济波折、社会动荡、暴恐袭扰、自然灾害等安全风险挑战。特别是对"一带一路"倡议目的的误读、曲解或疑虑始终是推进这一系统工程面临的较大认知风险,需要多途径应对。

传统上以民族国家为主体、以政府外交为主导的国际关系体系在维持国际秩序运作方面形成了一定的路径依赖,在一定程度上难以适应全球治理体系飞速变革的新形势。作为一种新型外交形式,政党外交在促进国家关系发展、构建新型国际关系、推动解决地区和全球性问题方面日益发挥着重要影响。开展"一带一路"政党外交,有助于增进沿线国家政党相互了解,增进彼此政治互信,跨越政党多样性、理念多元性和地域阻隔,推动形成更多共识和共建"一带一路"意愿;有助于驳斥并化解"新殖民主义论""现代朝贡体系论"等"中国威胁论"的杂音干扰,打消视"一带一路"为中国版"马歇尔计划"的地缘政治猜忌,为"一带一路"建设争取更为和平稳定的大环境;有助于相互协调行动并搭建交流平台,探索为"一带一路""五通"创建国际合作机制,开辟广阔发展路径。

(二)提升中国共产党国际影响力的新支点

作为具有远大理想和政治追求的政党,中国共产党始终在不断克服各种困难挑战中开拓创新,坚持强化核心领导、使命意识、战略规划和开放思维。自成立以来,中国共产党将马克思主义政党理论同中国实际相结合,创立了

新型政党关系与新时代政党外交

多党合作和政治协商的新型政党制度，通过确立符合党情、国情、世情并与时俱进的自身建设、国家建设和全球治理愿景，推动中国社会取得历史性发展和历史性变革，同时有效避免了旧式政党制度过于关注本党一己利益和政客个人私利而忽视国家整体利益和社会长远发展的不足，为人类政治文明和世界政党制度贡献中国智慧。

中国共产党重视党际交往，其起源可以溯及抗战时期。[1] 20世纪70年代末以来，中国共产党坚持按照独立自主、完全平等、互相尊重、互不干涉内部事务的党际关系四项原则开展对外交往，理念上逐步实现了从"党的对外工作"向"政党外交"的转型。[2] 党的十八大以来，随着中国和中国共产党的国际影响日益增强，中国共产党持续深化与各国、各界友好政党往来，目前同160多个国家和地区的400多个政党和政治组织保持着经常性联系，全方位、宽领域、多层次的政党外交新格局已经形成。2017年年底举行的中国共产党与世界政党高层对话会是中国共产党首次与全球各类政党举行的高层对话，也是迄今世界上出席人数最多的全球政党领导人会议，在世界政党交往史上具有突破性意义。以战略预置方式开展"一带一路"政党外交，为沿线国家政党轮替或政局变化可能影响我与该国关系预做准备，由此可为拓展党际和国家间关系奠定坚实基础。"一带一路"政党外交也有助于各方深入了解中国共产党治国理政的理念和经验，彰显中国共产党愿与各方共促世界发展、共享世界繁荣、共掌世界命运的坚定意志和使命自觉。

（三）展示中国发展道路的新窗口

中国特色社会主义最本质特征和最大优势在于中国共产党的领导。中国共产党的国际吸引力已经成为中国国家软实力的重要组成部分。研究好中国共产党就能把握准中国未来发展的关键。党的十八大以来，在以习近平同志为核心的党中央的坚强领导下，我国坚持走适合自身实际的国家治理道路，不断完善和发展中国特色社会主义制度，推进国家治理体系和治理能力现代

[1]余科杰：《论"政党外交"的起源和发展——基于词源概念的梳理考察》，载《外交评论》，2015年第4期，第132页。
[2]赵可金：《政党外交及其运行机制》，载《当代世界》，2010年第11期，第44页。

化，为世界上其他政党治国理政提供了中国经验。当前，国际社会对中国和中国共产党的看法正在发生深刻变化，不仅在经济发展上"向东看"，而且开始在道路理念上"向东看"；不仅看中国如何实现发展，而且开始关注中国如何在中国共产党的领导下获得发展，希望学习借鉴中国共产党治国理政和中国发展实践经验，深入了解习近平新时代中国特色社会主义思想的科学内涵和世界意义。

开展"一带一路"政党外交能够为各方搭建进一步深入了解中国共产党治国理政机制与中国经济社会发展成就之间内在联系的认知渠道，通过宣介中国共产党执政理念深化国际社会对中国特色社会主义理论与实践的认识，为中国特色社会主义争取更多理解者和支持者。有助于宣介习近平新时代中国特色社会主义思想和中国特色社会主义道路、理论、制度、文化实践对解决人类社会发展问题所提供中国方案的共识性意义，开辟世界了解中国、中国走向世界的重要窗口。

（四）推进中国特色大国外交的新平台

政党是民意的代表，政党外交促进民心相通。在政府外交渠道不畅的情况下，政党外交可以通过"前置性沟通"另辟蹊径，协助化解国家间隔阂矛盾。在没有正式建立外交关系的情况下，政党外交可以打通并保持双方联系渠道，为建立和发展国家关系起到铺垫和推动作用。[1]如上世纪70年代中日党际交往在促进两国关系正常化中发挥了重要作用，上世纪90年代中越、中老两国陆上边界问题通过政党领袖直接沟通得以解决[2]以及政党外交促成中国与加勒比地区未建交国建立外交关系等。

党的十八大以来，中国共产党深刻把握新时代中国和世界发展大势，在对外工作中进行一系列重大理论和实践创新，形成了习近平新时代中国特色社会主义外交思想。在这一思想指引下，中国外交全方位、多层次、立体化布局日益巩固，中国日益走近世界舞台中央，中国共产党也日益走近世界政

[1] 孙健：《论政党政治与政党外交》，载《南京政治学院学报》，2004年第6期，第58页。
[2] 贾德忠：《中国对东南亚国家政党外交：历史得失与政策启示》，载《国际论坛》，2015年第3期，第48页。

党舞台中央。作为中国特色大国外交的一面旗帜,"一带一路"建设的全面深入推进需要探索适合新时代发展的新型对外交往形式,充分调动包括政党在内的各种力量,善于运用一切可以利用的外交资源。这既是共建"一带一路"高质量发展的内在必然要求,也彰显出在当前逆全球化思潮抬头的国际形势下中国共产党的责任担当。此外,当前全球多边党际交流尚处起步阶段,发展潜力巨大,政党外交可以发挥重在理念沟通、形式灵活多样的优势,赋予国家间多边交往更多弹力和韧性,有可能解决国家和政府间组织不适合、不愿意、不能够、不应该涉及的国际问题[1],进而推动探索构建多种形式和层次的国际政党交流合作网络,进一步创造多边政党外交新形式,开辟现代外交新前沿,打造中国外交新天地,最终达到提升中国外交影响力、感召力和塑造力的目的。

(五)构建人类命运共同体的新动力

政党是推动人类文明进步的重要力量。当前,世界多极化、经济全球化、社会信息化、文化多样化深入发展,全球治理体系和国际秩序变革加速推进,世界面临的不稳定性不确定性依然突出,和平赤字、发展赤字、治理赤字仍然是横亘在人类谋求繁荣发展道路上的巨大障碍。时代的变化在客观上要求各国政党发挥责任主体作用。作为经济全球化时代日益兴起的治理模式,政党外交参与全球治理成为一种必然。[2]中国共产党倡议共建"一带一路",其出发点在于促进基础设施互联互通和产能合作互利互惠,加强经济政策协调和发展战略对接,找准了世界发展的痛点和难点,日益成为引导各国政党在涉及人类前途命运的重大战略问题上形成广泛共识的新的"增长点"。五年来,"一带一路"从构想到共识,从概念到行动,从倡议到落实,不断为国际社会提供优质公共产品,不断为推动形成合作共赢的国际秩序提供中国能量,不断为世界追寻更好社会制度的探索注入中国动力。联合国将"一带一路"及其承载的人类命运共同体理念、共商共建共享的全球治理观

---

[1] 周余云:《论政党外交》,载《世界经济与政治》,2001年第7期,第17页。

[2] 谭晓军:《政党外交:一种新兴的全球治理模式》,载《甘肃理论学刊》,2009年第2期,第42页。

纳入决议，充分反映了国际社会的普遍愿望。

开展"一带一路"政党外交，一方面有利于持续凝聚不同国家和意识形态的政党力量，共同应对人类社会面临的发展难题和挑战，为世界和平发展提供更多确定感和稳定性，为携手构建人类命运共同体汇聚更多认同感和行动力。另一方面有利于通过深化自身实践探索人类社会发展规律并同世界各国分享，彰显中国共产党历史自觉、全球视野和人类情怀，展现中国作为世界和平建设者、全球发展贡献者、国际秩序维护者的国际形象。

二、准确把握新时代"一带一路"政党外交的总体思路

当今世界发展格局在变，政党格局也在酝酿着深刻调整。如何将不同国家、地区和政见的政党聚拢在一起，携手共建更加美好的世界，需要中国共产党发挥政治引领作用，以构建人类命运共同体为指引，以构建新型政党关系为依托，统筹兼顾党际关系、国家关系和国际关系，逐步汇聚起新时代政党外交的合力。

（一）坚定政党外交自信

习近平总书记指出："当今世界，要说哪个政党、哪个国家、哪个民族能够自信的话，那中国共产党、中华人民共和国、中华民族是最有理由自信的。"[1] 作为一个拥有 8900 多万党员、领导着世界第二大经济体和 13 亿多人口大国的全球第一大党，中国共产党长期执政并取得举世瞩目的治国理政成就，有条件、有优势也有责任向世界其他政党讲述中国和中国共产党的故事，分享中国共产党治国理政经验。为此要坚定政党外交自信，发挥表率作用，紧紧围绕中国共产党的基本理论、基本路线与基本方略，积极开展"一带一路"政党外交，向外界讲明中国共产党如何领导中国取得巨大发展成就，同时展示重视借鉴各国政党执政经验和加强自身建设的开放形象。讲透中国共产党将为中国人民谋幸福、为中华民族谋复兴同为人类谋和平与发展

[1] 习近平："在庆祝中国共产党成立 95 周年大会上的讲话"，载《人民日报》，2016 年 7 月 2 日，第 2 版。

融合起来推进,通过推动中国发展给世界创造更多机遇。讲清中国共产党既不主张"输入"外国模式,也不谋求"输出"中国模式,不要求别国"复制"中国做法的独立自主主张。

(二)胸怀政党外交使命

恩格斯说:"一个知道自己的目的,也知道怎样达到这个目的的政党,一个真正想达到这个目的并且具有达到这个目的所必不可缺的顽强精神的政党——这样的政党将是不可战胜的。"建设更具全球视野和天下情怀的政党,是新时代对中国共产党提出的新命题。为此要胸怀政党外交使命,认真学习贯彻习近平总书记关于"坚持党对一切工作的领导""坚持以人民为中心的发展思想"等重要论述,深刻认识中国共产党面临的执政考验、改革开放考验、市场经济考验、外部环境考验,深刻认识"一带一路"建设的长期性、艰巨性和复杂性以及可能面临的各种风险挑战,善于发挥政党外交沟通世界、交流思想的作用,不断提高政治领导力、思想引领力和社会感召力。明确政党外交作为国家总体外交重要组成部分,要不断从习近平新时代中国特色社会主义思想中汲取力量,不断强化统筹国内国际两个大局意识,更加自觉地从世界普遍联系的整体观中审视中国共产党的国际责任,更加自觉地把以人民为中心的价值取向贯穿到"一带一路"建设全程,发扬实干精神,引领"一带一路"沿线国家政党做伙伴关系的推动者、世界和平的建设者、全球发展的促进者、文明互鉴的践行者、生态环境的守护者。

(三)明确政党外交理念

"一带一路"沿线各国政党宗旨理念、运作方式、政治地位、社会影响差别较大,一些国家实行的是多党竞争制,政党往往代表着特定群体利益诉求,其运作逻辑与中国共产党领导的多党合作和政治协商制度不同。"一带一路"政党外交旨在推动各国政党进一步凝聚起构建人类命运共同体的意识,因此必须超越地域国别、宗教派系、意识形态、发展模式等方面差异。习近平总书记在中国共产党与世界政党高层对话会开幕式上的主旨讲话中提出,"建立求同存异、相互尊重、互学互鉴的新型政党关系",构成新时代中国共产党政党外交的指导原则和根本遵循。求同存异就是要超越理念、民族、文化、信仰和地域等方面的差异和分歧，努力寻求最大公约数；相互尊重就是坚持政党无论大小都一律平等，互不干涉内部事务，尊重彼此的利益和关切，尊重彼此的思维方式和道路选择；互学互鉴就是践行"三人行，必有我师"，通过交流取长补短、共同进步，不把自己的意志和观点强加于人。[1] 要在综合考虑国际形势、国内发展、国家利益、国际形象等诸要素基础上，将党际关系与国家关系协调起来思考，将政党外交与国际关系联系起来把握，重在将政党外交关注点引导到共建"一带一路"上来，努力形成同心、同向、同力推进"一带一路"建设的局面。

（四）把握政党外交定位

政党外交是政府外交的有益补充和完善，两者作为总体外交的重要手段，共同服务于实现中华民族伟大复兴和构建人类命运共同体愿景。政党外交既要从外交工作的一般规律出发，又要结合政党主体自身特点，超越意识形态分歧，坚持不干涉内部事务原则，在首要维护国家利益的前提下，平衡把握政党利益、国家利益和国际利益之间的关系，稳步推进。实际操作中，既要加强与越南、古巴、朝鲜、老挝等社会主义国家执政党沟通，也要与美国、欧洲、日本等西方发达国家和俄罗斯、巴西、印度等新兴大国以及中东欧转型国家政党交往。既开展执政党外交，也做在野党工作。既接触左翼政党，也不拒绝右翼政党。重点做大国大党工作，也以平等态度联系中小国家中小政党。既同传统政党交往，也同新兴政党接触。[2] 既擅长做对华友好或态度中立政党的工作，也敢于主动争取敌视中国甚至唱衰丝路的政党。

（五）强健政党外交机制

中国共产党治党的重要经验在于把党建放在首位，推进全面从严治党深入发展，不断提高政党组织化水平，以有权威的党组织为推进国家现代化平稳发展提供制度性动力。这与美欧国家传统主流政党影响下降、政党政治沦为党争工具，进而导致否决政治盛行、治理效率低下、民粹极端政党趁机强势崛起形成鲜明对比。"一带一路"政党外交要推动进行广泛交流和充分协

---

[1] 宋涛：《建立新型政党关系 建设更加美好世界》，载《当代世界》，2018年第1期，第1页。
[2] 吴兴唐：《中国政党外交的特色与优势刍议》，载《当代世界》，2014年第4期，第60页。

商，创建能够展示各自优长并相互借鉴的政党交流合作机制。这一机制要尊重各国差异，对接各自发展战略，调动各方积极性。要明确这一机制并不具有政治联盟性质，不搞"小圈子"、谋私利，而是一个集众智、聚众力，倡议各方搁置分歧，提供相互了解机遇，专注治国理政交流的平台。要充分体现以文明交流超越文明隔阂、文明互鉴超越文明冲突、文明共存超越文明优越，充分反映世界文明多样性和发展模式多样化。

三、深入推进新时代"一带一路"政党外交的战略举措

（一）发挥高层引领

政党领袖是政党外交的核心枢纽，发挥政治引领的先导和管总作用。中国共产党的对外工作始终坚持以政治引领为纲，并将其贯穿到各项具体工作之中，通过交往、交流、交心，发挥方向引领、理念引领和认知引领作用。[1]习近平总书记等党和国家领导人经常亲自出面，与外国的政党领导人进行沟通和交流，发挥了重要的战略沟通和政治引领作用。[2]政党领袖从政策源头做外国政党工作并引导带动广大社会公众，使各国政党和政治组织更加理解、尊重、认同和支持中国共产党的价值理念、道路理论、方针政策和制度特色。新时代"一带一路"政党外交继承和发扬这一优良传统，通过深化政党高层战略沟通，加强对双边关系政治引导，以高层交往推动双边党际和国家关系持续健康发展，助推"一带一路"建设。

（二）打造高端平台

中国共产党与世界政党高层对话会开启了中国共产党与世界各国政党合作发展的新征程，要以此为机遇全力做好后续工作，将这一对话会打造成为具有广泛代表性和国际影响力的高端政治对话平台，成为以政党外交形式连接的全球政治互联互通网络。建议以 2019 年第二届"一带一路"国际合作

---

[1] 宋涛：《深入学习贯彻习近平总书记党的对外工作重要思想》，载《求是》，2017 年第 7 期，转引自人民网：theorg.people.com.cn/n1/2017/0331/c40531-29182418-2.html。
[2] 郭业洲：《全方位、宽领域、多层次的政党外交新格局已经形成》，2017 年 10 月 21 日。www.xinhuanet.com/politics/19cpcnc/2017-10/21/c_129724182.htm。

高峰论坛为契机，探索搭建专门的"一带一路"政党外交平台，从政党视角聚焦解决共建"一带一路"面临的问题和挑战。继续办好"亚洲政党专题会议""中欧政党高层论坛""中拉政党论坛""上合组织政党论坛""中美政党对话""中英政党对话""中日执政党交流机制""中非政党理论研讨会"等对话机制，一方面在有关活动中纳入"一带一路"议题，深化交流促进互信；同时以上述对话机制为切入点，深入研究推进对相关国家和地区的政党外交。

（三）加强理论创新

毛泽东同志曾说，"如果我们党有一百个至二百个系统地而不是零碎地、实际地而不是空洞地学会了马克思列宁主义的同志，就会大大地提高我们党的战斗力量"。理论创新是政党外交活力之源，以新型政党关系理念为核心推进"一带一路"政党外交理论体系建设，时不我待。要坚持以马克思主义立场、观点和方法为指导，继承中国共产党成立至今的政党外交实践与理论创新，特别是党的十八大以来中国共产党政党外交的新理念新作为，围绕党中央关心的重大理论和实践问题，结合全球治理体系变革及国际大势，进一步研究拓展"一带一路"政党外交实践路径。要加大中外政党制度比较研究，总结世界政党政治发展规律和"一带一路"沿线各国政党治党治国经验，促进相互了解和借鉴。

（四）构建政党话语

要讲好中国故事，就一定要讲好中国共产党的故事。首先要解读好习近平新时代中国特色社会主义思想，解读好党的重大理论路线和方针政策，通过讲好中国共产党的故事展现真实、立体、全面的中国。加强"一带一路"政党外交话语建设，针对"一带一路"聚焦发展和致力互联互通，着力打造富有"一带一路"特色、融通中外、贯通古今、东西交汇的新思想新概念新表述。推进国际传播能力建设，深入研究对外话语传播规律、路径和方式，做好"一带一路"政党外交话语产品的"供给侧改革"，在国际交往中善于以我为主设置议题，用沿线国家能够理解并乐于接受的语言阐释中国政党制度和政党外交原则。运用好"党的重大事项对外传播常态化机制"，组织好中共代表团访问交流，向"一带一路"沿线国家全面讲好中国共产党的故事。充分发挥各民主党派人才和对外交往联系广泛的优势，现身说法，共同讲好中国多党合作的精彩故事。

（五）深化国际合作

在合作对象上因国施策，对"一带一路"沿线发展中国家政党可着重开展经济社会发展、精准扶贫等经验交流；对发达国家政党可侧重开展政党建设等治国理政宣介。在合作主体上各尽所能，加强同"一带一路"沿线各国各类政党和其他政治组织以及智库、媒体和民间人士交往，充分发挥政府、议会、高校和青年等多主体作用。在合作内容上不拘一格，可就政党历史、执政理念、党纲主张、执政方式和经验等交流互鉴，结合"一带一路"建设重点推动政策沟通、人文交流和民心相通等领域合作，夯实"一带一路"合作的社会和民意基础。在合作方式上因地制宜，深化政党外交工作布局，拓展并落实好双多边党际交往合作规划，办好党际交流、论坛研讨、专题宣介等，稳步推进"一带一路"政党合作机制化建设。

拉美政党政治的新变化

徐 亮

　　拉丁美洲共有 33 个国家和地区。从 2017 年 11 月至 2018 年 11 月[1]，该地区八个国家举行总统选举，包括智利、洪都拉斯、哥斯达黎加、巴拉圭、哥伦比亚、墨西哥、巴西和委内瑞拉。2019 年，玻利维亚、阿根廷、乌拉圭、萨尔瓦多、巴拿马和危地马拉等六个国家将举行总统选举。截至本文写作完成之际，一部分有重要影响力的国家完成了政党的轮替，反映了拉美政党政治的新变化。相比 2015. 2016 年拉美所谓"右转"的"严峻挑战"态势[2]，2017—2018 年拉美左翼政党基本上稳住了阵脚，不仅成功地在一定程度上止损，还在墨西哥等国家获得局部的胜利，反映了拉美政党政治的复杂性和反复性。概括拉美政党政治的新变化，可以说左右胶着、建制失势、民粹主义（又被称为平民主义）政党崛起将是拉美政党政治未来三到五年的发展

---

[1] 本文的研究节点为 2017 年 11 月至 2018 年 11 月。截至本文定稿，拉美进入选举年的最后一个国家巴西已经于 2018 年 11 月选举出了新的总统，因此 2018 年度拉美的选举实质上已经基本结束。

[2] 徐世澄：《拉美左翼政权面临严峻挑战》，载《当代世界》，2015 年第 12 期，第 40 页。

趋势。

一、拉美政党政治新变化的具体表现

从执政党的变化与发展来审视，一个社会主义国家的执政党顺利过渡、两国非传统建制的民粹主义政党获得胜利、安第斯三国继续保持左派政党的执政地位、四个国家的中右派政党战胜左派政党继续执政。

（一）一个社会主义国家的执政党顺利过渡

古巴是一个长期坚持社会主义道路的国家。2018年4月，古巴共产党顺利完成领导人换届选举。年富力强的迪亚斯－卡内尔在古巴新一届全国人民政权代表大会当选古巴国务委员会主席，成为新一任古巴国家元首兼政府首脑，这意味着古巴告别持续了近六十年的"卡斯特罗兄弟时代"。信息公开和代表年轻化是古巴执政党的突出亮点。2018年4月18日，新一届大会全程由媒体实时播报。通过地方、中央多层选举模式进行的权力交接，体现了国家民主的进步，"一方面，新领导班子将凭借执政能力的伦理维度获得民主支持，减少了领袖光环，这无疑有利于减少西方世界对古巴社会主义的盲目抨击；另一方面，卡内尔也将接过深化经济政策调整，如何维系民众支持等挑战"[1]。毫无疑问，他将在延续革命传统与推进政策开放中寻找新的政治发展平衡。

（二）两国非传统建制、民粹主义色彩浓厚的政党获得总统选举胜利

"离上帝很远、离美国很近"的墨西哥也迎来了该国历史上的剧变。2018年7月墨西哥大选，左翼民粹主义政党候选人安德烈斯·曼努埃尔·洛佩斯·奥夫拉多尔以超过53%的压倒性得票率胜出。"这是时隔89年以来，墨西哥左翼人士首次当选总统"，[2]一扫2015年拉美左翼在选举中处于退步的阴霾。

---

[1] 韩晗：《古巴领导人换届，从卡内尔的履历中寻找古巴未来发展方向》，https://www.thepaper.cn/newsDetail_forward_2084358 。

[2]《墨西哥89年两党执政结束，左派首登台》，https://www.thepaper.cn/newsDetail_forward_2233869。

2018 年 10—11 月，巴西经过二轮选举后，社会自由党总统候选人雅伊尔·博索纳洛（Jair Bolsonaro）获得了 55.13% 的有效选票，击败劳工党候选人阿达德，当选巴西第 44 任总统。博索纳洛所在的社会自由党在大选之前只不过是个实力弱小的党派，而其竞争对手则是巴西的三大传统党派。美国《华盛顿邮报》表示，巴西是又一个右派铁腕民族主义者获得选举胜利的国家，而且此类国家的名单正在增加 [1]。

（三）安第斯三国继续保持左派政党的执政地位

在一些观察者的光谱中，拉美左翼风潮中，古巴是深红色，玻利维亚、委内瑞拉、厄瓜多尔和尼加拉瓜是所谓浅红或者说粉色的光谱（明确提出社会主义）。可以说，尽管委内瑞拉执政党的前途存在着极大的争议，但拉美激进左翼的标志性国家，包括玻利维亚、委内瑞拉、厄瓜多尔和尼加拉瓜，执政党的地位基本上都得到维持。

安第斯三国（委内瑞拉、玻利维亚和厄瓜多尔）的左派执政党经历了多种挑战，但都生存了下来。面对不利的内外形势带来的压力和挑战，三国执政党竭尽全力保持执政地位。委内瑞拉统一社会主义党在 2017 年参加制宪大会选举和地方选举，尽管选举结果存在巨大的争议，但执政党仍牢牢控制局面，2018 年 8 月更是挫败了针对马杜罗总统的暗杀行动。玻利维亚争取社会主义运动支持莫拉莱斯总统在 2019 年再次参加总统选举，谋求第四个任期。玻利维亚宪法法院 2017 年 11 月 29 日裁定，取消对总统、副总统、省长、市长和议员等候选人连选连任的次数限制 [2]。厄瓜多尔执政党主权祖国联盟运动成功赢得了 2017 年大选。厄瓜多尔这次选举是拉美左右两派政治力量的一次较量，对拉美左右两派都具有重要的标志性意义。近几年，中右派力量在拉美政坛崛起。随着多米尼加共和国解放党和尼加拉瓜桑地诺民族解放阵线分别夺取胜利，右派突飞猛进的势头暂时中止。到 2016 年底，拉美两派的政治较量呈现胶着状态，政治版图上左右两派掌权的国家接近平衡。

---

[1] 转引自张维琪：《2018 巴西大选回顾：极右翼小党候选人缘何胜出》，http://m.thepaper.cn/rss_newsDetail_2589365?from=sohu。

[2]《玻利维亚宪法法院允许总统第四次竞选》，http://sputniknews.cnpolitics/201711291024162942/。

属于中左派阵营的厄瓜多尔主权祖国联盟在大选中再次获胜，对于接连受挫的拉美左派来说，无疑是一个极大的利好消息。多数厄瓜多尔选民对左派代表人物科雷亚总统和主权祖国联盟过去 10 年取得的政治、经济、社会成果，还是肯定的。

（四）四个国家的中右派政党战胜左派政党继续执政，但随着时间推移优势减退

从人口、面积来说，巴西、墨西哥、阿根廷、哥伦比亚、智利这几个国家是本地区较有影响力的国家。在这些国家中，2015 年阿根廷已经完成了政党的换届选举。除了原有的中右或右派政党尚未到大选年继续执政外，从 2017 年起，截至 2018 年 11 月，拉美又有多个国家完成了换届选举，其中有四个国家的中右政党继续执政，但和左翼政党的差距随着时间的推移越来越小，右派政党的优势也越来越不明显。2017 年 5 月，巴哈马自由民族运动（FNM）在议会选举中获得压倒性优势，收获全部 39 个众议员席位中的 35 席，进步自由党（PLP）获 4 席，民主全国联盟（DNA）和独立候选人未获席位。FNM 赢得自 1992 年以来的第四次大选胜利。2017 年 12 月，智利中右翼反对派联盟"智利前进"的总统候选人、前总统皮涅拉宣布赢得了第二轮总统选举。2018 年 4 月，来自执政保守党派红党的参议院主席科罗拉多党（红党）的候选人马里奥·贝尼特斯获得 46.47% 的选票，击败反对党候选人、左派的真正激进自由党领导人埃弗拉因·阿雷格莱赢得选举，当选新一届巴拉圭总统。2018 年哥伦比亚则以较小的差距维持了中右翼政党执政的格局。哥伦比亚右翼的民主中心党候选人伊万·杜克和左翼的进步主义运动党候选人古斯塔沃·彼得罗在第二轮得票比较接近，右派政党赢得并不轻松。

除了以上国家之外，巴巴多斯政党局势也发生了戏剧性的变化。2018 年 5 月，巴巴多斯工党以压倒性优势赢得大选，获得约 74% 的选票。巴巴多斯独立后首次出现单一政党赢得众议院全部席位，出现了巴巴多斯独立后首位女总理。正是在工党时期，作出了和中国建交的明智决定。

二、拉美政党政治新变化的发展趋势

2017—2018 年，拉美国家的政党在经历了 2016—2017 年左派政党持续走低之后有了小幅的反弹，突出体现为古巴执政党顺利过渡，左右政党执政态势此涨彼伏，民粹主义有取代传统政党的趋势。

（一）民粹主义政党在主要拉美大国逐渐占据执政地位，正在构建拉美政坛新格局

政党发展是指拉美政党政治中出现的一些新的党派和党派新的发展变化。拉美近年来出现了一些新的政党，但总体来说反建制主义、民粹主义是拉美政党发展的一个鲜明的特色，一些学者把委内瑞拉、玻利维亚、厄瓜多尔等国执政党推动的政策称为民粹主义。这些执政党积极利用电视、网络、报刊等现代传媒宣传民族主义思想，激烈反对西方发达国家的剥削和侵略，通过政府干预的方式促进社会平等和实现社会正义。尽管 2015 年起阿根廷、巴西等国家的执政党相继失势，并被西方学者和舆论解读为拉美持续右转或者拉美兴起反民粹主义浪潮，然而实际上阿根廷、巴西政党的轮替只是一种正常西式选举框架下的选择行为，并没有从根本上动摇民粹主义的基础。2017—2018 年，拉美国家的传统政党正在经受信任度持续走低带来的冲击。2017 年的民调结果显示，信任拉美政党的民众比例已经降至 2003 年以来的最低值，仅有 15%，其中巴西人对政党的信任度仅为 7%。在抗议巴西前总统罗塞芙的集会中，抗议者不但没有反对民粹主义，反而提出更加激进的主张。墨西哥自 1929 年革命制度党（PRI）建立以来，右翼倾向的革命制度党（PRI）和国家行动党（PAN）已经轮流执政了长达 89 年之久。2018 年 7 月，左翼政党候选人安德烈斯·曼努埃尔·洛佩斯·奥夫拉多尔以超过 53% 的压倒性得票率胜出。巴西的总统投票，则选举了极右翼的社会自由党候选人。同样的变革发生在中美洲小国洪都拉斯。在 2017 年 11 月总统选举中，著名电视主持人、反对独裁联盟候选人萨尔瓦多·纳斯拉亚和时任总统、代表执政党的胡安·埃尔南德斯同时宣布自己赢得选举。纳斯拉亚是洪都拉斯近代历史上第一位既未参加过自由党也未加入国民党的总统候选人。大选结果出来后，埃尔南德斯被广泛质疑在大选中有种种"舞弊"行为，但随着美国 12 月 22 日发表声明支持埃尔南德斯连任洪都拉斯总统，反建制的候选人纳斯拉亚只能自认"失败"，他接近撼动自 1982 年以来洪都拉斯传统的两党制。

当然反建制只是一种趋势，就现状而言，拉美的反建制浪潮仍然局限在拉美大国，并没有蔓延到大多数拉美中小国家。中小国家的民众仍然是企稳。建制派延续执政地位仍然是多数中小国家民众的主导性意见。拉美 33 个国家中，从 2014 年 5 月至 2018 年 9 月发生原执政党地位丧失的，实际上只有 9 个国家，执政党的更迭仅占比 24%。巴拿马（2014 年 5 月）、安提瓜和巴布达（2014 年 6 月）、乌拉圭（2014 年 12 月）、圣基茨和尼维斯（2015 年 2 月）、圭亚那（2015 年 5 月）、特立尼达和多巴哥（2015 年 9 月）、圣卢西亚（2016 年 6 月）、墨西哥（2018 年 4 月）、巴巴多斯（2018 年 5 月）。从连续性而言，这种更迭也没有因为巴西、阿根廷左翼执政党的下台而出现左派政党崩盘的情况，相反 2018 年墨西哥左翼上台，巴巴多斯也是由左派的民主工党转移到中左的工党（两者均是社会党国际成员）。

（二）拉美政党在选举中越是致力于强力解决社会痼疾就越受欢迎

拉美政党的功能在发生一些变化和分化，主要体现在越来越注重解决社会问题。巴西选民们放弃政治舞台上的传统政党，选举极右翼候选人博尔索纳罗，原因就是博尔索纳罗承诺以铁腕手段解决腐败、经济危机以及随之而来的不安全感。墨西哥新当选的总统将自己塑造成一个"外来挑战者"的角色，承诺自上而下地在墨西哥进行革命性的改革。对内政策方面，奥夫拉多尔提议集中打击腐败问题、消除社会不平等现象，剥夺上层人士特权，腾出资金刺激经济发展、促进就业。他还主张墨西哥应加强刺激国内市场发展。

伴随着拉美面临的社会问题日渐迫切，左右政党对一些问题的主张趋近程度越来越高。在左翼主导的国家里，注重以国家力量对经济成果进行再分配，而在那些从左派政党接替了政权的右派政党执政的国家里从注重公平分配转向如何发展经济。特别是到了 2018 年，鉴于委内瑞拉的教训，左翼执政党开始注重经济发展。例如厄瓜多尔总统莫雷诺的政治经济主张没有科雷亚那样激进。从他的竞选表述来看，他将保持现政府政策的连续性，同时也将进行必要的改革和调整。他曾表示，将保持"科雷亚模式的一切好的东西"，改正需要改正的东西，以达到更加完善。尽管在意识形态上日益对立，但在一些具体经济问题的对策上无论谁当选，都要考虑竞争对手提出的问题。哥斯达黎加执政党候选人卡洛斯·阿尔瓦拉多赢得总统选举后，将自己的施政纲领形容为"变革的延续"，意指自己将延续现政府的施政方针，注重环保和社会发展问题，认为应促进公共交通电气化和经济低碳化。其中一些观点吸收了哥斯达黎加公民行动党总统候选人索利斯公布的十大施政纲领内容。

（三）在多数拉美国家，左右两派政党在选举中势均力敌、相互制衡的趋势非常明显

左派政党稳住阵脚，止损；右派发展态势趋缓，控制的政权数量并没有明显扩大。拉美政党政治的表现呈现"之"字形的路线。从 2006 年以来，左翼兴起并纷纷在一些有影响力的国家执政。到 2015 年开始阿根廷、巴西等国家的左翼政党纷纷下台。拉美似乎出现了左翼倒台、右翼回潮的局面。这种解释有其道理，但把握趋势却未必精准。2018 年的形势可以说是左翼政党不但顶住了回潮，还有一定程度的发展。阿根廷、巴西等国家右翼回潮不假，但古巴、玻利维亚、厄瓜多尔和哥斯达黎加等左翼执政的国家都稳住了阵脚。委内瑞拉虽然陷入了动荡中，但基本上维持着动而不乱的局面，执政党仍然控制着国家。而右翼回潮的国家政党在选举中的表现其实差强人意，表现得并不出色。2016 年 6 月，秘鲁中右翼变革联盟候选人库琴斯基战胜人民力量党候选人，当选秘鲁新总统，但只有不到 0.3% 的微弱优势。洪都拉斯选举中埃尔南德斯连任胜选，以些微差距击败左派反对党候选人纳斯拉亚。哥伦比亚 2018 年选举中，右翼的民主中心党候选人伊万·杜克和左翼的进步主义运动党候选人古斯塔沃·彼得罗在第二轮得票比较接近，右派政党赢得并不轻松。巴西如果不是法院裁决卢拉不能参加总统大选，那么社会自由党候选人当选总统的可能性较小。正是法院的裁决使卢拉不能参加大选，而劳工党候选人没有足够的时间成长，才导致极右翼政党上台。如果说左派执政的国家出现了困难，右派执政的国家日子其实也并不好过。即便是在巴西，社会自由党也面临着三大传统建制政党的制约以及持续不断的示威活动，执政恐不顺畅。

(四)在拉美国家,法律在政党选举争执中的仲裁作用已经越来越弱化

拉美国家的法律机构很难做到真正的中立。在多起涉及法律的仲裁事件中,法院都做出了有利于所谓"民意"的结果。在巴西的弹劾总统案中,法院做出了有利于反对派的结论。玻利维亚宪法法院 2018 年 11 月 28 日裁定,取消对总统、副总统、省长、市长和议员等候选人连选连任的次数限制。

三、2019—2020 年拉美政党政治发展趋势的预测

拉美政党的新变化是一个运动的过程。在一些加勒比国家,由于采取了英国议会制的方式,因此这些国家早在 2015—2017 年就基本上完成了政党政治的轮替。这些国家的反对党上台以后,在选举年到来之前,一直维持现有的政治格局。从 2014 年以来,一些拉美国家尚未进入选举年,因此这些国家的执政党到 2018 年仍然延续之前的地位。2017—2018 年一些重要国家的政党发生了一些变化。那么到 2019 年乃至 2020 年,拉美国家的政党将会体现出一些新的变动。

(一)反建制浪潮有可能从拉美大国扩散到中小国家

拉美的民众期待新生政治力量能够推动解决本国根深蒂固的政治问题。在一些重要国家,反建制政党继续呈现崛起的态势。从反建制的角度来审视,2015 年的阿根廷获胜的中右政党联盟代表的是一种与传统阿根廷左右翼均不相同的反建制运动。早在 2014 年 11 月总统选举中,乌拉圭左翼"广泛阵线"联盟总统候选人塔瓦雷·巴斯克斯(得票率 53.7%)以较大优势战胜对手白党总统候选人。2015 年 10 月在危地马拉总统选举中获胜的国家融合阵线候选人、无执政经验的前喜剧演员吉米·莫拉莱斯赢过传统政党候选人,以压倒性优势获得总统宝座。赢得 2018 年 7 月总统大选的墨西哥左翼候选人和 2018 年 11 月巴西社会自由党候选人也是以取代传统政党的姿态而获胜的。作为拉美的最大国家,巴西政党的动向无疑具有风向标意义。由于墨西哥、巴西都是拉美的大国,对地区的局势具有重大影响力。从过去的经验看,

在这些国家发生的事件，会逐步扩展到周边的中小国家。因此，这些国家发生的非建制政党上台现象很容易溢出国门，扩散并影响到 2019 年乃至 2020 年拉美中小国家的选举活动中。

（二）拉美主要大国政坛斗争将会日趋激烈，形成动荡不安的趋势

巴西、墨西哥和阿根廷都是拉美的大国。除了墨西哥外，阿根廷的左翼政党仍然有着较大的机会取得选举胜利，巴西劳工党尽管没有取得总统大选胜利，却在第二轮总统选举中保持了强大的影响力。巴西劳工党仍然有着较高的支持率，前总统卢拉在总统选举前民调中处于第一位。左翼意识形态在巴西仍然具有强大的吸引力和影响力。即便是在开启了拉美右转的阿根廷，2015 年 10 月，来自中右翼政党联盟"我们变革"的毛里西奥·马克里获胜，当时马克里和左翼候选人肖利在第一轮投票中只相差很小的百分点（36.07%VS34.86%）。联盟由于代表中上阶层的利益，难以保证中下层民众的利益和诉求，并不能排除左翼政党的复兴和抗争。委内瑞拉在国际制裁和巨大争议中勉强举行了总统选举，维持了原执政党的地位，但由于严重的经济通货膨胀，虽勉强维持局面但右派政党不断掀起反对的声浪。可以说，拉美主要大国政坛斗争将会日趋激烈，建制派势力庞大，形成对反建制的执政党制约，而新的执政党必然要对本国的政治与经济结构展开系统性的调整与变革。双方展开剧烈的博弈，形成动荡不安的局面。

（三）国际社会对拉美政党选举的司法干预有强化的趋势

拉美国家的司法不仅面临着本国执政党的行政压力和内部的民众压力，还面临着美国干涉的可能。因此很多拉美国家在对政党相关行为进行调查和审理时，或者主动求助于国际社会的帮助，或者会被动受到国际社会的压力。2018 年 8 月，危地马拉检方与联合国支持的反逍遥法外国际委员会三度寻求剥夺总统吉米·莫拉莱斯的司法豁免权，以推进针对他的涉腐调查。同月，联合国人权理事会裁定，被监禁的巴西前领导人卢拉参加总统选举的资格不能被取消。巴西司法机关在 2014 年启动的大规模反腐调查中认定，包括卢拉在内的多名政坛要人与国企巴西石油公司贪腐案有关[1]。2017 年 7 月，卢拉被判贪腐和洗钱罪名成立，获 9 年零 6 个月有期徒刑。2018 年 1 月，巴西联邦地区法院二审维持一审判定的罪名，并将刑期增至 12 年零 1 个月。而联合国人权理事会"要求巴西政府采取一切必要措施，确保卢拉作为一名总统候选人能够在监狱中享有并行使其政治权利。"这些干预一方面起到一定的作用，另一方面对这些国家的主权也有一定的削弱。

（四）执政党与国家政权之间的关系有望得到某种重塑

由于拉美各国持续追查和打击腐败行径，大批主流政党的重要人物被调查。2017 年，巴西总统特梅尔成为巴西历史上首位遭到刑事起诉的在任总统。乌拉圭副总统劳尔·森迪克因涉嫌腐败而不得不辞职，危地马拉总统吉米·莫拉莱斯也面临着国内外有关他腐败的司法调查。厄瓜多尔副总统豪尔赫·格拉斯被该国最高检察院提起指控。反腐风波还牵涉到已经离任的总统，如巴西前总统卢拉则受到贪腐的司法指控而被判刑，秘鲁前总统奥良塔·乌马拉等人因为牵涉案件而接受司法调查。拉美政党是以执政为目标而建立起来的，在代议制政体里，政党取得执政地位如何运用权力、如何确保权力不受腐蚀，已经成了拉美各国政党不得不考虑的问题。可以预见的是，如果拉美的传统政党不自我革新，不自我修复，那么被选民抛弃则是必然的结果。这也在很大程度上促进了拉美政党的制度、监督规则的建设与完善。

（五）执政党弥合国内分歧的任务更加迫切和艰巨

拉美政治意识形态的分化以及左右派的意识形态对立使拉美社会更加的分裂。左右两派政党胶着状态又使得国内很难就经济与政治问题达成一致的意见从而解决问题。无论是大选期间，政治力量斗争加剧，还是建制与反建制派加深裂痕，无论是左派政党执政还是右派政党执政，都面临同样的困境。例如哥斯达黎加执政党公民行动党总统卡洛斯·阿尔瓦拉多获胜后呼吁哥斯达黎加人民团结一致，表示自己将团结带领国家向前发展。厄瓜多尔总统莫雷诺获胜后也面临着弥合国家政治分裂和复苏经济两大严峻挑战。

---

[1]《巴西联邦最高法院驳回卢拉人身保护令申请》，http://world.huanqiu.com/article/2018-04/11781730.html。

（六）拉美政党对强化自身国家治理能力建设的需求越来越迫切

随着国际大宗商品价格的暴跌，拉美经济陷入低谷，持续在低谷徘徊。2015 年和 2016 年还连续出现负增长。2017 年，该地区经济有望实现有限度的增长，但增长力度非常小，仅有 1.1%，而且难以持续。在这种形势下，拉美国家的执行党不得不实行以财政紧缩为特征的经济调整，但是与这种要求相矛盾的是，拉美国家的传统执政党缺乏有效化解政治矛盾的能力，更缺乏把执政联盟内部派别林立的小党凝聚起来的能力，从而导致执政党对国家的经济治理能力不仅先天不足，后天也面临着各种掣肘。拉美国家变革政党制度，强化自身的经济治理能力建设，任务非常繁重，也是一个长期的发展趋势。

四、启示

（一）经济治理成效是执政合法性的重要基础

造成部分拉美国家传统政党被抛弃的原因很复杂，其中一个重要因素是经济治理的成效不佳。经济治理包括经济发展、解决贫富分化以及可持续发展的能力。作为执政党，经济发展模式不能左右摇摆，缺乏长期的战略规划。如果高度依赖国际市场，缺乏独立自主的经济体系，那么一旦遭遇全球经济的周期性衰退，执政党便无力应对，甚至造成灾难性的后果，执政地位也会岌岌可危。拉美国家的一些左翼政权面临着内外困境，阿根廷、巴西等国家的左翼执政党对权力得而复失，充分说明了这一点。

（二）坚定不移地反对腐败

拉美国家对执政党和在野党持续不断的反腐风暴，充分说明了为了政党能够保持政治地位，必须坚定不移地反对腐败，加强党的自身建设。"腐败对政党公信力的伤害巨大，如果不进行制度化的约束、加强党内党外监督，腐败问题就会随时威胁执政党的执政地位"[1]。拉美国家从军政府向民选政

---

[1] 史小今：《拉美左翼政党失去政权原因及反思》，载《科学社会主义》，2016 年第 4 期，第 146 页。

府转型是比较成功的典范，但相应的政党执政能力转型则面临着与民众期盼不匹配的矛盾。相当多的拉美国家执政党并没有找到适合本国国情的发展道路，缺乏强大的自我反省和纠错能力。一些拉美国家的政党上台后治党不严，无法有效解决党内腐败问题，只有在反对党的压力下，甚至在失去政权后才会进行反省。严重的政坛内乱和腐败问题，不仅是"西方民主"陷入困境的证明，也是中国走自己道路、加强党的执政能力建设、坚持纯洁自身的最好注脚。

（三）执政党需自我革新、不断进行自身建设

拉美一些国家的执政党长期忽视自身建设，因而在面对重大挑战时失去了凝聚力和战斗力。在缺乏强有力的组织和制度建设的情况下，执政党没有长期执政的纲领和制度安排，导致拉美许多政党缺乏强有力的组织能力。在一些拉美国家，政党仅仅被作为竞选工具，一些政党甚至在竞选结束后就不复存在了，更不用说发挥政党的思想、组织和政治作用了，还有一些拉美政党依靠领导人的个人魅力而非政党自身的纲领和号召力，一旦富有魅力的领导人退出政治舞台，政党的凝聚力、号召力和影响就会迅速丧失甚至边缘化。拉美国家如果能认真总结这类教训，汲取其他国家的成功经验，就有可能走出困境，踏上持久稳定和繁荣之路。

印度政党政治的新变化

周 帅[1]

2014 年，印度人民党战胜印度国大党，获得压倒性胜利，成为印度执政党，印度人民党出身的莫迪成为印度总理。人民党获胜以来，并未满足现有成就，在莫迪的领导下，印度各方面均获得了快速发展，这反过来也进一步巩固了印度人民党的执政地位。2019 年印度即将再次举行议会选举，在没有发生重大变故的前提下，印度人民党依旧会再次取得此次选举的胜利。有鉴于此，非常有必要对印度政党政治演变进行系统梳理，总结其新变化，分析人民党胜利的原因，对未来走向做出预测。

一、印度政党格局演变及最新变化

印度自独立以来，逐步形成了具有印度特色、符合印度国情的政党政治，

---

[1] 周帅，北京第二外国语学院政党外交学院讲师。

各个政党积极参与中央政府和地方各邦的选举。目前,印度实行多党制,政党众多,但是主要有两大政党:印度国大党与印度人民党,除此之外还有印度共产党、泰卢固之乡党等多个政党。

印度国大党,又称国大党,于1885年在孟买成立,是印度历史最悠久的政党。二战严重削弱了英国实力,最终,英国不得不允许印度独立。而国大党因为长期致力于实现印度的独立,在印度国内积累了巨大的声望,在1947年印度独立之后,国大党因之成为了执政党。国大党领袖尼赫鲁担任了印度总理。印度自独立后,国大党除1977年和1989年大选败选外,一直是印度的执政党,在冷战时代,国大党执政时间占了绝大多数时间。

印度人民党诞生较晚,源自印度人民同盟(成立于1951年),迟至1980年才从原人民党(印度)分离出来。该党总原则是将处于弱势地位的阶层和少数派利益放在核心地位。具体来说,在内政与外交上都提出了鲜明的主张,在内政上主张实行非教派主义、民主主义和民族主义;在外交上则反对偏向任何大国或大国集团,主张"真正的不结盟",同时主张与邻国建立良好关系。

印度人民党主要支持者为印度教教徒和城镇中产阶级即城镇中小商人。该党在1984年的大选中首次获得了2个议席,在1989年获得了86个议席,1991年119个议席,至1996年获得了160个议席成为了第一大党。

2014年5月16日,印度人民党赢得545个议席(2席需要任命,543席选举产生)中的282席,其领导的全国民主联盟共夺得334席,不论是以印度人民党本身议席计算,还是以其为核心的全国民主联盟议席看,印度人民党都获得了压倒性胜利。印度人民党再次成为执政党。而在印度政坛长期居于主导地位的印度国大党领导的团结进步联盟一共才获得63席,其他两党之外的党派势力共获得146席。莫迪自2014年担任总理以来,印度经济快速发展,其经济增速一度世界第一,印度人民党不断发展壮大,就党员总人数而言,已经跃居全球第一。2019年,印度又将举行议会选举,人民党势头不减,国大党颓势依旧,形成鲜明对比。

总结起来,印度政治格局,经历了国大党一家独大、国大党与人民党相互竞争动态平衡两个阶段，在目前的动态平衡中，印度人民党占据优势。

二、印度人民党快速发展的原因

（一）冲破了种姓制度限制，向各个阶层发展党员

印度人民党根据印度具体国情，从印度社会多层性出发，贯通种姓制度下各个阶层壁垒，争取到了越来越多的民众支持。印度的种姓制度是印度不可摆脱的顽疾，经历几千年的发展已经在印度社会固化。在这种严苛的种姓制度下，印度各个种姓之间有着严格的界限规定，可以说是一种非常森严的阶级制度。虽然印度在1947年独立之后，以法律的形式正式废除了种姓制度，但在历史的惯性下，种姓制度依然根深蒂固，每一种姓都有不同的身份地位和社会待遇。

低种姓在种姓制度中地位很低，长期得不到良好教育也缺乏权利意识。但随着印度经济的发展，低种姓群体的政治权利意识日渐觉醒，同时也越来越认识到获得政治权力的重要性，低种姓为维护自己的利益，开始为自身各方面权利作斗争。低种姓集中的地区成为各个党派争夺的重要选票来源。

印度人民党最初只关注种姓制度的婆罗门阶层以及富有大商人阶级，选票也集中在高种姓和较高种姓的印度教徒和富有阶层。但在巩固了高种姓基本盘后，印度人民党开始大力争取种姓制度中的低种姓群体。首先，针对低种姓的生存状况，明确提出要提高低种姓人群生活条件，提高低种姓生活成为了印度人民党关注的重要内容。该党获得大量低种姓群体的支持，最终在1991年成为了仅次于印度国大党的第二大党。在1992年后，印度人民党进一步将重点放在人数众多的农村。最终在1996年印度大选中，取代印度国大党，一跃成为议会第一大党，执掌政权。在1998年，再次执政。

其次，印度人民党不仅关注低种姓民生，还大力吸收低种姓群众入党，甚至聘为政府官员。在印度，担任官员，尤其是高官对于大多数低种姓来说都是遥不可及的。但是印度人民党为了吸引低种姓选民，非常支持低种姓中具有优秀组织能力的成员担任要职。

印度人民党为争取权力向中间路线摆动，打破本身代表较高种姓的阶级属性，重视低种姓政治和经济利益，从而扩大了印度人民党的选民基础。

（二）团结一切可以团结的力量，争取其他小党的支持

印度自独立以来，政治上延续着英国殖民时期的政治制度，实行议会制，其中人民院（议会下院）是印度最重要的立法机关。依据印度现行宪法，人民院选举采取相对多数制，只有获得人民院多数席位的政党（或政党联盟）才拥有组阁权。

自印度独立以来，国大党凭借自身优势一直牢牢地掌控着组阁权。20 世纪 90 年代，国大党丧失一党独大优势地位，一些地方政党逐渐成为印度政坛中的中坚力量。目前在数量对比上，除了七个全国性政党外，政党林立的印度大多数政党都是地方政党。它们的出现改变了印度政党政治的格局，地方政党使全国政治力量日渐朝着分散化方向发展。自 20 世纪 80 年代以来，没有任何一个政党能够获得议会简单多数，也没有任何一个政党能得到印度全国范围的支持，这种情况促成了联合政府的产生，印度政治进入了一个联合执政的新时代。

对于印度人民党来说，有必要与一些地方政党实现联合，增强实力，从而增强地位，获得并维持政权。印度人民党在 1996 年选举中一跃成为第一大党，有权进行组阁，瓦杰帕伊主席任总理。但由于印度人民党的宗教特性，除了少数地方小党外，得不到其他政党的支持，不能通过信任投票，不得不辞职，政府只存在了 13 天。在这次无奈的失败经历之后，印度人民党吸取教训，开始采取竞选联盟的办法，与其他党派求同存异，进行联合竞选与联合执政。在 1998 年选举中，印度人民党得到 179 个议席，占总席位数的 33.5%，作为议会第一大党再次组阁，它主动联合一些较小政党组成全国民主联盟，组成了一个微弱多数的联合政府，瓦杰帕伊再次担任总理。

为了避免因为个别党派随时倒戈导致政府垮台，印度人民党提高风险意识，扩大了政党的联合范围，即使有个别政党退出，联合政府也能继续执政。印度人民党在争夺选票和保持执政地位的过程中，争取了其他地方政党的支持，整合其他政党的政治资源，与众多盟友一起联合执政，是审时度势做出的策略行为。它能够获得多数席位与它的联合竞选策略密切相关，能够顺利完成执政，也有依赖于其联合阵营的政党支持，既保证了组阁条件规定以及执政的合法性，也在这个过程中不断扩大影响力和势力范围，夯实立足的根基。

（三）注意把握民族主义尺度，进行世俗化转型

人民党建党之初，其领导人瓦杰帕伊属于温和派，他本人想改变其前身（人民同盟）教派色彩过浓的形象，遂提出"民族主义、民主主义、非教派主义和甘地社会主义"的纲领，将世俗主义作为人民党信条和国大党竞争。但是这种努力收效甚微，具体表现就是人民党第一次参加大选仅仅获得 2 个议席。面对此种局面，人民党立即调整了策略，当时恰逢伊斯兰教复兴运动兴起，伊斯兰原教旨主义在中东及南亚等地区蔓延，这让一直与伊斯兰教存在矛盾冲突的印度教产生严重的危机感，也造成了印度国内反穆斯林情绪增长。

20 世纪 80 年代以来，印度人民党将印度教危机转化为人民党的机遇，及时调整选举战略，主要是强化印度教认同，以吸纳更多的印度教徒。20 世纪 80 年代末，人民党提出"一个国家，一种文化，一个民族"的印度教民族主义思想。在具体行动中，人民党更是极力鼓动印度教教派情绪，如在 1992 年发生阿约迪亚毁寺事件时，人民党就竭力夸大宗教矛盾，鼓动印度教教徒的宗教情绪，意图通过此次事件对印度教教徒进行政治动员，最终实现夺取中央权力的目的。极端的宗教思想和行为使人民党获得了印度教教徒的大力支持，自身力量获得极大增强。

但是要保持和扩大人民党自身优势，只是借助于极端的宗教主张并非长久之计。1995 年以后，该党的政治主张开始逐渐走向温和，比较有争议和较为敏感的议题被搁置，同时提出了新的主张，以印度民族主义来取代印度教民族主义，但是其实质是以民族主义之外衣掩盖其印度教教派主义之内核，使得教派主义色彩更加隐蔽。这一策略使得人民党获取了更多的民众支持。在此之后，人民党得票率一路高歌，在印度第十一届大选中成为议会第一大党，在之后的第十二届、第十三届大选中也成功保持了议会第一大党的地位。

印度人民党适时调整并扩大其利益代表范围，不僵化不固化的实用主义是该党持续发展的重要原因。从世俗主义到极端的印度教思想，再到温和的印度特性，人民党总是根据具体形势及时调整政策，提出最有利于自身发展的口号和纲领。

通过对印度人民党崛起因素的探讨，我们不难发现，一个政党若要保持良好的发展势头，在政治动员、利益代表和具体行动中要做到以下几点。第一，惠及大多数选民，以此夯实执政基础。在保证不失去既有选民的基础上更具包容性，突出自身利益代表的广泛性。第二，积极团结外部力量，提高政党整合能力。政党要获得更大的发展，必须重视对政党外部资源的有效整合和利用，扩大自身的行动力。第三，顺应时代发展，坚持与时俱进。一个政党长久地被人民所接受和认可，必须把握形势特点，根据所面临的具体情况调整自身各项政策，制定出符合本国国情的纲领。

三、印度政党政治发展最新走向

印度的根本大法是印度宪法，其政党政治也依据宪法和相关法律运行。国大党与人民党两党轮流主政，处于一个动态平衡的状态，未来相当长的一段时间会保持下去，其他主要政党要么依附于其中的一个政党，要么处于边缘化的境地，至于众多的小党和地方政党，多数并没有实际影响力，在印度政党政治中的作用微弱。

（一）两党依旧保持总体动态平衡，但是印度人民党优势持续扩大

目前，根据宪法实行多党制的印度，事实上形成了以印度国大党与印度人民党为主，轮流组成执政联盟进行执政的局面。需要注意的是，印度的政党格局并非如美国或者英国一般的两党制，国大党与人民党虽然是主要政党，但是大多数时候很难单独取得半数席位，必须与其他政党组成联盟，才能战胜对方，取得执政地位。正因为如此，这种执政地位有时候非常不稳固，一旦执政联盟中有政党退出，很可能危及整个执政联盟的存在，进而导致政

府倒台，需要重新举行大选。而如果未超过半数组成政府，很可能倒台更快，1996年印度议会选举就发生了这种状况，在1996年选举中，印度人民党获得了500多个席位中的160席，成为议会第一大党，但是远未超过半数。而此次选举之后成立的印度人民党政府仅仅存在了13天。这样的两党态势也就给了处于在野地位的另一大党可乘之机，可以通过拆散或分化执政联盟某些政党而实现政府的倒台，在新一轮大选中获得执政地位。

1996年印度人民党短命政府发生之后，人民党吸取教训，一方面强化与其他政党的联合，结成相对紧密的同盟，另一方面大力发展党员，扩大选民基础，最终增强了印度人民党的影响力。2014年再次上台之后，又大力发展经济，使印度的经济快速发展，2017年，印度经济总量超过法国，跃居全球第六，同时印度国内民生也不断改善，经济上的巨大成功，极大地扩大了印度人民对印度人民党的支持，印度人民党执政地位获得巩固。印度人民党执政措施得当，并没有出现执政后民意失望而导致支持下滑的情形。

而印度国大党自2014年失去执政地位后，并未出现强有力的领导核心带领国大党走出困境，在增强国大党及同盟党方面鲜有建树，处于影响力不断下滑的趋势，这与印度人民党影响力不断上升形成了鲜明的对比。不过，还要看到，虽然国大党影响力目前一再下滑，但是并未出现断崖式暴跌，与其说国大党发展缓慢，不如说人民党发展过于迅速，所以印度国大党虽然目前处于劣势，但是就整体而言，依旧是国大党与人民党轮流主政的动态平衡态势。只不过，目前的动态之中，人民党优势不断扩大。

（二）其他主要政党面临选边站或边缘化的困境

除了印度国大党和印度人民党，印度还存在泰卢固之乡党、湿婆神军党、民族主义者大会党、印度团结穆斯林联盟、印度共产党、印度共产党（马克思主义）等多个主要政党。

这些政党，在印度中央议会中占有一定席位，有着一定的群众基础。例如泰卢固之乡党是印度目前最大的地方政党，主要力量在安得拉邦，目前在全印度都有一定的影响力。类似泰卢固之乡党这样的政党，虽然影响力不小，但是远远不及国大党和人民党，无法成为执政党，为了更好地代表选民发声，实现所在党派的发展，必须加入两大政党一方才能实现其政治诉求。泰卢固之乡党与湿婆神军党就加入了人民党所领导的执政联盟之中。不过由于不满人民党未将安得拉邦地位特殊化，没有更多的补助，泰卢固之乡党于2018年初退出了执政联盟。由于本届人民党及其他同盟席位优势明显，泰卢固之乡党退出后，执政联盟失去的18个席位并未对人民党造成实质冲击。

由于政策与理念的不同以及信仰的差异，为平衡人民党影响，民族主义大会党与全印团结穆斯林联盟则与国大党形成了在野党的统一进步同盟。在同盟内，各个政党与国大党相互协调政策，对人民党形成了一定的牵制，一定程度上维护了自身政党及其所代表的选民的利益，增强了其政党的政治影响力和行动力，避免了被边缘化的命运。

还有一些政党，处于种种原因，并未加入两大政党的任何一方，比如印度共产党（马克思主义）与印度共产党，虽然一度在印度中央以及西孟加拉等地方有着十分重要的影响力，但是目前面临着被边缘化的尴尬境地。目前，在印度议会中，印度共产党（马克思主义）占9席，而印度共产党则更少，仅占有1席。

（三）印度党派林立，但是多数没有影响力

印度政党之多，可谓世界之冠军。除了国大党和人民党两大政党以及泰卢固之乡党等主要政党，印度还存在着大大小小各种类型的政党1000多个。2014年，根据印度中央选举委员会公布的结果，仅仅有36个政党获得了议会席位，这36个政党中，人民党获得席位最多，达280多个席位，国大党仅仅40多席，其余多数政党十几席到几席不等，还有很多获得1席的小党。

除此之外，绝大多数政党连1个议席都没有获得。这些党派，政治理念纷繁，组织类型多样。有的坚持世俗化，有的与某种宗教相联系，有的还与特定地区相关，属于地区型政党，一旦离开某一地区，则失去存在的根基，无法成为全国性政党。在组织方面，较大的党体制相对健全，而小党则组织机构相对简化。总之，这些党派，大多数并没有实际影响力，对印度政治的推动作用更是极其有限，印度政治舞台的主要政党依旧是印度人民党和印度国大党。

结　语

　　印度政党林立，但是居于主要地位的是印度人民党与印度国大党，在经历了长期印度国大党一党独大的局面之后，20世纪90年代以来，印度政党政治逐渐形成了印度国大党与印度人民党轮流主政动态平衡的局面，目前，印度人民党优势不断扩大，其原因首先是冲破了种姓制度限制，向各个阶层发展党员；同时团结一切可以团结的力量，争取其他小党的支持；在此基础上，注意把握民族主义尺度，向世俗化方向转型。关于印度政党政治未来的走向，国大党与人民党动态平衡的状态未来相当长的一段时间会保持下去，其他主要政党要么依附于其中的一个政党，要么处于边缘化的境地，至于众多的小党和地方政党，多数并没有实际影响力，在印度政党政治中的作用微弱。

实践篇

新时代政党外交的新跨越[1]

余科杰[2]

从新中国成立到党的十八大召开，中国共产党政党外交走过了 63 年的历程，取得了历史性成就。党的十八大以后，在习近平关于党的对外工作的重要论述指引下，党的对外工作实现了新时代的新跨越。

一、习近平关于党的对外工作的重要论述的主要内容

习近平关于党的对外工作的重要论述是习近平外交思想的重要组成部分。政党外交是党的对外工作的主要渠道和根本依托，是国家总体外交的有机组成部分。习近平总书记强调，中国必须有自己特色的大国外交，这是理

---

[1] 本文系国家社科基金一般项目《新中国成立以来中国共产党发展对外党际关系历史经验研究》（14BDJ030）的阶段性成果。
[2] 余科杰，外交学院基础部教授，博士生导师。

念、是旗帜。[1] 政党外交正是具有鲜明中国特色的外交形式，它既是一面鲜明的旗帜，又是一系列外交新理念新举措的集中体现。党的十八大以来，以习近平同志为核心的党中央肩负中华民族伟大复兴的历史使命，在推进中国特色社会主义的伟大事业和党的建设新的伟大工程的历史进程中，统筹国内国际两个大局，根据时代要求和使命任务，就当代中国外交和党的对外工作作出了一系列重大判断，在目标方向、定位属性、基本原则、核心范畴、价值理念等多方面赋予了政党外交全新内涵，开展了丰富多彩的政党外交实践。习近平关于党的对外工作的重要论述，引领政党外交迈入新时代。作为以"政党外交"为主题的理论体系，习近平关于党的对外工作的重要论述是对马克思主义党际关系理论，毛泽东、邓小平对党的对外工作思想的全面继承和重大发展，构成了习近平新时代中国特色社会主义思想的重要组成部分。

首先，坚定中国特色社会主义大国自信和政党自信，是新时代政党外交的根本动力和前进方向。习近平总书记指出："当今世界，要说哪个政党、哪个国家、哪个民族能够自信的话，那中国共产党、中华人民共和国、中华民族是最有理由自信的。"[2] 中国特色社会主义道路自信、理论自信、制度自信、文化自信，是我国对外工作的根和魂，是政党外交的根本保证和前进方向。中国共产党是世界上最大的政党，是最大社会主义国家的执政党，坚定政党自信，就使政党外交有了不竭的动力源泉。

其次，明确新的时代观、全球观、政党观，为新时代政党外交奠定理论基础。所谓新时代观，主要是指，和平与发展仍然是时代主题，但"世界正面临百年未有之大变局"；中国经过40多年改革发展，取得历史性伟大成就，越来越走近世界舞台的中央；中国特色社会主义进入新时代。时代变化客观上要求政党外交实现新发展。所谓新全球观，习近平总书记指出，今天人类生活的关联前所未有，同时人类面临的全球性问题也前所未有。世界各

[1] 杨洁篪：《在习近平总书记外交思想指引下不断开创对外工作新局面》，载《人民日报》，2017年01月14日，第7版。
[2]《习近平在庆祝中国共产党成立95周年大会上的讲话》，http://cpc.people.com.cn/n1/2016/0702/c64093-28517655.html。

国人民前途命运越来越紧密地联系在一起。世界各国人民应该秉持"天下一家"理念，彼此理解、求同存异，共同为构建人类命运共同体而努力。[1] 所谓新政党观，习近平总书记指出，"政党在国家政治生活中发挥着重要作用，也是推动人类文明进步的重要力量。"[2] 把世界各类政党都看成是推动人类文明进步的重要力量，体现了中国共产党博大、开放、包容的胸襟。世界各国政党正是构建人类命运共同体的责任主体。

第三，重新界定中国共产党的国际身份和国际使命，是新时代政党外交的重要前提。自我定位判断往往是外交决策的关键性要素。党的十九大报告指出："中国共产党是为中国人民谋幸福的政党，也是为人类进步事业而奋斗的政党。中国共产党始终把为人类作出新的更大的贡献作为自己的使命。"[3] 虽然党自成立以来就一直强调要为人类作出更大贡献，但把党的国际身份作出如此明确的定位，并且从"使命"的高度加以强调，这在党的历史上无疑是第一次。

第四，明确界定政党外交的双重定位，确定了新时代政党外交的性质属性。习近平总书记指出，"党的对外工作是我们党的一条重要战线，也是国家总体外交的重要组成部分。"[4] 政党外交作为党的对外工作的主体和依托，既要服务于党的事业的总体目标，也要服务于国家总体外交的实际需要，充分发挥自身优势和特色，将双重定位有机结合起来，既同国家总体外交相辅相成，又在这一过程中突出党的特点和属性，在党言党、在党为党。

第五，提出并阐明"新型政党关系"概念、原则及其与"新型国际关系"的关联，是新时代政党外交的核心范畴和根本遵循。2017 年 12 月 1 日，习近平总书记在中国共产党与世界政党高层对话会主旨演讲中明确指出，"不同国家的政党应该增进互信、加强沟通、密切协作，探索在新型国际关系的基

---

[1] 习近平：《携手建设更加美好的世界》，载《人民日报》，2017 年 12 月 2 日，第 2 版。
[2] 习近平：《携手建设更加美好的世界》，载《人民日报》，2017 年 12 月 2 日，第 2 版。
[3] 习近平：《决胜全面建成小康社会 夺取新时代中国特色社会主义伟大胜利》，北京：人民出版社，2017 年 10 月版，第 57—58 页。
[4] 宋涛：《深入学习贯彻习近平总书记党的对外工作重要思想》，载《求是》，2017 年第 7 期，第 10 页。

础上建立求同存异、相互尊重、互学互鉴的新型政党关系，搭建多种形式、多种层次的国际政党交流合作网络，汇聚构建人类命运共同体的强大力量。"第一次把"新型政党关系"与"新型国际关系"联系起来，明确把政党关系作为国际关系的有机组成部分，把建立新型政党关系作为促进带动新型国际关系的重要途径。同时还阐明了不同国家政党党际交往中要"求同存异、互相尊重、互学互鉴"，并且要"增进互信、加强沟通、密切协作"。[1]这就明确了新型政党关系的根本要求和目标方向。中国共产党不仅是新型政党关系的倡议者，而且也是实践者、引领者、贡献者。

第六，正确处理国家利益与人类共同利益的辩证关系，是新时代政党外交的根本要求。一方面必须坚持把国家利益作为政党外交的根本出发点。习近平总书记指出："我们要坚持走和平发展道路，但决不能放弃我们的正当权益，决不能牺牲国家核心利益。任何外国不要指望我们会拿自己的核心利益做交易，不要指望我们会吞下损害我国主权、安全、发展利益的苦果。"[2]另一方面，鉴于世界各国前途命运越来越紧密地联系在一起，习近平总书记呼吁各国政党应秉持"天下一家"的理念，在维护自身利益的同时，也要为共同构建人类命运共同体而努力。这也是新时代政党外交不同以往之处。

第七，正确处理好意识形态问题，是新时代政党外交的鲜明特色。一方面要坚持党际关系中"不以意识形态划线"的原则，不让意识形态成为我党与世界各国各类政党交流交往的障碍，积极发展同各类政党、政治组织的关系；另一方面坚持中国特色社会主义"四个自信"，在世界上"高高举起"中国特色社会主义旗帜，在政党外交中积极阐释、宣介中国思想、中国道路、中国制度、中国经验，增强各类政党对我党的理解、认同、支持和学习借鉴。这是新时代政党外交的显著特征和重要内容。

第八，坚持综合施策，整体推进，是新时代政党外交的策略路径。关于党的对外工作，习近平总书记提出了"抓政党、抓调研、抓人脉、抓形象"，[3]

---

[1] 习近平：《携手建设更加美好的世界》，载《人民日报》，2017年12月2日，第2版。
[2] 《习近平谈治国理政》，北京：外文出版社，2014年版，第109页。
[3] 宋涛：《深入学习贯彻习近平总书记党的对外工作重要思想》，载《求是》，2017年第7期，第10页。

既突出了政党外交在党的对外工作中的主渠道地位，又赋予了新时代政党外交新的工作要求，就是要切实做好加强政治引领、促进政党交往、深化特色调研、构建人脉网络、提升国际形象、夯实民意基础等六个方面的工作；体现在方法路径上，要坚持"政府政党相促进、中央地方配合做、官方民间齐动手、精英草根两头抓、热灶冷灶一起烧"，进行全方位整体推进。

二、紧扣双重定位，突出党的属性：新时代政党外交的鲜明主题

党的十八大以来，在习近平关于党的对外工作的重要论述指引下，政党外交作为党的事业重要战线和国家总体外交的重要组成部分，在继承中发展、在开拓中前进、在创新中突破，既与国家总体外交紧密配合，相辅相成，又突出党的特点和属性，在党言党、在党为党，为不断推进中国特色社会主义伟大事业和党的建设新的伟大工程争取有利外部环境。紧扣双重定位，突出党的属性，是党的十八大以来政党外交最鲜明的主题。

一方面，密切配合重大外交议程，进一步提升在总体外交中的地位。

党的十八大以来，中国外交在以习近平同志为核心的党中央领导下，攻坚克难，砥砺前行，开创性地推进中国特色大国外交，办成了不少大事难事，打赢了不少大仗硬仗，取得了历史性成就。在这一过程中，政党外交围绕国家外交主题，积极谋划，主动作为，特别是在推进全球治理、国际地区合作方面，充分发挥党际渠道优势，密切配合主办 G20 峰会、上海合作组织峰会等全球性、地区性合作组织领导人会议以及宣介推广"一带一路"倡议等国家重大外交议程、外交任务，力度空前。2016 年 9 月 G20 峰会在杭州召开，习近平总书记在会上提出要完善全球经济治理，构建创新、活力、联动、包容的世界经济；10 月，2016 中国共产党与世界对话会在重庆召开，对话会以"全球经济治理创新：政党的主张和作为"为主题，吸引了来自 50 多个国家的 70 多个政党和政治组织领导人与会，既与 G20 杭州峰会相承接，又突出了政党特色，发挥了政党的政治引领作用。

考察党的十八大以来党的对外工作，可以发现，在推进诸如中国与金

新型政党关系与新时代政党外交

砖国家、非洲、拉美、中东欧国家等区域合作与国际合作中，都有相应的政党专题会、对话会、论坛等政党机制与之密切配合。如中国与中东欧青年政治家论坛（2013年10月举办首届），中非政党理论研讨会（2015年举办首届），中国与湄公河国家政党对话会（2016年首次举办），中拉政党论坛（2016年12月举办首届），中国—阿拉伯国家政党对话会（2016年4月举办首届），金砖国家政党、智库和民间社会组织论坛（2017年9月举办首届），上合组织政党论坛（2018年5月举办首届），这些机制既是中国与中东欧国家、非洲、湄公河流域国家、拉美、阿拉伯国家、金砖国家、上合组织国家政党党际交往的机制化渠道，又是中国与中东欧"16+1"合作机制、中非合作论坛、大湄公河次区域经济合作、中国与拉共体论坛、中国与阿拉伯国家合作论坛、金砖国家组织、上海合作组织这些政府间合作组织的有力补充，而这些组织几乎涵盖了目前中国与发展中国家的国际合作，在促进中国与这些地区国家关系方面，起到了重要的铺陈、配合、巩固、深化的作用。

习近平总书记提出"一带一路"倡议和构建"人类命运共同体"理念后，其国际沟通宣介阐释就成为中国外交的重要任务。在这一过程中，中联部作为"党的外交部"，充分利用上述国际区域合作机制框架和领导人峰会，结合"一带一路"主题，举办与之平行的政党专题会议，或者创设相应的论坛机制，进行深入的沟通交流，这样既配合这些国际合作组织的外交议程，又宣传了"一带一路"等国际倡议。2015年10月，中联部以"重塑丝绸之路，促进共同发展"为主题，承办了亚洲政党丝绸之路专题会议，以深化亚洲及丝路沿线国家间的合作，32个国家的65个政党和政党组织的300余名代表参加了会议；在此基础上，进一步增设了中国—中亚政党论坛，以增进中亚国家对"一带一路"的了解。2016年4月，中联部又以"中阿共建命运共同体——政党使命"为主题，在银川举办了中国—阿拉伯国家政党对话会，主要围绕"道路选择与政治引领""和平稳定与国际反恐""'一带一路'与政党作用"等问题展开；2018年5月上合组织政党论坛围绕"凝聚政党智慧，弘扬上海精神，推动构建人类命运共同体"主题达成多项共识。

党的十八大以后，政党外交还积极服务于诸如南海仲裁问题这样的重大外交争端解决。2016年南海仲裁争端发生以后，中联部充分发挥联系各国政党、政治组织的优势，深入开展国际社会工作，使120多个国家的240多个政党、政治组织公开支持我在南海问题上的立场，有力配合了国家总体外交，[1] 从而大大提高了政党外交对国家总体外交的贡献率。

另一方面，突出党的属性和特点，更好服务于软实力建设。

如前所述，20世纪70年代末以后，随着党的对外方针政策的调整，政党外交不再像过去那样着重于单一政治议题，而是发展为政治、经贸、党建等方面的综合性议题。

早在2011年1月，习近平在纪念中联部建部60周年大会上，指示中联部要"紧密结合加强和改进新形势下党的建设要求推进党的对外工作，加强对外国政党治党治国经验的比较研究，深化对共产党执政规律的认识。""紧密结合提升党的国际形象的要求推进党的对外工作，广泛介绍我们党以人为本的执政理念，展示我们党的执政成就，增进国际社会对我们党的了解、尊重和认同。"[2] 如果说邓小平对党的对外工作思想强调党的对外工作要服务于社会主义现代化建设，即服务于国家"硬实力"建设，那么习近平特别强调党的对外工作既要服务于"硬实力"，更要服务于党的建设，服务于提升党的国际形象，服务于党的理念的宣传传播，即服务于国家"软实力"建设，也就是政党外交要充分体现党的属性和要求。党的十八大以来的政党外交实践，无论是双边、还是多边，都充分体现了这一点。

一是服务于党的建设。注重政党自身建设经验的交流，是十八大以后党际交往中十分鲜明的主题，这不仅体现在与越南共产党、老挝人民革命党、古巴共产党、俄罗斯共产党等执政党或在野党的共产党交流中，而且与其他类型政党交流也经常涉及这一问题，如：2013年4月全国党建研究会副会长高世琦率团访问瑞典期间，突出党建思想理论方面的交流；2013年10月，中俄执政党对话机制第四次会议，主题是"群众路线与新形势下党的现代化

[1]《中国共产党对外工作概况2017》，北京：当代世界出版社，2018年版，第1页。

[2]《习近平在纪念党的对外工作90年暨中联部建部60年大会上强调：外工作要继往开来再创辉煌》，http://politics.people.com.cn/GB/1024/13751807.html。

建设";2014 年 11 月,委内瑞拉统社党相继派出两批专题研修班访华,双方重点就经济规划和党建经验进行交流;2014 年中联部先后两次与柬埔寨人民党举行以"做好群众工作,巩固执政基础"为主题的理论研讨会。

二是利用双边、多边交往,通过各种政党论坛、研讨会、对话会,宣传党的思想理论、方针政策、重大理念,努力深化国际社会对中国特色社会主义新探索、新实践的理解和支持。除了"一带一路""人类命运共同体"这些国际公共倡议之外,党的十八大、十九大及十八届、十九届中央全会精神、"十三五"规划、中国特色社会主义、全面从严治党、习近平新时代中国特色社会主义思想,等等,都是宣介、阐释的主题内容,对外致力于讲好"中国故事""中国共产党故事",分享中国共产党的执政经验。2017 年 12 月 3 日首届中国共产党与世界政党高层对话会通过的《北京倡议》,"习近平新时代中国特色社会主义思想"等用语鲜明出现在文本中。2018 年 5 月 26—28 日,中国共产党与世界政党高层对话会在深圳举行专题会议,包括"中国共产党的故事——习近平新时代中国特色社会主义思想在广东的实践"专题宣介会、纪念马克思诞辰 200 周年专题研讨会。2018 年 6 月 1—2 日,来自 45 个国家和地区的 66 位共产党及左翼政党领导人和代表参观小岗村,并在这里出席中联部举办的第十九届"万寿论坛"。以上内容充分体现党的属性和要求,是十八大以来政党外交最鲜明的特色。

三、新时代政党外交运作机制的创新发展

如果说紧扣政党外交双重定位,突出党的属性,是党的十八大以来政党外交在内容上的创新发展的话,那么搭建战略沟通平台,创新工作机制方式,则是新时代政党外交在运作机制方面的重大发展。进入 21 世纪以来,中国共产党与世界上一些主要政党建立了诸如定期互访、合作举办商贸会、理论研讨会、定向考察等多种形式的交流交往机制,其中,中越、中日、中俄、中英、中法、中德、中欧、中美等政党定期交流最具有代表性;2004 年中共与社会党国际(世界上最大的政党国际组织)建立了战略对话机制。党

的十八大以来，政党平台机制建设又取得重大创新突破，在继续搭建诸如中非理论研讨会、中拉政党论坛、中国—阿拉伯国家政党对话会、中国—中亚政党论坛、上合组织政党论坛等对应区域合作的政党平台机制的同时，开始探索搭建以中国共产党为一方主体、面向世界各国、各类政党的战略沟通平台，这就是中国共产党与世界政党高层对话会举办的初衷。

作为一个具有国际影响力的高端政党对话平台，中国共产党与世界政党高层对话会的前身是 2014. 2015. 2016 召开的第一、二、三届中国共产党与世界对话会，其中第一、二届分别以"中国改革：执政党的角色"、"从严治党：执政党的使命"为主题，与会者主要是一些国家的专家学者和政要。2016 年 10 在重庆举办了第三届对话会，以"全球经济治理创新：政党的主张和作为"为主题，时任中共中央政治局常委刘云山出席会议并发表题为《为完善全球经济治理贡献政党智慧和力量》的主旨演讲，与会者包括 G20 国家和各地区重要国家的政党领导人、政要、智库学者以及工商界人士；期间举行了"政党与全球经济治理创新"专场政党对话会，围绕全球经济治理的理念、机制和实践创新，汇聚各界的智慧，为推动国际经济秩序向着更为公正合理的方向前进，作出政党的贡献。

2017 年 11 月 30 日至 12 月 3 日，首届中国共产党与世界政党高层对话会把对话主体进一步聚焦为"政党"。这次大会以"构建人类命运共同体、共同建设美好世界：政党的责任"为主题；中国党和国家最高领导人习近平出席大会并发表题为《携手建设更加美好的世界》的主旨演讲，突出政党在构建人类命运共同体中的责任担当，产生了重大反响；大会通过了《北京倡议》，明确提出，"我们倡议将中国共产党与世界政党高层对话会机制化，使之成为具有广泛代表性和国际影响力的高端政治对话平台。"[1] 这次大会吸引了世界 300 多个政党、政治组织的 600 多位政要参会。继 2018 年 5 月26—28 日在广东深圳举办了"中国共产党与世界政党高层对话会"专题会议之后，7 月 17—18 日，对话会首次走出国门，来到坦桑尼亚达累斯萨拉姆，

---

[1]《中国共产党与世界政党高层对话会通过＜北京倡议＞》第 15 条，http://www.idcpc.org.cn/ztzl/hylt/dhh/tt/201712/t20171205_94123.html。

以"中非政党探索符合各国国情发展道路的理论与实践"为主题，专门举行非洲专题会议，与非洲近40个国家约40个政党组织进行深入对话。对话会不仅是中国共产党与世界政党的战略沟通平台，而且也是中国共产党对外宣传、塑造良好形象的窗口，是探索机制化、固定化的有效途径。

与这一国际高端平台配合的是，中联部自2016年初发起并主办了万寿论坛，主要邀请各国政党政要、智库学者、民间组织代表，围绕重大热点、社会政治思潮、政党政治、治国理政经验教训等议题阐述观点、加强交流，更好地增进中国与世界的相互理解，是一个以政党外交为牵引，连接公共外交、民间外交，开放包容的国际交流平台。2018年6月2日万寿论坛首次走出国门，来到肯尼亚内罗毕第一次在海外举办第二十届活动，论坛议题为"新时代南南合作框架下的中非合作"，聚焦"'一带一路'国际合作与中非命运共同体""中非合作与发展能力建设"等问题。

结　语

十八大以来，在习近平外交思想及习近平关于党的对外工作的重要论述指引下，中国共产党政党外交进一步实现了"四个提升"，即由服务于国家"硬实力"建设向既服务于"硬实力"更服务于"软实力"建设的提升，由党际交往中淡化意识形态到旗帜鲜明地阐释宣介我党思想理念的转变，由单纯发展对外党际关系向推动党际关系与国际关系协同关联的突破，由单一双边机制向搭建中共与世界各类政党同台交流的综合性战略平台的跃进，理论和实践都取得重大发展，在国家总体外交中的地位不断加强，这是政党外交的又一次历史性跨越。2018年6月22—23日召开的中央外事工作会议上，习近平总书记指出，"对外工作是一个系统工程，政党、政府、人大、政协、军队、地方、民间等要强化统筹协调，各有侧重，相互配合，形成党总揽全局、协调各方的对外工作大协同局面，确保党中央对外方针政策和战略部署落到

实处。”[1]突出"政党"在对外工作系统中具体角色的首要地位，这在党的
对外工作史上无疑是第一次，赋予了政党外交在国家总体外交中更加重要的
地位。

---

[1]《习近平：努力开创中国特色大国外交新局面》，http://www.xinhuanet.com/politics/
2018−06/23/c_1123025806.htm。

书写新时代中国政党外交的新篇章

邢新宇 [1]

中国共产党历来重视党际交往，将政党外交作为总体外交的重要组成部分，积极推动政党外交事业的发展。目前，中国共产党已经同 160 多个国家和地区的超过 400 个政党建立了联系，在全世界范围内的"交际圈"不断扩大。新世纪以来，尤其是党的十八大以来，中国的发展迎来了崭新的历史时期，中国特色社会主义进入了崭新的时代。中国共产党积极开拓进取，不断拓展政党外交的新局面，使我党的对外交往呈现出繁荣的景象，展现出独特的自信与魅力。习近平总书记提出了构建新型政党关系的新倡议，党的对外工作在理念和实践方面都产生了重大的创新发展，形成了具有中国特色的政党外交，并成为新时代中国特色大国外交体系的重要组成部分。中国特色的政党外交事业呈现出全方位、宽领域、多渠道、深层次的格局，为维护国家利益、彰显大国形象和责任起到了重要的作用，开拓了中国对外开放事业的

---

[1] 邢新宇，北京第二外国语学院政党外交学院讲师。

新局面。

2017年，中国的政党外交事业取得了重大成就，成为中国政党外交史上具有开创性意义的一年。2017年11月30日至12月3日，"中国共产党与世界政党高层对话会"在北京隆重举行。这是十九大以后中国举办的首场重要外交活动，吸引了全世界的目光。全世界来自120多个国家的近300位政党和政治组织的领导人齐聚北京，共商合作大计。这场以"构建人类命运共同体、共同建设美好世界：政党的责任"为主题的对话会是一场规模空前的世界政党盛会，突出体现了中国共产党的开放胸襟，体现了中国共产党强大的影响力和号召力，彰显了"中国智慧"与"中国自信"。

中共中央总书记、国家主席习近平出席开幕式并发表了重要讲话，强调政党要顺应时代发展潮流、把握人类进步大势、顺应人民共同期待，自觉担负起时代使命，阐明构建"人类命运共同体"的可行路径，承诺中国共产党的世界贡献，开辟了新时代中国政党外交新境界，彰显了大国与大党领袖的责任担当。

本次会议既是世界政党大家庭的一次"盛大聚会"，也是中国共产党为世界政党提供的一次对话合作平台，更是习近平新时代中国特色社会主义思想在国际舞台第一次集中展示。这对于推动构建新型政党关系，实践中国特色大国外交，探索中国的新型开放模式都具有深远的意义和影响。与会各国代表对中国共产党领导下的中国取得的伟大成就表示高度的评价和赞扬，对中国提出的"构建人类命运共同体"以及"共建一带一路"等战略倡议表示出高度认可和浓厚的兴趣。

通过此次会议，中国特色政党外交集中向世界展示了引领新时代发展潮流的姿态，彰显了中国的理论自信、道路自信和制度自信，为中国赢得了国际社会的普遍认同和赞誉。面对不断变化的国际国内形势，中国特色的政党外交已经走到了时代前列，为推动构建人类命运共同体、共建"一带一路"、构建新型国际关系等重大国际议题发挥了重要的引领作用，进一步展示了中国共产党领导下的大国外交的责任、担当与能力。

一、中国政党外交的新时代背景

近年来，中国经济保持快速地发展，综合国力迅速提升，中国在世界的影响力迅速增强，日益走向世界舞台的中央，体现着负责任大国的担当。中国特色的大国外交和政党外交已经进入了崭新的历史时期，这是基于国内外新的态势所做的判断。在新的时代背景下，中国特色的政党外交需要走出一条创新发展的道路，在外交理念和方针策略方面进行调整，以满足国际社会的新变化和新发展。

新世纪以来，尤其是党的十八大以来，国内外局势出现了一系列新变化。在国内层面上，中国的经济建设取得了举世瞩目的成就，中国特色社会主义迈入了崭新的阶段。在国际层面上，尽管世界局势呈现出总体和平的态势，然而地区性的冲突不断，人类面临着越来越多的全球问题，全球治理面临严峻挑战，世界局势面临诸多的不确定性和不稳定性。

特别是一些国家，主要是西方国家的社会层面近年来不断涌现极端主义和民粹主义思潮，西方的政党政治和多党民主制陷入困境，一些国家的社会治理层面出现混乱的局面。全球政党政治发展面临新的挑战和困难。

中国的改革开放事业经过四十年的发展取得了辉煌的成就，中国的面貌发生了翻天覆地的变化。党的十八大以来，以习近平同志为核心的党中央以巨大的政治勇气和强烈的责任担当，推动党和国家事业发生历史性变革，中国特色社会主义进入新时代。习近平总书记提出一系列新理念新思想新战略，创立新时代中国特色社会主义思想，使马克思主义中国化进入新境界。[1]新时代下，中国特色社会主义出现了新的发展，这就对党的对外工作提出了新的要求。"中国特色社会主义进入了新时代，意味着科学社会主义在二十一世纪的中国焕发出了强大的生机活力，中国共产党在世界上高高举起了中国特色社会主义伟大旗帜，中国对于自身的发展道路、理论、制度、文化更加自信；意味着，通过走中国特色社会主义道路，近代以来久经磨难的

---

[1]《十九大报告作出了"中国特色社会主义进入新时代"的重大判断》，http://www.xinhuanet.com/politics/2017-10/19/c_1121823264.htm。

中华民族迎来了从站起来、富起来到强起来的伟大飞跃"[1]。伴随着国内的迅猛发展,中国的综合国力和国际地位也在不断提升,国际社会对中国责任和中国贡献的期待也越来越大,中国正成为世界瞩目的大国。

在全球政党政治发展遭遇新的挑战和困难时期,中国共产党作为大国执政党,执政成就举世瞩目,受到的国际关注也越来越多,新时代要求中国共产党承担更多的历史责任与担当。对此,习近平总书记提到"中国共产党是世界上最大的政党。大就要有大的样子。"[2]中国共产党正迎来为人类做出更大贡献、承担起更大责任的历史时代。

环顾世界,和平与发展仍然是时代的主题。然而世界形势纷繁复杂,国际社会正面临着越来越多的不确定性和不稳定性。一方面,世界并不太平,地区性热点问题持续升温,局部冲突不断;另一方面,世界经济未来发展的动能不足,各国经济贸易摩擦不断,南北差距和贫富分化问题仍然没有得到解决;此外,诸如难民问题、传染病问题等非传统安全威胁日益突出,全球性问题对国际关系形成了巨大的冲击。所有这些问题的解决都离不开人类携手努力,需要凝聚世界更多的政治力量共同应对。习近平总书记提出的"人类命运共同体"理念正是建立在对当前国际体系特征的深刻把握基础之上,建立在对人类面临许多共同挑战的清楚认识之上。中国共产党倡导的人类命运共同体理念及其具体的构建途径,反映了中国推动建设相互尊重、公平正义、合作共赢的新型国际关系的理念。在新的时代背景下,中国共产党勇于担负起引领全球治理优化和构建人类命运共同体的重要使命。

总之,国内外的局势正在发生巨大的变化,中国正前所未有地接近世界舞台的中心,成为时代的引领者。时代的变化要求我们党的工作也要随之做出调整,在理论和实践方面需要做出重大创新,对党的对外工作提出了新的课题和要求。

---

[1]《决胜全面建成小康社会 夺取新时代中国特色社会主义伟大胜利——在中国共产党第十九次全国代表大会上的报告》,http://www.gov.cn/zhuanti/2017-10/27/content_5234876.htm。

[2] 习近平:《携手建设更加美好的世界——在中国共产党与世界政党高层对话会上的主旨讲话》,北京:人民出版社,2017年版,第8页。

二、新时代中国政党外交的理论创新

开拓创新是新时代中国共产党对外工作取得重大突破的力量源泉，展现了中国共产党开展政党外交的空前动力。十八大以来，中国共产党在新的时代背景和国内外环境下，主动变革思路，在理念和实践方面进行了重要的创新，调整对外工作目标、提升政党外交定位、提出建立新型政党关系理念等等。创新的理论指导着中国共产党对外工作的实践，带来了政党外交事业空前繁荣的局面。十八大以来，中国共产党的理论创新集中体现在两个方面。

第一，明确政党外交目标、提升定位。中国共产党自建立起的九十多年来，在不同的历史时期制定了不同的对外工作方针和政策，逐渐形成了有中国特色的政党外交的完整理论体系。[1]党的十八大以来，伴随着中国自身发展和国际地位的提升，中国共产党更加强调国际责任。习近平总书记多次提到要承担大国责任，构建人类命运共同体的思想。中国共产党逐渐成为推动人类文明进步的主要力量，在全球治理中发挥作用、承担使命、引领合作，以实现构建人类命运共同体这一宏伟目标。政党外交成为国家政治生活尤其是对外工作的重要部分。"政党外交是国家总体外交的有机组成部分，也是党的事业的重要战线。政党外交作为党的事业的重要组成部分，是党了解世界、认识世界、走向世界的重要渠道，对于促进党的自身建设、提高党的执政能力具有重要意义。政党外交也是国家总体外交的有机组成部分，政党外交要服从服务于国家总体外交"[2]。

中国共产党的十九大报告中明确了中国共产党的国际定位，那就是："为人类进步事业而奋斗的政党。中国共产党始终把为人类做出新的更大的贡献作为自己的使命"。[3]这表明中国共产党正积极塑造负责任大国执政党的

---

[1] 吴祖贵：《中国共产党开创历史的一年》，载《北京日报》，2017 年 12 月 26 日，第 14 版。

[2] 余科杰：《关于政党外交的几点认识和思考》，载《当代世界与社会主义》，2011 年第 6 期，第 101 页。

[3] 中国政府网：《决胜全面建成小康社会 夺取新时代中国特色社会主义伟大胜利——在中国共产党第十九次全国代表大会上的报告》，http://www.gov.cn/zhuanti/2017-10/27/content_5234876.htm

形象，为世界和平与发展做出更大的贡献。在 2017 年的中国共产党与世界政党高层对话会上，习近平总书记再次强调："中国共产党是为中国人民谋幸福的党，也是为人类进步事业而奋斗的党。中国共产党是世界上最大的政党。我说过，大就要有大的样子。中国共产党所做的一切，就是为中国人民谋幸福、为中华民族谋复兴、为人类谋和平与发展。我们要把自己的事情做好，这本身就是对构建人类命运共同体的贡献。我们也要通过推动中国发展给世界创造更多机遇，通过深化自身实践探索人类社会发展规律并同世界各国分享。"[1] 习近平总书记再一次明确阐释了中国共产党在新时代的崭新定位和目标。

在新的时代背景下，中国共产党对政党外交目标和定位的创新和发展既顺应了历史发展的潮流，也体现了中国共产党强大的自信和对时代特征的精确把握。中国共产党正通过新的政党外交理念积极作为，将为人类谋幸福的思想落实到实践中。

第二，提出构建新型政党关系的理念。2017 年中国共产党与世界政党高层对话会上，习近平总书记发表了题为《携手建设更加美好的世界》的主旨演讲，提出了"构建新型政党关系"这一崭新的政党外交理念。习近平总书记说："不同国家的政党应该增进互信、加强沟通、密切协作，探索在新型国际关系的基础上建立求同存异、相互尊重、互学互鉴的新型政党关系，搭建多种形式、多种层次的国际政党交流合作网络，汇聚构建人类命运共同体的强大力量。"[2] 构建新型政党关系倡议的提出，标志着中国共产党政党外交的理论创新达到了一个新的阶段。

构建新型政党关系是中国共产党对历史经验的继承和发展。改革开放后，以邓小平同志为代表的共产党人提出了建立"新型党际关系"的主张，翻开了党对外工作的新篇章，取得了伟大的历史成就。在新的历史时期提出构建新型政党关系，既是对历史经验的继承，也是对时代特征的精确把握。

构建新型政党关系以党际交往四原则为指导。在构建新型政党关系方

[1] 习近平：《携手建设更加美好的世界》，载《人民日报》，2017 年 12 月 2 日，第 2 版。
[2] 习近平：《携手建设更加美好的世界》，载《人民日报》，2017 年 12 月 2 日，第 2 版。

面，习近平总书记重申中国共产党将在独立自主、完全平等、互相尊重、互不干涉内部事务的基础上，同各国各地区政党和政治组织发展交流合作，促进国家关系发展。党际交往四原则是长期指导党的对外工作的基本规范，是被实践证明有效的历史经验。因此，新型政党关系的构建是对这一原则的继承，并结合新的历史时代赋予了新的内容。

构建"新型政党关系"与"新型国际关系"紧密结合，互相促进。新型政党关系不仅是指导中国共产党对外工作的规范，也是对世界各国政党进行交往的建议。习近平总书记曾经讲道："探索在新型国际关系的基础上建立求同存异、相互尊重、互学互鉴的新型政党关系，搭建多种形式、多种层次的国际政党交流合作网络，汇聚构建人类命运共同体的强大力量。"[1] 这表明，新型政党关系与新型国际关系是紧密联系的，政党关系作为国际关系的一部分，构建新型政党关系能够为构建新型国际关系提供新的探索和途径。

构建新型政党关系主张相互尊重、互学互鉴。新型政党关系要求不同政党在交往时要"求同存异、互相尊重、互学互鉴"。新型政党关系主张党际交往首先应该建立在相互尊重的基础上，不强行推广和输出自己的模式和道路。对此，习近平总书记明确提到："我们不'输入'外国模式，也不'输出'中国模式，不会要求别国'复制'中国的做法。"[2] 在相互尊重的基础上，不同背景和意识形态的政党应该相互学习，取长补短，加强交流互鉴。这一主张完全符合当今千差万别的政党现状和纷繁复杂的国际形势，体现了中国共产党的政治智慧，也是对中国传统文化思想的继承。在这一基础上，通过党际交往推动文明间的对话交流，为人类文明事业进步努力，共同构建人类命运共同体。

三、新时代中国政党外交的实践创新

党的十八大以来，中国共产党在党际交往理论方面进行了重要的创新，

---

[1] 习近平：《携手建设更加美好的世界》，载《人民日报》，2017 年 12 月 2 日，第 2 版。
[2] 习近平：《携手建设更加美好的世界》，载《人民日报》，2017 年 12 月 2 日，第 2 版。

为对外工作提供了强大的支持和指导。在政党外交的实践方面，中国共产党继承和发扬了对外工作长期积累的经验，在策略和方式上进行了重要的创新，开创了政党外交的繁荣景象，展现了独特的发展魅力。

新时期中国共产党对外交往实践方面的创新经验主要体现在：第一，新时代中国共产党的对外交往以社会主义国家为基础，以创新的理念和务实态度保持与社会主义政党的传统联系；第二，以"亲、诚、惠、容"的理念大力发展与周边国家的党际交往；第三，与俄罗斯、日本等国家和地区的政党交往日益机制化，常态化、成熟化；第四，以政党外交助力"一带一路"建设，共同打造人类命运共同体。

（一）以创新理念和务实态度维护与社会主义国家的政党交往

新中国成立后的相当长一段时间，中国的政党外交以意识形态为基础，对外交往的主要对象是苏东社会主义政党，并以社会主义政党间的交往作为国家外交的重要组成部分。十一届三中全会后，中国共产党的对外工作思路进行了调整，逐渐淡化意识形态色彩，采取更加务实的态度，扩大了交往面，但这并没有从根本上影响中国与社会主义国家的政党联系。经过多年的发展，这一联系愈发牢固和紧密。

在中国共产党的领导下，中国走上了中国特色社会主义的发展道路，取得了巨大的成就，其他社会主义国家也在摸索着本国的发展道路。中国与这些社会主义国家有着共同的意识形态并都以最终实现共产主义为奋斗目标，在很多方面存在着共同或相似的国家利益，在发展过程中更应该加强党际交流，相互借鉴经验，促进共同发展和进步。新世纪以来尤其是十八大以来，中国共产党继续加强与社会主义国家执政党的联系，相互来往更加密切。

中国共产党与朝鲜劳动党作为中朝两国的执政党，长期以来保持着战略沟通和紧密联系，这种友谊是由中朝两国两党的老一辈革命家亲手缔造的。在新世纪风云变幻的局势下，中朝两党继续保持着紧密沟通与联系，维持着传统友谊与合作。2018年3月25至28日，朝鲜劳动党委员长金正恩应邀访华。访问期间，习近平总书记与金正恩举行会谈。在谈到中朝两党关系时，习近平总书记说："在长期的实践中，中朝两党两国相互支持、相互配合，为社会主义事业发展作出了重要贡献。""经常就重大问题深入交换意见，是中朝两党的光荣传统。要充分发挥党际交往的重要作用，促进两国各领域的交流合作，加强沟通与互信"。[1]金正恩委员长对此表示高度认同，表示要将朝中友好坚持发展下去。

中国共产党和越南共产党的党际交往是维护两国关系的重要基石。2015年11月，中共中央总书记、国家主席习近平展开了对越南的国事访问，此次是习近平同志担任中国党和国家最高领导人以来首次访问越南。值得注意的是，习近平是以中共中央总书记和中国国家主席双重身份访问越南，表明党际交往对中越关系具有重要意义。中国共产党和越南共产党都为马克思主义政党，分别为中越两国的执政党，党际交往的意义更显突出。"在遇到问题的时候，党际交流发挥重要的作用。这是中越关系非常鲜明的特点。"深厚的党际交往是中越关系的特殊之处，党际交往在推进两国关系方面发挥关键作用。[2]习近平主席的出访则成为两党、两国关系的重要里程碑。中越政党高层互访一直保持着较高的频率。2018年8月20日，越共中央政治局委员、中央书记处常务书记陈国旺到访北京，受到了习近平总书记的亲切会见。此外，中国共产党与古巴、老挝的执政党也保持着长期密切的交往。

中国共产党作为世界最大社会主义国家的执政党，以推动国际共产主义事业的发展为目标。加强与社会主义政党的联系与合作，必然是中国共产党的长期方针。

（二）与周边国家政党开展多层次、多领域、多渠道的交往合作

十八大以来，中国的周边安全形势经历了复杂而深刻的变化，热点问题频发，国家间的经济和政治摩擦增多，给中国外交提出了严峻的挑战。中国共产党和中国政府高度重视周边外交工作。以习近平同志为核心的党中央高度关注周边形势，召开了党和国家历史上第一次周边外交工作会议。习近平总书记提出了要按照"亲、诚、惠、容"的周边外交理念和与邻为善、以邻

---

[1]《习近平与金正恩举行会谈》，http://www.xinhuanet.com/2018-03/28/c_1122600292.htm。

[2]《中越党际交往有多重要？》，http://world.huanqiu.com/exclusive/2015-11/7916223.html。

为伴的周边外交方针，加强同周边国家在各个领域、各个层次的友好交往和务实合作，形成了新时期中国周边外交指导方针。在这些理念和方针的指引下，中国加大了对周边国家政党外交的力度，与这些国家的政党交往得到了进一步的加强和深化。政党交往的密切推动了中国与周边国家关系的稳定和发展。

中国共产党同朝鲜劳动党保持着传统友谊与密切合作，在重大问题上也保持着战略沟通与对话机制。中国与越南、老挝等东南亚国家保持着密切的政党交往，通过高层互访、定期举办理论研讨会等方式加强党际交流，推动两党两国关系的发展。中国与日本之间也保持着长期的政党交流，中日执政党交流机制已经运行多年，取得了显著的成效，成为中日关系的一大特色。中俄之间的政党交流尤其是执政党交流近年来发展比较快，中俄执政党对话机制会议和中俄政党论坛两大平台发展日渐成熟，成为中俄全面战略协作伙伴关系的重要组成部分。

伴随着中国共产党国际地位日益提升，国际影响力日益扩大，中国同周边国家主要政党建立了多层次、多领域、多渠道的合作，有力促进了中国同周边国家关系的发展，也为推动区域合作做出了重要的贡献。在谈到中国共产党与周边国家政党关系时，中联部副部长郭业洲说："我们的目标是通过和周边国家政党的交流，推动我们和周边国家的关系，政治互信能够更加巩固，经济纽带能够更加牢固，安全合作能够更加深化，人文交流也能够更加紧密，为中国和周边国家的发展，为地区和平稳定作出我们政党对外交往的贡献。"[1]

（三）以创新的制度设计构建对外党际交往的新机制

中国共产党历来高度重视制度建设，在开展政党外交的过程中也不断强化机制建设，建立健全常规性的外交机制，不断开拓党际交往的新渠道和新途径，创新党际合作模式，搭建党际合作新平台，推动政党外交的开展，实现政党间合作的稳定化和常态化。

---

[1] 郭业洲：《政党交往促进中国和周边国家关系发展》，http://www.china.com.cn/19da/2017-10/21/content_41769792.htm。

新型政党关系与新时代政党外交

党的十八大以来，中国共产党在政党外交实践中高度重视与外国政党交流的机制建设，体现了中国共产党强大的执政能力和国际影响力。中国共产党逐渐成为当今国际社会政党外交机制建设的参与者、引领者和主导者，在世界政党交流平台建设方面发挥着举足轻重的作用。

中国共产党在政党外交机制建设方面的创新实践突出体现在四个实例上。

第一，中美政党高层对话机制。由中美两国的政治家、战略界人士参与的中美政党对话自 2010 年正式启动，截至 2018 年底已经成功举办了十届。中美政党高层对话机制涉及的议题非常广泛，政党制度、执政理念和发展方略是一大重点，也是政党高层对话的主要特色。此外，中美双方还会就双方共同关心的国际和地区问题进行广泛深入探讨，例如朝鲜半岛核问题、中东问题等。中美政党高层对话正逐渐成为中美双方交流的重要渠道，机制建设愈加成熟完善，具有典型的代表性和示范意义，能很好地助力中美两个大国构建"新型大国关系"。

第二，中欧政党高层论坛机制。中欧政党高层论坛由中国共产党发起主办，各欧洲政党的领导人参与，自 2010 年 5 月在北京成功举办以来已经举办了五届。中欧政党高层论坛本着"相互尊重、平等相待、求同存异、促进合作"的对话原则，为中欧各领域互利合作、为世界其他国家发展提供前所未有的机遇。中欧双方的政党交流加强，增进了彼此的互信和理解，有利于推动中欧关系稳定发展。

第三，中俄执政党对话机制会议和中俄政党论坛。中俄执政党对话机制会议和中俄政党论坛是中国共产党与俄罗斯统一俄罗斯党机制化交往的重要内容。中俄执政党对话机制会议是两国执政党就两党两国关系、执政党自身建设和国际地区形势等重大问题进行深入交流的平台，截至 2018 年底已举办六次。中俄政党论坛是中俄"国家年"活动机制化项目之一，旨在推动两国地方和企业交流，截至 2018 年底已举办五届。经过多年发展，中俄执政党对话机制会议和中俄政党论坛日趋完善和机制化、品牌化，成为中俄全面战略协作伙伴关系的重要组成部分。

第四，中日执政党交流机制。为推动中日关系改善发展，中日两国执政党代表于 2006 年 2 月在北京举行了中日执政党交流机制第一次会议，此后双方又先后举行了多次会议，为消除中日关系政治障碍、增进政治互信、促进两国务实合作发挥了积极作用，逐渐成为两国政党交往中的"品牌项目"。中日执政党交流机制已经成为中日交往的重要渠道之一。中日政党交流有利于中日两国的务实合作和民间友好，能够引领中日关系的改善发展。

2017 年底，在中国共产党与世界政党高层对话会上，习近平总书记在主旨演讲中阐明构建人类命运共同体政党责任的同时，提出了许多政党政治与政党外交新理念，特别是提出建立新型政党关系的倡议。本次大会不仅标志着中国的政党外交迈入了新时期，也为世界政党间的交流提供了崭新的平台，为政党交流机制建设指明了方向。

（四）以政党外交推动共建"一带一路"

"一带一路"战略倡议的提出，为中国政党外交提供了新的机遇和广阔的活动空间，政党外交引领"一带一路"倡议的实现，已成为推动"一带一路"战略倡议实现的重要方式。政党外交在国家总体外交的框架下积极作为，在"一带一路"沿线区域内整合资源、协调意愿、凝聚共识、推动合作，助力"一带一路"战略的实现。

首先，中国共产党政党外交做好对外宣传工作，增信释疑，推动"一带一路"战略倡议的传播。共建"一带一路"的首要工作就是正确地宣传和引导，使得"一带一路"沿线国家正确认识和理解"一带一路"战略倡议的目的和意义。通过政党外交和沿线国家间的政党交流，能够有效增加共识，增进互信。中国共产党在对外工作中重视增信释疑，主动与沿线国家的政党进行沟通，用对方听得懂的语言解释，打消其疑虑和担心。2015 年 10 月，亚洲政党丝绸之路专题会议在北京召开，这次会议以"重塑丝绸之路，促进共同发展"为主题，顺应了亚洲及丝路沿线国家深化合作的愿望，对推动"一带一路"建设、促进共同繁荣发展，产生深远影响。[1]在政党外交的积极引导

---

[1]《重塑丝绸之路，促进共同发展——亚洲政党丝绸之路专题会议》，http://cpc.people.com.cn/GB/67481/399405/。

下，"一带一路"战略倡议被沿线国家广泛接受和认可。

中国共产党政党外交还积极做好对外协调工作，落实和贯彻好"一带一路"战略倡议。中国共产党利用其影响力和号召力在"一带一路"倡议的实践过程中很好地发挥了政治引领作用。通过政党外交和党际交流，中国搭建合作平台，引导沿线国家参与，为合作创造条件，尤其为企业合作创造机制和提供资源。中国的政党外交整合各方资源，引导各方在互惠互利的基础上深化合作，在共建"一带一路"的过程中真正获益，将这一战略倡议落实好。

由习近平总书记倡议、中国政府积极推动的"一带一路"建设，与和平发展的时代主题相契合，与中国改革开放的进步大势相一致，与构建人类命运共同体的现实需要相适应。中国共产党政党外交的开展，引领"一带一路"倡议的发展，取得了显著的成效。

结　语

习近平总书记强调，"面向未来，中国共产党愿同世界各国政党加强往来，分享治党治国经验，开展文明交流对话，增进彼此战略信任，同世界各国人民一道，推动构建人类命运共同体，携手建设更加美好的世界！"。[1]在新的时代背景下，中国共产党积极进取，在对外工作中开拓创新，开创了中国政党外交的繁荣景象。可以期待，新时代的中国政党外交在构建新型政党关系思想的指导下，必将大有可为，为共同构建人类命运共同体，实现中华民族伟大复兴的中国梦贡献更大的力量。

---

[1] 习近平：《携手建设更加美好的世界》，载《人民日报》，2017年12月2日，第2版。

新时代双边政党交流机制的探索与思考

邢新宇

政党外交是国家总体外交的重要组成部分。政党作为组织国家生活最主要的工具之一，在国际关系中日益发挥重要的政治引领作用。国家间的政党交流有利于消除误解、增进共识，成为塑造和平环境、搭建合作平台的关键渠道之一。各国在发展过程中都日益重视政党的交流互动，并以此带动外交目标的实现，促进国家间关系的发展。

世界正在日益走向全球化，这是当今世界形势的突出特征。各国交往互动日益密切，经贸联系日益紧密，国际社会日益形成一个"你中有我，我中有你"的命运共同体。[1]人类已经迈向了新的时代，在新的时代背景下，国际社会面临着巨大的发展机遇，也面临着严峻的挑战。世界各国的共同发展需要凝聚共识、增进互信、加强交流。国与国之间的外交活动日益频繁，外交形式日趋丰富，政党交流作为国与国之间政治交流的重要渠道被时代赋予

---

[1] 2012 年 12 月 5 日，习近平同在华工作的外国专家代表座谈时的讲话，http://politics.gmw. cn/2018−08/20/content_30654646.htm。

243

了新的意义和使命。中国顺应时代潮流，首先发起了中国共产党与世界政党高层对话会，通过交流互鉴达成了重要共识，具有里程碑式的意义，为政党交流的未来发展指明了道路和方向。

国家间的政党交流在塑造国际关系的同时也呈现出一系列新的特点和变化，有必要对其进行进一步的总结和思考。

一、政党交流面临的新时代

国际社会已经进入了崭新的时代，这既是政党活动与交流面临的大环境，也是政党交流发展面临的新课题。充分认识新时代的特点，才能够准确把握政党外交发展的新趋势，对于政党交流机制未来的发展具有重要的指导意义。

和平与发展仍然是时代的主题，求和平、谋发展已经成为国际社会的共识。然而世界形势纷繁复杂，国际社会正面临着越来越多的不确定性和不稳定性。一方面，世界并不太平，地区性热点问题持续升温，局部冲突不断；另一方面，世界经济未来发展的动能不足，各国经济贸易摩擦不断，南北差距和贫富分化问题仍然没有得到解决；此外，诸如难民问题、传染病问题等非传统安全威胁日益突出，全球性问题对国际关系形成了巨大的冲击。所有这些问题的解决都离不开人类携手努力，需要凝聚世界更多的政治力量共同应对。

人类只有一个地球，各国共处一个世界。人类社会是一个相互依存的共同体已经成为共识。在此基础上，习近平主席正式提出了构建人类命运共同体的伟大思想。这是习近平主席对文明走向的中国判断，人类命运共同体思想是对时代要求的回应，为国际社会持久和平和长远稳定规划了发展道路，对于推动中国和平发展以及世界各国合作共赢都具有重大的作用和意义。人类命运共同体建立在对当前国际体系特征的深刻把握基础之上，建立在对人类面临许多共同挑战的清楚认识之上。构建人类命运共同体，建设持久和平、普遍安全、共同繁荣、开放包容、清洁美丽的世界，前瞻性地指明了国际体系的发展目标和愿景。这一目标和愿景一方面反映了中国的现实国家利益，另一方面也呼应了世界各国对于和平与合作的共同需要，"还反映了人类共同利益与共同价值的通约性，把握住了凝聚世界各国人民的最大公约数"[1]。中国共产党倡导的人类命运共同体理念及其具体的构建途径，反映了中国推动建设相互尊重、公平正义、合作共赢的新型国际关系的理念。

新的时代背景下，国际格局迎来了深刻的变化，以中国为代表的新兴国家崛起成为国际格局的新特征。改革开放 40 年以来，特别是中国共产党十八大以来，中国快速成长和发展，在经济、政治、文化等领域取得了伟大的建设成就，国际地位提升，国际影响力加强，成为国际社会瞩目的新兴大国力量。在中国共产党的领导下，中国特色社会主义进入了崭新的时代，中国社会主义建设取得了巨大的成就，也为解决国际问题提供了一系列中国方案和中国智慧。中国共产党领导下的中国走出了一条独特的"中国道路"，向实现中华民族伟大复兴的中国梦阔步前进。中国建设和发展的经验对世界各国尤其是广大发展中国家具有重要的借鉴意义，中国共产党治国理政的经验对于世界很多政党而言也有着强大的吸引力。

2017 年 11 月 30 日到 12 月 3 日，中共中央对外联络部主办的中国共产党与世界政党高层对话会在北京成功举办。作为党的十九大胜利闭幕后中国主办的一次意义非凡的盛会，此次会议汇聚了近 300 个政党和政治组织的领导人共 600 多名中外代表。这是一次高规格的世界政党盛会，与会各方一致通过了《北京宣言》。习近平总书记参加了此次对话会开幕式并发表了重要讲话。在题为《携手建设更加美好的世界》的主旨演讲中，习近平总书记详细阐述了构建人类命运共同体思想，阐明了人类共同责任，得到了与会代表的热烈响应。他还提出了一系列政党政治与政党外交的崭新理念，尤其是提出了构建新型政党关系的倡议。本次大会不仅标志着中国的政党外交迈入了新时期，也为世界政党间的交流提供了崭新的平台，为政党交流机制建设指明了方向。

---

[1] 赵小春：《人类命运共同体引领下的中国外交创新》，载《人民论坛·学术前沿》，2017 年 6 月下。

二、新时代双边政党交流的基本原则

中国共产党历来重视政党交流工作，在党章中明确规定了中国共产党党际交往的基本原则，并按照这一原则积极开展与世界各国政党之间的交流对话，加深相互了解，这也是中国共产党对外工作的一大特色。

十一届三中全会以来，中国进入了改革开放的新时期，与此同时，中国的党际交往也进入了解放思想、实事求是、开拓进取的新时期。在国际形势、时代主题、工作重心发生变化的情况下，中国共产党的党际交往思路也发生了重要的调整。1992年党的十四大修改党章后逐渐确立了"按照独立自主、完全平等、互相尊重、互不干涉内部事务的原则，发展我们党同各国共产党和其他政党的关系"这一党际交往的基本原则。这是改革开放后中国共产党对党际交往认识的一次重大调整，成为日后长期指导中国共产党对外交往的基本规范。

党际交往原则具有十分丰富的理论内涵，各个部分形成了紧密联系的有机整体。独立自主原则是指充分尊重各国政党的独立自主地位，尊重各国政党从本国国情出发，选择社会制度和发展道路的权利；各国政党有权利决定本党内部的一切事务。完全平等原则是指各个党派无论大小强弱一律平等，平等对待各个政党，不以执政党与非执政党区分对待；党际交往活动要贯彻平等原则，不搞一言堂，杜绝"以大欺小"现象。互相尊重原则是指各个党派之间要相互理解，求同存异，不能强求一律，应该相互学习、相互借鉴。互不干涉内部事务原则是指各国党的内部事务应由各国党自己去处理，任何别国党都不能进行干涉，不允许把自己的意志强加于人。不利用党际关系去干涉别国内政，党际交往应有利于国家关系的建立与发展。不利用双边党际关系反对第三方政党，不应损害第三方党的利益。不利用党际关系输出自己的意识形态、价值观念、社会制度和发展模式，由各党自行选择本党方针政策。"中共党际交往的四项原则反映了世界各国政党多年来争取独立自主和平等地位的愿望和要求，顺应了党际关系发展的趋势，体现了新型党际关系的根本特征。"[1]

中国共产党党际交往的基本原则是对政党交往理论的重大创新，不仅是基于国情、党情的战略选择，对于世界其他政党也具有适用性和指导意义。党际交往四项原则是新时代政党双边交流应当遵循的基本要求和规范。

2017 年中国共产党与世界政党高层对话会成功举办，这在世界政党史上可谓罕见。习近平总书记出席高层对话会开幕式并发表主旨讲话。这次会议意义重大，影响深远，是以习近平同志为核心的党中央践行党章党际交往原则在新时代的实践创新，在中国共产党党际交往历史上具有开创性意义。[2]

三、新时代双边政党交流的重要意义

政党对外交流是国家总体外交的重要组成部分，因其丰富的内容和灵活多样的形式受到各国政党的重视，加强双边政党交流对于推动国家总体外交的发展，构建和谐稳定的国际关系具有非常重要的意义。

第一，政党交流能够有力地推动国家双边关系的发展。发展党际关系是国家外交工作的一部分，政党交流能够对国家总体外交起到重要的补充和推动作用。就双边关系而言，当面临棘手、敏感的问题时，政府很可能不愿意、不适合出面交涉，政党交往因其灵活性的特点则可以进行沟通协商，搭建起双边关系的桥梁。尤其在尚未正式建交的两国间，政党交流的作用更为突出。此外，政党交流对于打破国家间外交僵局，促进双边关系正常化起到重要的作用。政党外交对于政府外交能起到重要的补充作用，尤其执政党间的党际交往对政府间关系的影响更为显著。党际交往能够有力推动国家间关系的发展，同时也能有效推动两国间政府外交的发展。

第二，政党交流是开展国家总体外交工作的重要渠道。党际关系交往的对象主要是各国政党与国际政党组织，他们虽然不像政府外交那样能够处理

---

[1] 常欣欣：《中共党际交往的历史经验与基本原则》，载《人民论坛》，2011 年第 20 期，第 43 页。

[2] 张晓燕：《党际交往原则在新时代的实践创新》，http://theory.people.com.cn/n1/2017/1211/c40531-29697707.html。

国家间的具体外交事务，但是其着眼点仍然是本国的国家关系和国家利益，通过彼此之间的思想沟通与感情交流，为国家关系的建立、巩固与发展做着基础性的工作。在这个意义上来说，党际关系的交往就有很强的基础性与战略性。[1]党际交流能够涉及更宽泛的外交议题，具有更大的外交回旋余地，体现出了灵活性、适应性特点，对于国家整体外交而言是重要的渠道，起到促进和推动作用。

第三，政党交流对于加强两国彼此理解尤其是两国民众之间的了解有促进作用。党际交往具有很强的基础性和影响力，能够对两国民众的认识产生影响。在中国共产党的对外交往对象中，既有执政党代表也有在野党人士，既有资深政治家也有党派的青年代表，他们对中国的看法会影响其国内民众的观点，构成对中国认识的重要来源渠道。政党外交与民间外交、公共外交发挥着异曲同工的作用，成为国与国之间信任构建、民众认同的桥梁和渠道，共同推动双边关系的发展。

第四，加强政党交流有助于提升国家形象。国家之间互动和交流的一条重要的途径就是党际关系间的交往。政党间的交往能够塑造一个国家的国家形象，通过政党交往提升国家形象正日益受到各国政府的重视。政党在国际交往中通过介绍和阐述本国和本党的政策和策略以及在地区和国际热点问题上的态度和立场，从而消除国际社会的误解和偏见。尤其对于正在快速崛起的发展中大国，其执政党更是承担着通过对外交往增信释疑的工作，在国际上，一些西方国家始终保持着对崛起中的发展中国家的担心和敌意，千方百计地阻挠发展中国家的发展壮大。因此，对于发展中大国的执政党而言，应该利用好党际交流的平台，宣传本党和本国的基本政策和立场，阐释自己和平发展道路的意义，消除国际社会对其快速发展的疑虑和担心。

四、新时代双边政党交流的模式分析

国际关系进入了崭新的时代，面临着共同的发展机遇和问题，国家之间

[1]《邓小平同志会见并寄语卡里略等西党同志》，载《人民日报》，1980年10月25日，第1版。

的联系和交往日益密切，政党交流也呈现出繁荣的景象。双边政党交流成为国与国之间沟通联系的主渠道之一，发挥着前所未有的重要作用。政党交流的模式也日益多元化，政党交往互动的形式更为灵活多样，总结今天政党双边交流的主要模式，主要有以下几种：政党高层互访、政党间定期对话和论坛机制、执政党交流机制、政党理论研讨会、治国理政经验交流机制等等。我们以中国共产党对外双边交往实践为例来进行说明，并对该种模式的特点和优势进行简要分析。

（一）政党高层互访机制

政党高层交往是双边关系发展的重要推动力，也是长期以来双边政党交流的主要方式之一。近年来，中共中央多位领导同志率党的代表团出访世界多个国家和地区，与相关国家党和国家的政要进行交流会谈，起到了增进战略互信、推动合作和促进友好的作用。在重要的时间节点，中共还邀请外国政党领导人访华，习近平总书记等中央领导同志亲自接见会谈，为稳定、巩固和发展双边关系发挥了重要的作用。

政党高层交往的作用突出体现在中国与东南亚各国的党际交流中。近年来尤其是十八大以来，以习近平同志为核心的党中央高度重视包括东南亚在内的周边外交工作，召开了我们党和国家历史上第一次周边外交工作座谈会，提出了要按照"亲、诚、惠、容"的周边外交理念和与邻为善、以邻为伴的周边外交方针，加强同周边国家在各个领域、各个层次的友好交往和务实合作。中国共产党和周边国家的政党交往，在过去的五年里持续深化，这对于促进中国与周边国家的关系起到了重要的作用。在这几年中，多位中央领导同志率团访问东南亚，与相关国家政要、智库、媒体、民众等进行深入交流，推动友好互信。在重要的时间点，先后邀请了泰国民主党主席阿披实、老挝人革党总书记本扬、缅甸民主同盟主席昂山素季等访华并与习近平等中央领导同志亲切会面，对稳固双边关系、稳定地区和周边局势起到了关键性的作用。

2015年11月，中共中央总书记、国家主席习近平展开了对越南的国事访问，此次是习近平同志担任中国党和国家最高领导人以来首次访问越南。

值得注意的是，习近平是以中共中央总书记和中国国家主席双重身份访问越南，表明党际交往对中越关系具有重要意义。中国共产党和越南共产党都为马克思主义政党，分别为中越两国的执政党，党际交往的意义更显突出。"在遇到问题的时候，党际交流发挥重要的作用。这是中越关系非常鲜明的特点。"深厚的党际交往是中越关系的特殊之处，党际交往在推进两国关系方面发挥关键作用。[1] 习近平主席的出访则成为两党、两国关系的重要里程碑。中越政党高层互访一直保持着较高的频率。2018 年 8 月 20 日，越共中央政治局委员、中央书记处常务书记陈国旺到访北京，受到了习近平总书记的亲切会见。

中共中央对外联络部是负责中国政党外交的职能部门，担负着政党交流的重要责任。中联部部长宋涛等领导同志多次作为习近平总书记特使出访，每年负责接待多批外国政党代表团。2018 年 1 月 24 日至 26 日，宋涛率中共代表团访问加拿大，在加拿大会见了加政府、政党、议会领导人，并在多伦多举行十九大精神专题宣介会，来自加各界代表参加。宋涛全面宣介了十九大精神，阐释了习近平新时代中国特色社会主义思想的精神实质、丰富内涵和世界意义。宣介会和此次出访获得了圆满的成功，中共十九大描绘的美好蓝图得到了高度的认可和赞扬。党的十九大召开后，中联部承担了十九大精神对外宣介的任务，专门组织了多个宣讲团出访世界各地，为十九大精神的传播、党和国家形象的塑造以及加强各国、党派之间的联系和互信发挥了重要的作用。

高层互访交流是最直接有效的双边政党交流方式。它具有高效性和灵活性的特点。高层互访的高效性体现在短时间达成互动目的，解决问题。高层交流的参与者往往在本国和本党内部具有极高的声望和荣誉，具有相对集中的权力和较高的合法性，因此能够集中力量在短时间内解决问题。高层互访的灵活性体现在可以依据现实的情况及时调整安排，能够更好地适应变化了的国际国内局势。

---

[1]《中越党际交往有多重要？》，http://world.huanqiu.com/exclusive/2015-11/7916223.html。

250

政党高层交流具有突出直接的功能。第一，领导人的个人感情与政党交流紧密结合，直接推动双边关系的发展。高层领导参与党际交往活动，在外交外事活动中通过个人交往形成友谊关系，并促进政党或国家的关系发展。中、越两党的密切关系与毛泽东主席和胡志明主席的个人友谊的建立密切相关，两党长期以来频繁的高层领导交流成为两党和两国关系友好发展的重要保证。第二，高层互访有助于更好地塑造国家形象。高层互访活动往往涉及重大议题，能够吸引相关国家或全世界的目光，通过在活动中进行适当的环节安排以及精心准备，可以成为将交流活动打造为宣传本国方针政策的平台，便于对象国乃至世界民众更好地了解本国和本党的政策。第三，高层互访体现的是相互尊重，更容易建立政党间的相互信赖关系。高规格政党代表团的来访，体现了充分的礼遇和尊重，有利于进一步深化关系，通过密切的高层交流更有利于建立友好关系，达成共识。此外，如今迅速发展的交通通讯技术，也为高层互访交流提供了便利。

（二）政党对话和论坛机制

新中国建立后，中国共产党与社会主义国家的政党随即建立了稳定的对话关系，通过会谈、磋商等方式交流治理经验，加强双方合作。改革开放后，尤其是新世纪以来，中国共产党的党际合作打破了意识形态划界，同西方发达国家的党际关系不断深化，与世界各国和地区政党的对话机制正在不断完善。下面通过几个例子加以说明。

1. 中美政党高层对话机制

由中美两国的政治家、战略界人士参与的中美政党对话自 2010 年正式启动，目前已经成功举办了十届。2017 年 12 月 4 日，第十届中美政党对话在北京举行。本届中美政党对话是由中共中央对外联络部在中国共产党与世界政党高层对话会框架下举办，约 50 名中外代表出席，美方代表来自美国共和党、民主党和重要智库。

中美政党高层对话机制涉及的议题非常广泛，政党制度、执政理念和发展方略是一大重点，也是政党高层对话的主要特色。此外，中美双方还就双方共同关心的国际和地区问题进行广泛深入探讨，例如朝鲜半岛核问题、中东问题等。

近年来，中美政党高层对话机制正逐步走向成熟，议题涉及的内容更加丰富，双方不单就执政理念、政策主张和发展战略交换看法，还就各自反腐与法制社会建设及举措、管党治党相关做法进行交流，企业家圆桌会也被纳入到中美政党高层对话中，形成了更为立体的多渠道对话机制，涵盖政治家、企业家、媒体、学者等。除对话本身，双方还在互访过程中与两国高层领导人进行会晤，就治党治国理念、两国关系、国际和地区问题等进行深入沟通。

中美政党高层对话正逐渐成为中美双方交流的重要渠道，机制建设愈加成熟完善，具有典型的代表性和示范意义，能很好地助力中美两个大国构建新型大国关系。中联部副部长徐绿平就对话机制做了如下阐述："中共和美国两党开展对话，不仅有利于两国人民，也有助于世界和平与发展"。多次接待中共代表团的美国前国务卿基辛格曾评价道："中美关系正常化虽始于三十多年前，但直到 2010 年两国政党高层对话正式建立才走完最后一步。"[1]

2. 中欧政党高层论坛

中欧政党高层论坛由中国共产党发起主办，各欧洲政党的领导人参与，自 2010 年 5 月在北京成功举办以来已经举办了五届。中欧政党高层论坛本着"相互尊重、平等相待、求同存异、促进合作"的对话原则，为中欧各领域互利合作、为世界其他国家发展提供前所未有的机遇。

从历次论坛的主题看，与会代表就应对全球性挑战及中欧合作等共同关心的重大问题进行广泛、深入、建设性的对话。在中欧政党高层论坛中，中欧政党领导人齐聚一堂，就共同关心的重大问题深入交流，意义非同寻常。这充分表明中欧政党交流与对话又迈上了一个新台阶，中欧战略性沟通和全方位合作又增加了一个新的重要平台。[2]

通过承办这一论坛，中国共产党展示了更为自信和开放的国际形象。中

---

[1] 姚亿博：《跨越大洋的握手，超越意识形态的对话——第八届中美政党高层对话侧记》，http://cpc.people.com.cn/n/2015/0609/c191095-27127796.html。

[2] 李长春：《加强政党对话 推动共同发展——在中欧政党高层论坛开幕式上的讲话》，http://cpc.people.com.cn/GB/64093/64094/11684128.html。

欧双方的政党交流加强,增进了彼此的互信和理解,有利于推动中欧关系稳定发展。中欧双方的政党互相借鉴学习,中共将治国理政的经验向欧洲朋友介绍,也借鉴了欧洲政党经验以加强自身执政能力建设。

(三)执政党交流机制

在党际交往中,执政党因其在国内政治中的重要地位而备受关注。对两国关系而言,执政党交流程度直接影响着两国关系的走向。中国共产党作为中国的执政党,历来非常重视与相关国家的执政党交流,力图构建稳定的执政党交流机制。在这方面,中俄与中日之间已经建立起了较为稳定的执政党交流机制。

1. 中俄执政党对话机制会议和中俄政党论坛

中国共产党与俄罗斯统一俄罗斯党分别是中俄两国的执政党,加强两党间的交流对于深化发展中俄关系意义重大。中俄执政党对话机制会议和中俄政党论坛是中俄执政党间机制化交往的内容和体现。中俄执政党对话机制会议是中俄执政党间的深入交流平台,围绕执政党建设、党际关系和国家间关系以及共同关注的国际地区形势重大问题等开展广泛探讨,对话机制会议截至 2018 年底已举办六次。中俄政党论坛通过政党间的互动交往推动两国地方和企业进行深入交流,是中俄两国两党间发展起来的成熟交流机制,截至 2018 年底已经成功举办五届。值得一提的是,该论坛还是中俄“国家年”活动机制化项目之一。

中俄两党两国领导人对执政党机制化交往高度重视并亲自参与,对于推动两国政党间交往起到了重要的引领作用。2009 年 6 月,时任中共中央政治局常委、国家副主席习近平亲切会见了来华参加第一次中俄执政党对话机制会议的俄罗斯统俄党代表团并出席两党合作协议签字仪式。2010 年 3 月,时任中共中央政治局常委、国家副主席习近平出席在俄罗斯莫斯科举办的中俄执政党对话机制第二次会议并致辞,时任统俄党主席、政府总理普京致贺信。2012 年 12 月,中共中央总书记习近平在京会见参加第三次执政党对话机制会议的统俄党代表团。2015 年底,第五次对话机制会议和第四届中俄政党论坛在京举行,习近平总书记、普京总统和统俄党主席、政府总理梅德韦杰夫分别致信祝贺。

习近平总书记曾经指出："政党交往是中俄全面战略协作伙伴关系的重要组成部分，对两国关系的发展具有独特的作用。"他强调："中国共产党和统一俄罗斯党负有引领各自国家发展的重要使命。两党保持机制化交往，办好中俄执政党对话机制会议和中俄政党论坛，为两党就两国关系和执政党建设等战略性问题进行交流搭建了有效平台。"俄罗斯总统普京也对这一机制做出了高度的评价："在俄中全面战略协作伙伴关系的发展进程中，两国执政党的合作发挥着重要作用，成功推动解决双边关系中的重大问题，协调两国在地区和国际事务中的立场。双方就党的建设等定期交流相关实践经验，也具有重大意义。"[1]

经过多年发展，中俄执政党对话机制会议和中俄政党论坛日趋完善和机制化、品牌化。这一机制已经形成了中俄之间交流的品牌，涉及议题广泛，双方在很多问题达成了高度的一致，为中俄关系的全面发展发挥了重要的作用，对中俄两国各自的建设和治理也起到了重要的指导作用。机制的稳定发展对世界各国政党双边交流具有很强的借鉴和示范意义。

2. 中日执政党交流机制

中日两国是亚太地区的两个大国，两国互为邻邦，经贸和人文交流密切，然而由于日本国内的右翼思潮及历史问题，中日两国关系呈现出一种敏感性和脆弱性。在这一背景下，中日两国的执政党交流就被赋予了特殊的意义和使命。

1972 年中日建交以来，中国共产党与日本各个主要政党间长期保持着多个层次、多种形式的交流合作，包括自民党、民主党、日本共产党、公明党、社民党等日本政党都与中国共产党进行着定期会晤和交流。执政党交流机制成为中日关系发展的一大特色，也成为中日关系健康发展的重要保障。本世纪初，中日关系因参拜靖国神社事件陷入历史低谷。为推动陷入停滞的中日关系走出低谷，中日执政党代表于 2006 年 2 月在北京召开了中日执政党交流

---

[1]《习近平和普京为中俄执政党对话机制第五次会议致贺信》，http://www.xinhuanet. com/politics/2015-12/01/c_1117322894.htm。

机制第一次会议，就打破中日关系僵局，解决两国关系的障碍和问题进行了广泛探讨，为中日关系"破冰"塑造了良好的政治气氛。此后至2009年中日两国执政党又举行了三次会议，就两党两国关注的议题进行了磋商，增进相互信任，推动双方合作，为中日关系的发展和稳定发挥了重要的作用。中日执政党交流机制会议逐渐成为两国政党交往中的"品牌项目"。

2009年以后，中国共产党虽然与日本执政党仍保持友好往来，但因为多种因素影响，两国执政党间交流机制发展陷入停滞状态。后经中日两国领导人的努力推动，在中日关系回暖的背景下，执政党交流机制得以重启。2015年3月，日本执政两党干事长联袂访华，与中方共同宣布时隔六年重启中日执政党交流机制会议，并再次确认交流机制在改善发展中日关系中所发挥的独特作用，强调无论中日关系出现什么问题，都不应中断交流机制，必要时可灵活增加次数。中日执政党交流再次迎来发展新机遇。中日执政党交流机制截至目前已经举办七次会议。

中日执政党交流机制已经成为中日交往的重要渠道之一。中日政党交流有利于中日两国的务实合作和民间友好，能够引领中日关系的改善发展。

（四）政党理论研讨会

在复杂多变的国际背景下，各国政党在加强自身建设和应对外部问题时都需要进行理论的创新，更需要在理论层面进行交流互动，理论研讨会便成为政党交流的一项重要的方式。

中国共产党十分重视与其他政党的理论交流，与相关国家还开展定期的理论研讨会。中非政党理论研讨会是其中突出的代表。2015年2月，中国共产党与埃塞俄比亚人民革命民主阵线在埃塞俄比亚共同发起举办了第一届中非政党理论研讨会，为中非政党搭建起一个交流的平台，之后又召开了两届，并纳入"中国共产党与世界对话会"的框架下进行。

中非已经形成命运共同体、利益共同体，在很多问题上具有广泛的共识和相似的观点，在国家建设上也面临着一些相似的任务。中非间通过政党理论的探索，能够更好地找到适合自身的发展道路，努力推动中非间的务实友好合作。

（五）治国理政经验交流机制

治国理政经验交流机制是中国与周边国家政党交流合作的一个渠道。中国共产党与越南共产党、老挝人民革命党等社会主义政党在治国理政经验交流方面有很多具体措施，这些措施和安排都为各自国家的社会主义建设，为各自党的执政能力提高，起到了很重要的作用。除此之外，中国共产党也针对一些非洲等发展中国家政党开展治国理政经验交流活动。

结　语

在习近平新时代中国特色社会主义思想的指引下，中国共产党的对外交往工作正在开启新的征程。党际交往作为国家总体外交的一部分，正积极践行国家外交理念，为国家外交事业的发展发挥着独特而积极的作用。

欧洲绿党的气候话语权建构及其借鉴

柳思思

2013 年习近平主席在纳扎尔巴耶夫大学回答学生问题时指出，"绿水青山就是金山银山"，生动形象地表达了中国大力推进生态文明建设的态度和决心，同时也将这一理念传向世界。2017 年习近平总书记在中国共产党与世界政党高层对话会上发出"建设一个山清水秀、清洁美丽的世界"的伟大倡议。践行中国保护环境的时代责任，需要在全球气候政治的背景下思考这一问题。20 世纪 90 年代"政府间气候变化谈判委员会"成立及《联合国气候变化框架公约》制定标志着"气候政治"成为国际关系热点话题。这些热点话题分为"减缓"与"适应"两类，"减缓"是如何减少温室气体排放，"适应"的目标则涉及经济、生态、社会领域。欧洲绿党根据这两类气候热点话题，制定并推广了大量国际气候话语规则，如"2℃警戒线""排放权交易体系 (Emissions Trading System)""碳关税""低碳经济"等，欧洲绿党的这些话语规则已成为全球科学界、新闻界、学术界乃至国际气候谈判中的主流话语。

一、冷战后欧美在国际气候话语权领域的博弈态势

"生态兴则文明兴，生态衰则文明衰"。气候问题背后体现的是权力角逐，国际气候谈判的实质是话语权的争夺。行为体的话语权是发言权与规则制定权，是其在某领域内影响力的集中体现。[1]行为体在气候领域的话语权表现为其在世界气候大会、全球气候规则制定、减排、碳交易、碳关税等领域的发言权、主导权和解读权。"话语"与"权力"往往有相互影响、相互制约的关系。福柯认为："话语绝对不是一个透明的中性要素，话语其实是某些要挟力量得以膨胀的良好场所"。[2]所谓的"话语"并非指语言学和文艺学中的话语概念，而是"权力"的表现形式之一，话语不仅是施展权力的工具，也是掌握权力的关键。话语往往能表明拥有和行使话语权的行为体背后所隐含的深层次价值取向、利益立场，权力又能重塑话语的表现形式与传播效果。事实上，权力既是建立新话语的基础，又是击溃既有话语的保障，话语反过来也能影响权力的扩展与实施，因此话语与权力之间是辩证统一的关系。

气候话语领域的国际博弈，本质上是一场气候领域软硬权力的激烈交锋。冷战后的气候议题成为国际话语权的角斗场，建立对己有利的全球气候话语规则和制度成为权力的重要来源。各主要行为体在国际气候领域的话语权之争引人关注，尤其体现在欧洲绿党与美国的国际气候话语规则争夺战中。欧洲绿党指的是西欧国家绿党的联合组织。1984年1月成立，其前身是西欧生态团体协调局。成立欧洲绿党的直接目的，是为了加强欧洲共同体各国生态组织的合作，为在1984年6月欧洲议会第二次直接选举中多得议席，扩大绿色运动的影响。欧美气候话语权之争体现在如下几个方面。

第一，欧美在减排标准、减排基准年设定问题上针锋相对。欧洲绿党一贯倡导绝对量化减排，且坚持以1990年为基准年，认为没有具体减排目标

---

[1] Stuart Price, *Discourse Power Address: The Politics of Public Communication*, London: Rutledge,,2006, pp. 253-255.

[2] [法]福柯:《福柯说权力与话语》，陈怡含译，武汉：华中科技大学出版社，2017年版，第2-4页。

和时间表的气候协议是过于软弱和不可接受的。[1]"京都进程"中，欧洲绿党作为一个整体承诺减排 8%（1990 年基准年），是所有国际行为体中比例最高的。[2] 欧洲绿党提出后京都时代继续关注量化减排的议题，并最终推动欧洲理事会通过决议，正式确立欧盟中长期气候政策的"20/20/20 目标"。[3] 美国则主张以单位碳强度（单位国内生产总值的二氧化碳排放量）而非欧洲绿党倡导的绝对减排量为标准，坚持以 2005 年为碳减排基准年。欧洲绿党提出发达国家于 2020 年前在 1990 年水平上减排温室气体，美国则表示坚决反对。[4]

第二，欧美在碳市场问题上再度交锋。欧洲绿党提倡应该建立统一的碳市场，美国则主张建立地方层面的碳市场。欧洲绿党的目标是建立大规模、市场化、一体化的碳排放交易市场，核心是碳排放权和碳排放额度的量化与可交易；相较之下，美国的碳排放交易市场主要是区域层面的碳市场，主导方是个别政府与企业，其全球影响力明显不如欧洲绿党。如"美国区域温室气体减排市场"(Regional Greenhouse Gas Initiative) 是由美国东北十个州的电力企业构成的区域性碳市场，"芝加哥气候交易所"(Chicago Climate Exchange) 是由芝加哥部分企业组成的小型碳市场。

第三，欧美在碳税问题上主张各异。欧洲绿党主张作为一个整体征收明确具体的碳税，且把碳税征收视为集体行为，美国则主张谨慎开征碳税，美国现有碳税征收多局限于地方性行为。碳税源于欧洲绿党。欧洲绿党成员国

[1]Lasse Ringius, "Differentiation, Leaders, and Fairness: Negotiating Climate Commitments in the European Community", *International Negotiation*,Vol.4, No.2, 1999, pp. 133−134.

[2]FabioEboli,M Davide, "The EU and Kyoto Protocol: Achievements and Future Challenges", *Review of Environment, Energy and Economics*, No.2,2012 , pp. 1−2。

[3] 即 2020 年承诺温室气体排放总量在 1990 年基础上减少 20%，能源效率提高 20%，可再生能源在能源供应中的占比达到 20%。European Parliament, "A New Energy Strategy for Europe 2011−2020 European Parliament Resolution of 25 November 2010 on towards a New Energy Strategy for Europe 2011−2020", http://www.europarl.europa.eu/sides/getDoc.do?pubRef=−//EP//TEXT+TA+P7−TA−2010−0441+0+DOC+XML+V0//EN。

[4] 美国公布的 2020 年减排目标 17% 就是以 2005 年为基础计算的，如果以 1990 年为基础计算，则美国的减排目标仅为 4%，远低于欧洲绿党的同期标准。

新型政党关系与新时代政党外交

荷兰是全球最早征收碳税的国家，它于 1990 年开始征收碳税。2010 年，欧洲绿党主张在全欧洲绿党范围内确定统一征收碳税,2012 年 1 月 1 日，欧洲绿党拟开始征收国际航空碳税。欧洲绿党碳税的初始税率约等于美国克林顿总统时期能源税的总和税率，且各成员国必须根据欧洲绿党碳税统一指引不断提高碳税税率。因此，欧洲绿党碳税税率是不断向上变化的。[1] 到目前为止，美国的部分州开始征收碳税，比如马里兰州、加利福尼亚州、明尼苏达州，目标是解决地方政府税收与支出的差距，但还没有在全国范围征收碳税，美国也没有颁布严格的相关制度规定。

总体而言，欧洲绿党通过输出自身的气候治理标准，展示其软实力和规范性力量，其全球气候话语权领域的引领地位不容忽视。20 世纪 90 年代初，当其他国家仍在质疑气候变化的真实性时，欧洲绿党率先号召各国应对全球变暖，并以 1990 年作为排放基准年，虽然美国提出以 2005 年作为新的排放基准年，但 1990 年无疑是国际社会最为认同的排放基年，也是衡量各国承诺可比性的重要基准。在后京都时代，欧洲绿党更是以巩固其在国际气候领域的领导地位为首要战略目标，出台了多个文件倡导量化减排、排放权交易、后京都气候条约的法律地位等。美国由于克林顿政府、小布什政府任期内对于气候问题的放任，致使它在国际气候话语权上的影响力明显弱于欧洲绿党，甚至被视为"南非世界气候谈判大会"的"绊脚石"[2]。美国倡导的上述单位碳强度减排标准、地区性碳市场、地方性碳税等影响力与好评度也明显难以与欧洲绿党抗衡。中、印、巴等国虽然近年来也在尝试提出气候领域的新规则，但相比欧美来说，发展中国家气候话语的全球影响力仍然明显不足，短期内难以扭转被动的局面。

[1]Parker Larry "Carbon Tax and Greenhouse Gas Control: Options and Considerations for Congress", *Congressional Research Service Reports*, 2009, pp. 1-2. https://fas.org/sgp/crs/misc/R40242.pdf.

[2]C.Voigt, "The International Climate Regime", *Ssrn Electronic Journal*, 2012, Vol.45,No.2,pp. 448-471.

二、欧洲绿党气候话语权的建构

如前所述，欧洲绿党在气候领域具备强大的话语权与影响力，领先于美国等发达国家，更远远超过中国等发展中国家。那么，欧洲绿党的气候话语权究竟如何生成的？这是本部分的研究课题。话语权的生成需要从话语主体经过传播链条对话语客体产生影响，取得效果之后才能最终生成话语权，而其中的四个环节——篇章、句式、词汇与推广对气候话语能否最终以言取效至关重要。其中，前三个环节篇章框定、句式选择、词汇定义是对气候话语的加工，欧洲绿党将自身的认知规律和价值取向融入其气候话语的文本结构之中，第四个环节是通过多样的宣传路径对欧洲绿党气候话语文本进行推广传播，欧洲绿党气候话语权得以发挥效用。

在具体研究方法上，笔者使用 Concordance 软件创建相关语料库并收集录入相关气候话语文本。笔者在文本选择方面遵循三个标准：一是话语文本的观点表达清晰，二是话语文本的影响力强，三是话语文本具有代表性，因此，笔者最终挑选了欧洲绿党应对气候变化的决议、政策与法律文件，成为本文的数据样本。笔者为确保话语文本的准确性、权威性和系统性，从欧洲绿党官方网站直接下载上述文本并用于统计。[1] 笔者的统计范围从 1999 年 2 月至 2016 年 2 月，共计 12138 篇气候文本。包括 1999 年的 304 篇，2000 年的 465 篇，2001 年的 557 篇，2002 年的 526 篇，2003 年的 57 篇，2004 年的 405 篇，2005 年的 446 篇，2006 年的 62 篇，2007 年的 753 篇，2008 年的 931 篇，2009 年的 894 篇，2010 年的 1127 篇，2011 年的 1341 篇，2012 年的 1160 篇，2013 年的 1250 篇，2014 年的 948 篇，2015 年的 675 篇，2016 年的 237 篇文本，统计上述气候文本的标题、篇章、段落、句式、关键词等。

（一）欧洲绿党气候话语权的篇章框定

在篇章层次上，欧洲绿党通过语篇叙述方式来框定其气候话语的意义体系。"框定"的功能得以存在依赖于三个现实基础。第一，"框定"发挥着定

---

[1] EU-Lex, "Access to European Union law", http://eur-lex.europa.eu/homepage.html.

位的作用。通过实施框定战略，欧洲绿党的气候话语没必要也不可能面面俱到，只需要强调自身的独特之处。第二，"框定"起到舆论引导的效果。欧洲绿党通过议题设置与诱导性语言，能够将自身气候话语的关注点扩散为公众议题。第三，"框定"展示出建构国际形象的作用。囿于人类行动能力的有限性和世界本身的复杂性，人们不可能全部直接认识和感知外部世界，欧洲绿党通过强调气候话语的某些特性与公众产生共鸣，从而树立优良的国际形象。具体来说，一是欧洲绿党将气候问题框定为安全问题，突出其气候话语的安全特性。欧洲绿党气候决议的大量语篇内容涉及气候安全。如 1999/296/EC 号温室气体监测决议、2001/77/EC 号可再生能源决议、2002/358/EC 号减排责任分摊决议、2003/87/EC 号排放贸易决议、280/2004/EC 号温室气体监测改革决议、2005/32/EC 号能源产品生态标准决议、2006/32/EC 号能源服务国家决议、2009/29/EC 号排放贸易改革决议，都有涉及气候安全的篇幅。1999/296/EC 号决议大量篇幅指出，"气候变化的安全问题远远超越人道主义危机，气候变化隐藏的政治和安全政策风险将辐射全球，因此温室气体监测的建立迫在眉睫"。[1]2006/32/EC 号能源服务国家决议，大量段落论及，"由于气候变化事关欧洲绿党的整体安全，是关乎欧洲绿党子孙后代的大事，欧洲绿党委员会为在欧洲绿党范围内的诸多产品，如计算机、冰箱和电灯泡等，制定了最低能效标准并以欧洲绿党立法的形式确立下来，确定 2016 年实现能源效率提高 9% 的目标"。[2]2009/29/EC 号排放贸易改革决议大量段落论及"气候安全是欧洲绿党面对的刻不容缓的重要问题，欧洲绿党将设定统一的温室气体排放上限，具体规定排放贸易的减排目标，以取代各成员

[1] Marjan Peeters,*EU Climate Change Policy*,Cheltenham:Glensanda House,2006,pp.12-25.
[2] Council of the European Union, "Commission Decision Of 16 January 2006 Adjusting The Weightings Applicable From 1 February , 1 March , 1 April , 1 May And 1 June 2005 to The Remuneration of Officials, Temporary Staff and Contract Staff of the European Communities Serving in Third Countries And of Certain Officials Remaining in Post in the 10 New Member States For A Maximum Period of 15 Months After Accession (Article 33(4) of The Treaty of Accession of the 10 New Member States)", *Decision*,2006-01-16, p. 69.

各自决定的国家排放许可计划"。[1]

二是欧洲绿党将气候问题框定为欧洲绿党全球领导力问题，强调展现其软实力与规范性力量。《欧洲治理白皮书》赋予了欧洲绿党委员会将欧洲绿党气候领域的善治经验推广到全球治理进程中的任务。根据笔者创建的欧洲绿党气候文本语料库可知，大量语篇内容涉及欧洲绿党气候领导权。如2014年欧洲绿党发布的《2020—2030气候和能源政策框架》中大量篇幅指出，"欧洲绿党是国际气候领域的先行者，积累了发展新能源和节能技术的经验，为国际社会应对气候变化起到了示范效用"。[2]欧洲绿党2013/525号文件大量篇幅规定"欧洲绿党在温室气体减排方面走在世界前列，更重要的是，这是欧洲绿党国际气候领导权的关键支撑，为欧洲绿党主导国际气候谈判提供了有利条件"。[3]欧洲绿党2014/421号文件大量段落论及"排放贸易体系是欧洲绿党应对气候变化的主要成就之一，欧洲绿党排放贸易规则不断优化，国际合法性和支持度不断提升，由此确立了欧洲绿党在国际气候领域的领先地位"。[4]欧洲绿党2016/282号文件大量段落论及"在应对气候变

[1] European Parliament, "Council of the European Union, Directive 2009/29/EC of the European Parliament and of the Council of 23 April 2009 amending Directive 2003/87/EC so as to Improve And Extend the Greenhouse Gas Emission Allowance Trading Scheme of the Community (Text with EEA Relevance),Official Journal of the European Union 52",Directive, 2009-04-23, p. 139.

[2] European Commission, "Commission Staff Working Document Impact Assessment Accompanying the Document Communication from the Commission to the European Parliament, the Council, the European Economic And Social Committee And the Committee of the Regions A Policy Framework For Climate And Energy in the Period from 2020 up to 2030",Implementing Decision,2014-01-22, p. 1.

[3] European Parliament, Council of The European Union, "Regulation (EU) No 525/2013 of the European Parliament And of the Council of 21 May 2013 on A Mechanism for Monitoring And Reporting Greenhouse Gas Emissions And for Reporting Other Information at National And Union Level Relevant to Climate Change And Repealing Decision No 280/2004/EC Text With EEA Relevance", Implementing Decision, 2013-05-21, pp. 13-14.

[4] European Parliament, Council of the European Union, "Corrigendum to Regulation (EU) No 421/2014 of the European Parliament And of the Council of 16 April 2014 Amending Directive 2003/87/EC Establishing A Scheme For Greenhouse Gas Emission Allowance Trading Within the Community, in View of the Implementation By 2020 Of An International Agreement Applying A Single Global Market-Based Measure to International Aviation Emissions",Implementing Decision, 2014-04-21, p. 177.

化过程中，尽管欧洲绿党航空碳税等政策面临非议，但欧洲绿党毫无疑问仍然是应对气候变化的先锋力量"。[1]欧洲绿党 2016/265 号文件大量段落论及"欧洲绿党不仅以气候领域的开拓者对全球气候治理做出了直接贡献，也以话语规则建构的方式间接塑造着国际气候规则的发展，还是推动其他国际行为体做出减排承诺和行为的重要力量"。[2]

（二）欧洲绿党气候话语权的句式选择

由于人们的认知视角不同，所激活公众信息系统中的节点也各不相同，信息之间的映射关系并不是随意的，尤其是对于抽象的事物（比如欧洲绿党气候话语）来说，需要着重使用多种句式结构。欧洲绿党在句型结构上，通过使用告知型言语行为、假设型言语行为、承诺型言语行为、认可型言语行为，以强化欧洲绿党气候政策的说服力，达到积极的话语效果。告知型言语行为主要是让人们了解欧洲绿党气候政策的进展，如"欧洲绿党的气候治理正在稳步推进"、[3]"欧洲绿党的气候决议得到落实"、[4]"欧洲绿党在气候治理领域获得众多成就"。[5]假设型言语行为使言语对象从现在的作为来预

[1] European Commission, "Commission Regulation (EU) 2016/282 of 26 February 2016 Amending Regulation (EC) No 748/2009 on the List of Aircraft Operators Which Performed An Aviation Activity Listed in Annex I To Directive 2003/87/EC On Or After 1 January 2006 Specifying The Administering Member State for Each Aircraft Operator Text with EEA Relevance", *Implementing Decision*, 2016–02–26, p. 1.

[2] European Commission, "Commission Implementing Decision (EU) 2016/265 of 25 February 2016 on the Approval of the MELCO Motor Generator as an Innovative Technology for Reducing CO2 Emissions from Passenger Cars Pursuant to Regulation (EC) No 443/2009 of the European Parliament and of the Council (Text with EEA Relevance)", *Implementing Decision*, 2016–02–25, p. 31.

[3] European Parliament, Council of the European Union, "Directive 2009/28/EC of the European Parliament and of the Council of 23 April 2009 on the promotion of the Use of Energy from Renewable Sources and Amending and Subsequently Repealing Directives 2001/77/EC and 2003/30/EC (Text with EEA relevance)", *Directive*, 2009–04–23, p. 1.

[4] European Parliament, Council of the European Union, "Directive 2014/94/EU of the European Parliament And of the Council of 22 October 2014 on the Deployment of Alternative Fuels Infrastructure Text with EEA Relevance", *Directive*, 2014–10–22, p. 2.

[5] European Parliament, Council of the European Union, "Directive 2010/75/EU of the European Parliament And of The Council of 24 November 2010 on Industrial Emissions (Integrated Pollution Prevention And Control) Text With EEA Relevance", *Directive*, 2010–11–24, p. 17.

判将来的结果，如"现阶段的欧洲绿党气候治理必将产生长远收益"、[1]"欧洲绿党的行动并非仅仅为了眼前利益，而是为了千千万万子孙后代"。[2] 为了增强话语效果，欧洲绿党还频繁使用承诺型言语行为，如"欧洲绿党计划到 2030 年将温室气体排放量在 1990 年的基础上减少 40%，可再生能源在能源使用总量中的比例提高至 27%，能源使用效率至少提高 27%"。[3] 认可型言语行为主要表现为感谢与赞赏，如"减排离不开每个国家的参与，欧洲绿党感谢成员国的支持"。[4] 可以说，欧洲绿党气候话语权的句式选择策略较为成功，符合其作为环境捍卫者的国际形象，同时增强了欧洲绿党在全球环境政治中的感召力与公信力。

（三）欧洲绿党气候话语权的概念创新与词汇定义

欧洲绿党及其成员国倡导了如下耳熟能详的气候概念，强调其气候话语的内容特征。如"2 摄氏度警戒线"是人类和地球系统能够避免气候变化的灾难性后果的临界温度变化（1990 年基础上）。"2020 峰值年 / 转折年"即全球温室气体排放总量将在 2020 年达到峰值，此后就应该调头向下，到 2050 年降低到 1990 年排放水平的一半左右，到 21 世纪末实现零排放。"MRV 制度"（Measurable,Reportable,Verifiable, 简称 MRV）是低碳领域的

[1] European Parliament, Council of the European Union, "Decision No 466/2014/EU of the European Parliament And of the Council of 16 April 2014 Granting An EU Guarantee to the European Investment Bank Against Losses Under Financing Operations Supporting Investment Projects Outside the Union", *Decision*, 2014-04-16, p. 1.

[2] European Parliament, Council of the European Union, "Decision No 1386/2013/EU of the European Parliament and of the Council of 20 November 2013 on a General Union Environment Action Programme to 2020 'Living well, within the Limits of Our Planet 'Text with EEA relevance",*Decision*,2013-11-20, p.171.

[3] European Commission, "Commission Staff Working Document Impact Assessment Accompanying the document Communication from the Commission to the European Parliament, the Council, the European Economic and Social Committee and the Committee of the Regions A policy framework for climate and energy in the period from 2020 up to 2030",*Impact assessment*, 2014-01-22, p. 1.

[4] European Parliament, Council of the European Union, "Directive 2010/75/EU of the European Parliament and of The Council of 24 November 2010 on Industrial Emissions (Integrated Pollution Prevention And Control) Text With EEA Relevance", *Directive*, 2010-11-24, p. 18.

三可制度，涉及到可测量、可报告与可核查三个方面，这三个方面共同组成了欧洲绿党碳交易监测制度的基础。具体来说：包括碳排放的可测量，碳交易行为的可报告与碳排放过程的可核查，涉及到一系列监测量化标准和核查管理指南，如 ISO14064 系列标准。[1]

表1：欧洲绿党气候文本的核心概念统计

关键词	1990基准线	2摄氏度警戒线	2020峰值年	MRV制度	低碳经济	低碳社会	碳交易	碳金融	碳泄漏	碳标签	碳捕获	碳封存

（注：本表由笔者绘制，数据是笔者构建的欧洲绿党气候话语文本语料库，数据来源于欧洲绿党官方网站：http://eur-lex.europa.eu/homepage.html）

　　欧洲绿党积极倡导低碳领域的系列概念。如上表所示，欧洲绿党及其成员国率先提出"低碳经济"（Low-Carbon Economy）的概念，"低碳经济"是经济发展与生态保护双赢的发展形态，实质是提高能源效率，获得更高经济产出。欧洲绿党随后提出包括"碳金融"(Carbon Finance)、"碳标签"(Carbon Labelling)、"碳泄漏"(Carbon Leakage)、"碳捕获"(Carbon Capture)、"碳封存"（Carbon Sequestration）的系列概念。"碳金融"是低碳领域的各项金融活动，包括碳交易和碳投资、项目开发与合作等。"碳标签"是对各种产品的包装上进行碳信息标注，提醒消费者该产品从生产、运输到消费排放的二氧化碳总量。"碳泄漏"是产品生产与运输过程中泄漏的碳总量，成为航空碳税、海运碳税等多种碳关税的征收依据。"碳捕获"是使用新兴科学技

---

[1] ISO 14064:2006 是一个由三部分组成的标准，其中包括一套 GHG 计算和验证准则。该标准规定了国际上最佳的温室气体资料和数据管理、汇报和验证模式。人们可以通过使用标准化的方法，计算和验证排放量数值，确保 1 吨二氧化碳的测量方式在全球任何地方都是一样的。

术捕获各类产品的二氧化碳，降低产品在生产消费过程中的碳排放量。"碳封存"是将捕获的二氧化碳封存起来避免直接向大气排放。

（四）欧洲绿党气候话语权的推广机制

为了推动欧洲绿党气候话语的全球拓展，欧洲绿党采取了复合型推广模式。一是欧洲绿党借构建的"清洁能源网络平台"对重要国际组织推广气候话语。欧洲绿党与海湾阿拉伯国家合作委员会、亚太经合组织等共建"清洁能源网络平台"，推广欧洲绿党提出的气候话语概念。"清洁能源网络平台"是欧洲绿党提议构建的一个包括国际组织、大学、研究机构、公司、政府部门和公用事业的网络整体，针对欧洲绿党、海湾阿拉伯国家合作委员会、亚太经合组织等主要国际组织感兴趣的气候议题内容进行探讨，通过举办多项联谊活动，欧洲绿党提高自身与其他国家组织合作的活跃度，欧洲绿党了解对方组织在气候领域的倾向，推广其气候话语概念。

二是欧洲绿党以构建"气候合作伙伴关系"为契机对相关国家进行气候话语拓展。近年来，欧洲绿党已经与美国、中国、日本、加拿大、新西兰、挪威、丹麦、澳大利亚、巴西等国建立了"气候合作伙伴关系"，推广其气候话语概念与标准规范。上述"欧洲绿党气候合作伙伴关系国"既包括主要发达国家，又涉及主要发展中大国，欧洲绿党通过充当上述国家在国际气候谈判的沟通合作桥梁，推广其气候话语规范与制度形式。欧洲绿党一方面对美、日、澳、加、挪等发达国家积极争取，对上述国家气候代表进行话语诱导；另一方面对中巴等发展中大国通过清洁发展机制和全球环境基金机制加以援助，还通过支持俄罗斯加入世贸组织、加强双边贸易合作等作为交换条件，推动上述国家接受欧洲绿党的气候话语理念。具体来说，欧洲绿党制定了翔实的气候话语推广计划，包括推广区域、时间、推广方、参与方、推广预期成效等，建立了一系列与全球气候治理制度相对接的欧洲绿党内部环保机构，将欧洲绿党气候话语概念与标准规范向世界传播，并利用英国广播公司（BBC）等辐射全球的媒体引领国际舆论。此外，欧洲绿党还利用网络新媒体开拓宣传路径，如欧洲绿党领导人多次在推特上宣传欧洲绿党的气候话语理念。

欧洲绿党气候话语的推广机制显示了欧洲绿党正走上一条雄心勃勃、注重方式、行之有效的话语权力构建之路。《联合国气候变化框架公约》《京都议定书》《德班系列协议》《哥本哈根协议》、《巴黎气候协定》等国际社会应对气候变化的指导性文献，几乎全盘使用了多项欧洲绿党提议的气候话语概念，从"1990年基准年"、"低碳经济"、"碳金融"、"碳市场"到"碳捕获与碳封存"，这也再度证明了欧洲绿党气候话语权对国际气候规则的塑造力与影响力。

三、欧洲绿党对中国共产党践行环保理念的借鉴价值

在全球化时代，气候问题竞争的本质是对气候治理规则制定权的争夺。为确保在激烈的竞争中立于不败之地，世界大国纷纷争夺国际气候话语权，争先成为国际气候规则的制定者。现有国内研究较少关注他国政府、学者对中国气候政策的负面评判，对欧洲绿党气候话语权与中国气候话语能力建设两者之间的关系缺乏深入解析，这就引出了本部分的研究主题——欧洲绿党气候话语权及对中国的借鉴。欧洲绿党从积极应对气候变化，逐步发展到由气候议题推动其科技、经贸、政治等全球战略调整，同时气候政策也从欧洲绿党市场经济的衍生品发展为较为完备的独立体系。具体来说，欧洲绿党气候话语权的建构历程主要经历了两个阶段：一是欧洲绿党气候议题范畴的扩大和深化。欧洲绿党出台多个政策文件阐明其对于发达国家减排、发展中国家适当减排、碳交易及监管、碳核查程序、低碳技术转让的技术支持与管理结构等问题的立场，将欧洲绿党的气候议题从最初狭义的环保内容，如治理环境污染、保护饮用水健康、处理危险化学品等，逐步扩展为囊括了气候、能源、碳交易、低碳经济、自然资源、野生动植物保护、生产及消费过程中的一切与气候相关的问题。二是欧洲绿党气候议题指向目标的演进，从仅仅排列在末端的纯粹治理机制逐步发展为日趋完善的气候话语规范。欧洲绿党通过气候治理将自身规则融入国际气候机制的构建中，实现自身规则的向外拓展，获得应对气候变化的先发优势。在此过程中欧洲绿党治理气候的主动

性不断增强，积极性日趋提高，并将其气候议题推广到经济、政治、外交等领域，影响着贸易和文化。

对于中国在全球气候治理中的作用，中外学者有着明显不同的评价。中国学者给予的多是正面评价。如陈迎认为，中国是负责任的大国，为减缓全球气候变暖做出了重要贡献。[1]薄燕、陈志敏强调中国是国际气候合作领域中积极且谨慎的参与者。[2]然而，不少西方学者和媒体却消极评价中国的气候政策，使用了以下术语来描述中国："防守的（defensive）""保守的（conservative）""不合作的（uncooperative）"等。理查德·埃德蒙兹（Richard Edmonds）认为中国在气候谈判中呈现出自相矛盾的态度。[3]爱德华·弗美尔（Eduard Vermeer）认为中国几乎没有意识到碳排放与气候问题的威胁。[4]巴瑞·布赞（Barry Buzan）也指出西方国家对中国在哥本哈根气候谈判的总体印象是负面的，中国的气候治理行动也被误读，因此中国有必要向世界解释自己的气候治理行动计划。[5]

欧洲绿党是应对气候变化的风向标，对中国有极强的参考价值。由于国情不同，我们不主张完全照搬照抄，而是主张取其精华去其不足，增强中国自身的气候话语影响力。具体来说，包括如下四点：一是学习欧洲绿党，大力推进气候科研，为提升气候话语权提供科技实力支撑。欧洲绿党能提出"2℃警戒线""1990年基准年""2020峰值年/转折年"与其国际一流的气候科研实力是密不可分的。中国的气候科研包括不断完善气候系统观测网，加强建设气候变化基础资料数据平台等。二是推进气候话语的概念创新，提

[1] 陈迎：《中国在气候公约演化进程中的作用与战略选择》，载《世界经济与政治》，2002年第5期，第15-16页。

[2] 薄燕：《全球气候变化治理中的中国与欧洲绿党》，载《现代国际关系》，2009年第2期，第44-45页。

[3]Robert F. AshArch,Richard Louis Edmonds, "China's Land Resources, Environment and Agricultural Production", *China Quarterly*, No.156,1998, pp. 836–879.

[4]BryanTilt, "Response to Eduard Vermeers Review of Dams and Development in China: The Moral Economy of Water and Power", *China Information*,Vol.30,No.1,2016 , pp. 99–100.

[5]Barry Buzan, "China in International Society: Is Peaceful Rise Possible?", *Chinese Journal of International Politics*, Vol.3,No.1,2010, pp.5–36.

出带有中国特色的气候话语。欧洲绿党在气候话语领域明确的目标设置、灵活的语言策略、不断完善的标准体系以及多样的话语模式等值得中国参考学习。三是构建多样化的推广机制。中国应改善国际气候谈判的手段与方式，充分调动各种电视、报纸、网络等传播形式参与气候话语信息传播，研究他国公众接受话语信息的心理习惯、思维方式以及审美情趣，增强中国话语模式的感染力。四是学习欧洲绿党，积极开展气候外交。中国应增强与周边国家的气候合作，还应该进一步加强与中国在世界气候大会上谈判立场较为接近的巴西、南非、印度的联系，也应适当援助生态极度脆弱的弱小国家（如海岛国等），赢得国际声望。

结 语

欧洲绿党气候话语权专项研究开拓了话语权研究的新领域。本文借助相关理论，跳出了话语权的传统研究领域，为我们理解国际气候话语权的争夺态势并以此开展中国气候话语权研究提供了新思路。中国作为国际气候治理中的重要参与者，与其他国际行为体尤其是欧洲绿党相比，气候话语影响力明显不足，存在专业技术理念支撑不足，推广方式相对单一等问题。中国气候外交话语权的相对弱势地位降低了国际社会对中国气候外交话语的认同感。本文紧密跟踪国际气候话语权博弈的最新动态，论证欧洲绿党气候话语权建构经验及对中国的参考意义，对于政府相关部门了解国际气候争端、掌握现阶段主流气候话语概念信息、维护气候领域合理诉求等，具有较高的政策参考价值，为主管环保、绿色经济、外贸、外交等相关工作的政府部门加深对国际气候谈判的战略认识、有的放矢地推进创新气候话语体系建设进言献策，同时为中国提升国际气候话语影响力提供理论思路与相关参考信息。

政党外交的机制化建设探析

周 帅[1]

一、政党外交的重要意义

2017 年 12 月 1 日，中共中央总书记、国家主席习近平在中国共产党与世界政党高层对话会上发表了题为《携手建设更加美好的世界》的主旨讲话。讲话中提到政党在国家政治生活中发挥着重要作用，不同国家的政党应该增进互信、加强沟通、密切协作，探索在新型国际关系的基础上建立求同存异、相互尊重、互学互鉴的新型政党关系，搭建多种形式、多种层次的国际政党交流合作网络，汇聚构建人类命运共同体的强大力量。可见，政党外交在人类命运同体构建过程中具有重要的意义，具体来说，可以推进国际秩序变革，促进利益共享，实现可持续发展，推进国家间立体多层次交往，同

---

[1] 周帅，北京第二外国语学院政党外交学院讲师。

时促进中国在新时代进一步与世界融合。

（一）有利于推进国际秩序变革，完善全球治理

在多极化发展过程中，全球治理体系不断拓展，国际秩序变革加速推进；与此同时，全球性的公共议题也急剧拓展。当前时代，在和平与安全的时代主题之下，世界某些地区的安全形势依旧紧张，甚至发生局部冲突，地区热点问题层出不穷，传统安全面临着不少问题。与此同时，生态破坏、环境污染、全球气候变化、自然灾害、网络威胁以及恐怖主义等非传统安全问题日益凸显。世界发展同样面临诸多问题，如不平衡、不充分，并长期存在，各国经济复苏和发展仍不稳固，而世界经济联动性进一步增强，一国一地的发展问题很可能波及他国甚至整个世界。所有这些问题都凸显出世界各国相互依赖性日益加深，因此，十分需要各国政党尤其是执政党在世界范围内加以协商探讨，政党外交的作用日益凸显。

（二）有利于推进国家间多层交往，贯通交往渠道

冷战结束之后，各国之间交往逐步加深，国家及政府层面存在着双边与多边不同程度的交往，地方政府也有深入的交往，除了官方的交往，各国的公益团体、盈利性公司之间的交流与合作也不断深入，同时，各国国民跨国性的学习、旅游等活动的规模也越来越大。而各国政党作为政府与人民之间的桥梁，发挥着不可替代的作用。政府的实际决策与运作本身就由执政党来完成，而政党又代表着民众的利益，在整个政治体系中处于中枢地位。加强不同国家之间政党之间的交往，强化政党外交，无疑有利于推进国家间多层次交往，从而进一步贯通国家之间的交往渠道，增加彼此之间的交流与互信，进一步增进国家各个层面行为体之间的关系。

（三）有利于进一步深化中国与世界各国的交往

1978 年，在中国共产党的领导下，中国开始改革开放，从而也开启了中国融入世界的进程。2018 年，时值改革开放 40 周年，经过几十年的发展，中国取得了举世瞩目的成就，经济总量由改革开放初期的 15 位跃升至当今的第 2 位，并且还在不断地增加，与此同时，其他方面也取得了不俗的进展，中国与世界的融合由此进入了新阶段。中华民族历来讲求"天下一家"，也就是说各国拥有同一片蓝天、同一个家园，理应实现共同发展。中国在实现自身发展的同时，也要实现各国的共同发展，将中国自身的发展与世界的发展紧密联系在一起。中国共产党是中国人民和中国特色社会主义事业的坚强领导核心，加强政党外交，利于中国共产党治国理政以及发展经验在世界各国政党的传播与交流，进而有利于本国的发展，最终深化中国与世界各国的交往。

政党外交具有十分重要的意义，在推进政党外交的过程中，需要加大机制化建设的力度。

二、如何推进政党外交机制化建设

政党外交应当建立一种完全平等，世界各政党友好协商，事前充分协商与集体决策，事中各党共同配合执行，事后及时评估与反馈的机制。这一机制具有动态性、开放性、平等性多项特征。在机制化建设的路径上，应当以现有政党外交机制为基础，进而确定路线图，最终建立兼顾各个层级的、以高层对话为核心的多层交往体制。

政党外交机制的建立，利于增进各国各政党之间信息的互通，增进信任，更加重视未来的合作，促进各国的利益趋同。因此推动政党外交的机制化建设显得十分必要与迫切。

在政党外交机制化建设的过程中，首先，要确定政党外交机制化推进的指导原则与目标；其次，要整合既有的政党外交渠道以及成果，理顺现有政党外交之中正式的与非正式的渠道；第三，要根据中国共产党与国外政党之间的需求，在充分对话与论证的基础上形成完备、标准化且有适当灵活性的规章制度，以高层对话机制为核心，形成各层次对话与交往的机制；第四，根据政党外交形成完备的制度，逐步展开实践，在实践中逐渐理顺事前商议与决策、事中执行以及事后反馈各方面的步骤，根据需要增加新的交往内容。

（一）确定政党外交的指导原则与目标，制定详细机制化路线图

原则是任何组织机构所依据的行事准则与依据，只有确定政党外交的原则，政党外交机制化才有依据，才能正规有序运行，并不断发展。改革开放以来，在"解放思想、实事求是"思想路线指引下，中国共产党开创了党际关系理论新局面，到1982年十二大上，形成了处理党际关系的四原则：独立自主、完全平等、互相尊重、互不干涉内部事务，向全世界表明了中国共产党同各国政党进行友好交往的美好愿望，也为政党外交提供了明确的交往依据。十九大以来，中国共产党更加重视与世界各国政党的交往，并于2017年年底召开了中国共产党与世界政党高层对话会。中国共产党所遵循的党际交往四原则逐步深入人心，政党外交机制化过程中，党际交往四原则完全可以作为政党外交四原则，为各国政党所接纳。

党的十九大提出推动构建人类命运共同体，在之后的中国共产党与世界政党高层对话会上，习近平总书记也重点提到了推动构建人类命运共同体，换言之，人类命运共同体的建立可以作为政党外交的最终目标。各国政党在交往过程中，为了这一共同的目标而奋斗。构建人类命运共同体是一个长期的过程，不可能一蹴而就，同时也是一个系统性工程，涉及到方方面面。为了实现这一最终目标，需要根据各个阶段不同的情况以及各国各政党共同诉求制定阶段性目标，并据此讨论并最终形成路线图。例如，当前阶段，各国都面临着发展的要务，政党作为各国主要政治行为体，其目标是实现各自国民的诉求和利益，担负着实现本国发展的重任。在政党外交过程中，完全可以将建立利益共同体作为阶段性目标的重要内容。同时，根据不同国家国情以及不同国情下的政党面临的具体任务，具体问题具体分析，在整体阶段性目标之下，制定政党外交的分目标。

（二）整合既有政党外交渠道及成果

万丈高楼平地起，越是楼高，地基就越深。政党外交机制的建立与完善犹如高楼，需要扎实的基础，而之前已存在的各种形式的党际交往惯例、机制以及制度，就是这一地基的重要内容。政党外交机制化建设，必须建立在既有的政党外交渠道基础之上，不能完全抛开原来的尤其是非常成熟的交往制度另搞一套。中国共产党自1921年成立以来，在党际交往方面有着丰富的经验，近百年的党际交往中取得了丰硕的成果。这些都是进行政党外交机制化建设宝贵的财富，需要加以系统化梳理和认真总结。

在既往的党际交往中，存在着政党领袖及重要成员之间非正式私人交往的形式，比如毛泽东同志和周恩来同志与胡志明同志之间深厚的私人友谊，也有一些政党之间存在不同层级成员定期交往的相对正规的形式，比如中日执政党交流机制，同时中国还有对南亚、东南亚等地区一些政党重要成员进行定期治国理政经验交流的项目，还有地区性与国际性的交往渠道，比如参加与主办亚洲政党会议，发展与社会党国际的关系。中国共产党领导人更是十分重视政党外交的发展，习近平总书记在中国共产党与世界政党高层对话会上的发言是中国共产党领导人重视政党外交最新和最集中的体现，也必将促进政党外交的深入发展。总之，在党际交往的各个层级都存在着正式或非正式丰富多彩的交往。这些交往业已存在，但是某些方面还相对不健全，整体上零散化。将这些既有的丰富多彩的交往进行正规化、长期化建设，本身就成为了推进政党外交进一步机制化发展的重要一环。

当然，凡事发展都呈现螺旋上升的态势，以往政党外交之中，在取得重大成就的同时，也有过一些教训，政党外交在未来机制化建设中，要注意规避走过的弯路以及出现过的问题，使得机制化朝着更成熟的方向发展。

（三）建立以高层对话为核心的多层交往体制

在中国共产党与世界政党高层对话会上，习近平总书记倡议中国共产党与世界政党高层对话会机制化，使之成为具有广泛代表性和国际影响力的高端政治对话平台，凸显了中国共产党对高层对话的重视以及这一平台的重要作用。在今后推动政党外交机制化过程中，首先需要做的就是落实习近平总书记关于中国共产党与世界政党高层对话会机制化的倡议，切实将这一对话平台有效长期运行起来。

在努力建立高层对话平台这一核心机制过程中，也要促进并完善政党之间各个层级之间的交往，首先是政党重要人物之间的交往，其次是不同政党之间重要机构之间的交往与对话，除此之外，还要形成普通党员之间的良好互动。最终形成一个以高层对话平台为核心，政党政要及重要机构为重要辅助以及全体党员参与的多层立体交往体制。

（四）在政党外交实践中不断完善机制

政党外交机制的逐步确立与完善，与政党外交实践以及总体外交实践密不可分，相关机制确立后需要政党外交实践的检验，同时，政党外交实践的不断推进也会反向促进政党外交机制逐步完善。机制促进政党外交实践，政党外交实践完善各项机制，二者相得益彰，缺一不可。

实践是检验真理的唯一标准。理论与实践相统一是马克思主义的一个最基本的原则，任何理论都要不断接受实践的检验。就政党外交机制而言，检验相关机制是否有效、是否能切实推进政党外交蓬勃发展的标准也只能是各种形式的政党外交实践。机制在讨论议定之后，绝对不能束之高阁，不能与政党外交的实践脱节，必须运用到政党外交实践当中。

如果相关外交机制在事实上促进了政党外交的发展，那么就说明政党外交机制是有效性的，可以继续运行并根据不同情况进行推广和扩展。如果相关机制在政党交往中运行不顺畅，无法有效促进党际关系的发展，那就说明机制本身存在着这样那样的不足，需要对机制进行再检视。最终发现存在的问题，找出"病因"，从而最终理顺相关机制，进而促进各国政党的友好往来，向人类命运共同体迈进。

政党外交机制化是一个长期的过程，也是一个螺旋式发展的过程，不可能一蹴而就，需要通过各国政党之间不断的交往才能建立并不断地完善。政党外交机制不能"拍脑袋"决定，必须来源于政党外交实践，根据共同需求建立的政党外交机制，更具有生命力，更能够有效地促进各国政党的交往。

总之，政党外交机制化的推进，首先要确立明确的指导原则，明确目标，并根据实际情况在充分论证的基础上制定机制化路线图。要建立一种在既有政党外交渠道及成果基础之上的以高层对话为核心的多层交往体制。在政党外交机制化过程中，要注意与政党外交实践相结合，在实践中不断完善相关的机制。

三、政党外交机制化注意事项

政党外交机制化是大势所趋，尤其是高层对话机制，已经在稳步推进。如中国伟大的改革开放一样，政党外交机制化过程也是一个"摸着石头过河"的过程，期间可能存在着某些"险滩"，需要提高规避意识。在政党外交机制化整体推进过程中，需要注意稳步推进，有所侧重，形式多样，实践与机制同步推进。

（一）稳步推进，有所侧重

政党外交机制化是一个长期的过程，各项机制的建立与完善有一个机制需求、机制产生、机制发展、机制完善以及再提高的过程，不可能在短时间内完成。在各国政党交往过程中，会逐步产生渠道正规化的需求，这样有利于各方顺畅的沟通，协调相关政策，讨论共同的关心议题，互相学习，取长补短，于是在某些方面就会初步建立交流渠道，比如高层对话机制的建立，然后随着政党高层对话机制的不断发展和相关原则规章的确立，会带动其他各个层次交流机制的建立和发展，最终形成立体多层全方位交往机制，在这一过程中，会根据新的情况和需求，根据政党外交现实的发展进行改革与创新，实现机制的再提高。所以，在整体推进过程中，要遵循一定的规律，在一定时间内有所侧重，在抓住主要矛盾的情况下兼顾各方面需求。如此，才能保证政党外交长效机制的建立与发展。

（二）各国政党交往与机制化同步推进相互促进

政党外交机制化有重要的意义，对推动各国政党外交乃至整体外交都有重要作用，同时还有助于促进"一带一路"倡议的实施以及推动构建人类命运共同体。在机制化过程中，在政党外交各项机制尚不完善的情况下，政党之间的交往依旧需要稳步进行，不能因为机制没有确立就不推动各国政党交往的发展，也不能非要等到机制确立之后再大力推动政党外交的进行。因为机制的确立形成，一方面源自各国政党在民主平等基础上共同讨论制定的结果，另一方面政党外交实际行动中就会有相关机制的确立，反过来再促进政党外交实践。同时，如上文所言，机制的效用有赖于政党交往的检验。所以，政党外交机制化以及政党实际交往两者之见并没有先后之分，而是一种同步进行的状态，在同步运行过程中不断地相互促进。

（三）与时俱进，形式多样

不同时代具有不同的特征，也有各自不同的需求。在革命战争年代，世界上也存在过党际交往，并形成了议事规则以及相关制度，在当时有利于维护各政党所在国家的利益。但是随着时代的转换，现在已经是和平与发展的年代，之前的各项制度已经完成了历史任务，需要根据新的需求改革过往制度，建立新的制度，以顺应当今时代主题的需求。

同时，在大的时代背景下，不同的时期也会面临不同的问题，对于具体的问题还需要具体分析，相关机制要根据不同时期具体的问题制定相关议事规则，做到与时俱进，不落后于时代的步伐。

在坚持总原则情况下，具体形式上也要进行多样化发展，比如不同类型政党当然要遵循相互平等原则，但是不同类型政党各自面临着不同的国内形势，党内各项规章也有所不同，代表着不同的民众，所以在具体交往形式上要秉持灵活的态度，不能"一刀切"，以一套具体的制度去套用到所有的党际交往之中。

四、政党外交机制化前景广阔

政党是当代各国政治生活中主要的行为体之一，发挥着不可替代的作用。各国政党为了民众的利益及自身的发展，都在不断地凝聚民众的利益要求和政治意识，培养和锻炼着政治精英，最终推动各国国内政治的发展，影响甚至领导一国的政治生活。同时，政党也深刻影响着国际关系和国际事务。当今时代条件下，全球化迅速发展，政党不仅仅是国内政治的重要组成部分，也是国际政治中推动国际关系发展的重要力量。政党亦或政党联合体也可以是国际关系的行为体，而政党之间的交往也因此成为了国际关系的重要板块。政党外交作为总体外交的一部分，拥有十分光明的未来。

政党可以在世界大舞台之中进行特定形式的政治活动，以实现各国国家的利益，满足各自所代表的民众的诉求，实现自身的政治主张。而这其中，政党外交相关机制的确立与完善，能够更好地促进世界各国政党之间的交往，增进彼此的信任，进而促进建设一个远离恐惧普遍安全、远离贫困共同繁荣、远离封闭开放包容、山清水秀清洁美丽的世界。而政党外交机制化过程本身，也是一个"朋友圈"不断扩大的过程，各国政党在明确议事规则下，在稳定的机制化平台上分享彼此经验，开展文明对话，朝着更加美好的世界迈进，推动构建人类命运共同体，因而拥有着广阔的前景。

结　语

政党是推动构建人类命运共同体的重要力量。政党外交的发展，有利于推进国际秩序变革，完善全球治理；有利于推进国家间多层交往，贯通交往渠道；有利于进一步深化中国与世界各国的交往。为了加强政党在构建人类命运共同体中的作用，非常有必要加强政党外交的机制化建设。在政党外交机制化建设的过程中，首先要确定政党外交的指导原则与目标，制定机制化路线图；其次，要整合既有的政党外交渠道以及成果，理顺现有政党外交之中正式的与非正式的渠道；同时建立以高层对话为核心的多层交往体制并在政党外交实践中不断完善机制。这一过程中，要注意以下几点：稳步推进，有所侧重，实践与机制同步推进，与时俱进，形式多样。政党外交机制化拥有广阔的前景，逐步实现机制化，有利于携手建设更加美好的世界，从而最终推动人类命运共同体的实现。

中国政党外交与良好国际话语环境的塑造

宋文龙 [1]

一、政党外交与国际话语权

（一）国际政治与国际话语权

1. 话语权及其内涵

自 1970 年法国思想家米歇尔·福柯在其当选法兰西学院院士演讲时提出"话语即权力"命题以来，大批学者围绕着话语权理论开展了大量的研究。话语是人们在特定社会语境中表达特定思想的演说工具，以完整的语言和文字为载体；而语言的表达则是同权力紧密联系在一起，因为话语能够塑造观念和实践的知识，是权力运作方式的一部分，具有表达思想观点、解释现象、传播信息和影响舆论的力量。话语权的概念一经提出，国际关系领域

---

[1] 宋文龙，北京第二外国语学院政党外交学院讲师。

关于话语权的争夺也随之日益激烈。

国际关系领域的话语权，即国际话语权，主要是指主权国家围绕着国际政治议题，通过外交、媒体、民间等渠道在国际社会上发表意见，对国际事件进行描述、解释、评价和规范，输出其价值观，并参与制定国际规则的权利和权力。需要指出的是，国际话语权的主体以主权国家为主，国际组织、新闻媒体、民间社团等虽然在国际社会上能够发出自己的声音，但其背后多是对本国国家意志的反映；从目前来看，非国家行为体并没有在国际话语权舞台上进行角逐的实力。

话语权包括话语的创造权、表达权、传播权、设置权和自主权，本质上属于国家综合国力中软实力的一部分。一个国家对外吸引力、感染力和影响力越强，那么这个国家就拥有越多的国际话语权。随着国家软实力在国际权力结构中的地位日益提高，各国越来越重视话语权在政治、经济、学术、新闻、文化不同领域的提升。

2. 话语权的作用路径

国际话语权的作用路径与传播学中信息传播模式有相似之处，话语主体（信源）、话语内容（信息）、话语平台（信道）、话语对象（信宿）、话语传播（信息传递）、话语反馈（信息反馈）为国际话语权系统的六大要素。当然在国际话语传递过程中也存在编码译码和噪音等因素，由于国际政治的特殊性和论述的简洁性，在本文论述框架中不予赘述。

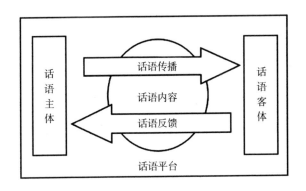

图 1 国际话语权六要素及其关系示意图

如上图所示，在国际政治话语传播体系中，主权国家是主要的话语主体，即话语的发出者。而话语内容则是指主权主体所要表达的国家意志和传播的各种信息，体现了一个国家为了特定的国家利益，对国际形势和国际事件的描述和评价以及对国家行为的解释和国际规则的主张。话语传播则是指主权国家将自身的主张和信息传递给对象国家的行为和过程。而话语平台则是指话语主体和客体在传递话语内容以及接受话语反馈的载体与渠道，话语的传播和反馈均在话语平台中进行。话语对象及话语客体就是话语内容的接收者和话语反馈的发起者。而话语反馈则是指话语接收对象对话语发出者话语内容的回应，表达自身立场和态度，话语反馈将国际话语路径变成一个完整的双向系统。

在话语权的作用路径中，话语内容和质量是国际话语权的基础，只有高质量的话语内容才能起到更好话语传播的效果。同时，话语传播的路径需要通过国际议程设置进行强化，国际传播能力和议程设置能力强的国家能够引导国际舆论实现自身国家利益并塑造有利的国际话语环境。另外，通过软实力塑造话语对象国家的偏好和观念，可以减少话语对象国家的敌意并增强其认同感，输出正向的话语反馈，并塑造话语对象国向话语主体有利的方向行动。

3. 话语权对国际政治的意义

国际话语权对国际政治具有重要理论和现实意义。国际政治学发展至今，其理论主流的走向与国际环境的氛围有一定的相关性，在无政府性较高的时期，国家间不信任程度和保守孤立倾向较高，基于现实主义的权力政治在话语环境中影响力更为广泛；而在全球政治的秩序性提升且国际格局处于相对稳定状态时，国家间贸易和文化交流程度的提升需要国际制度和规则保障，在这种趋势影响下，自由制度主义的话语环境更加高涨。国际话语权作为软实力的一种表现，在制度自由主义和现实主义之间实现了理论沟通的可能性。

对于主权国家来说，国际话语权对其参与国际政治博弈也具有重要意义。一方面，从现实主义层面讲，国际话语权作为软实力（软权力）的一部分，为国家的权力工具箱增添了一个新手段，使国家在国际博弈中维护自身利益的途径更加丰富。往常需要付出高成本通过政治和军事手段实现的利益，可以通过软实力工具，施加国家话语影响力，低成本地"不战而屈人之兵"。

另一方面，从制度自由主义角度出发，国际话语权的提升有助于塑造良好的国家形象，对内增强国家的凝聚力和认同感，对外提升话语传播的感召力，减少敌意和阻力，有助于更好地推行国家外交政策。进一步讲，国际话语权的提升有助于国家塑造国际议程，掌握国际制度制定权，推动建立更加有利的国际制度环境。

（二）外交主体与国际话语权

国际话语权的实施主体是主权国家，而国际外交舞台上，开展各类对外交往活动的主要行为体也是主权国家。根据外交行为的实施主体类型划分，外交主要可以分为元首外交、政党外交、议会外交、军事外交和民间外交等类型。不同的外交行为体在国家的整体外交布局中扮演着不同的角色，元首外交负责顶层设计和官方互动，政党外交则为国家的各类政党和政治组织搭建了对外沟通的平台，军事外交则是安全领域的互动，而民间外交，抑或说是公共外交，奠定了国家间外交的民意基础，充当了国家交往的润滑剂和催化剂。由于议会外交和军事外交的专业性和独特性，本文不展开论述。不同的外交行为体为国际话语权的提升起到了不同的作用。

1. 元首外交树立外交旗帜

元首外交，在一个国家的对外交往中起到引领作用，而且随着通信交通技术的发展在外交格局中占据日益重要的地位。在元首外交过程中，更容易实现两个国家的高层对话并达成关键协议，同时在元首外交过程中提出的主张和立场，随着媒体的宣传更容易受到国际社会的重视，从而显示一国的国际话语影响力。

例如：在1953年，周恩来总理在会见印度代表团时，提出了"和平共处五项原则"，并在两年后"万隆会议"上提出了"求同存异"的原则，与各国代表团沿着团结、和平、合作的方向开展对话和交往，表明了新中国的外交立场，彰显了我国的外交风度，为新中国荡涤了国际社会的误解和偏见的浊气，拓展了良好有利的国际话语环境。1974年，作为"两个中间地带"理论的新发展，毛泽东主席在会见赞比亚共和国总统时提出了"三个世界"划分理论，表明了中国反对帝国主义、殖民主义、霸权主义的坚定立场以及支持亚非拉民族解放运动和革命事业的积极态度。1979年，邓小平副总理在中美建交后一个月内，开启了访美的"破冰之旅"，走访美国各地，同各界人士广泛接触，发表了22次正式讲话，出席了近80次会谈会见活动，向世界展示了中国爱和平、求发展的美好愿望以及中国改革开放的良好形象，促进了中美两国的外交关系向好发展，被美国《时代周刊》选为封面人物，并以"中国新时代的形象"为题进行宣传。从外交历史经验来看，首脑外交能够最直观最有力地展现国家形象，为国际话语权树立一面旗帜。

2. 公共外交奠定外交民意基础

近年来，公共外交成为学界乃至公众讨论较多的一个领域。随着中国对外开放程度的加深及国际贸易的开展，民间交往也日益增多，中国在"走出去"的过程中，不仅是经济影响力而且国际话语权也日益提升。官方宣传渠道和内容更容易受到西方国家的误读和抹黑，而民间渠道的公共外交相对能起到潜移默化的良好效果，为国家形象的塑造和话语权的增长积淀广阔的民意基础。从概念上讲，狭义的公共外交是指在一国政府指导或影响下，引导对象国公众态度、培植舆论，并对对象国家政府外交政策的制定和实施产生影响，最终实现本国的外交目标。而较为泛化的公共外交概念，则不仅包括政府直接授意的对外交往行为，半官方或附属的非官方组织机构通过特定渠道参与到对外流交往活动中，实际上也能起到一定的外交效果，有助于良好国家形象的塑造和国家利益的达成，某种程度上也是民间外交的一部分。

公共外交以普通民众为国际话语权的话语对象，能够在选举和代议制为特征的西方国家对执政党产生一定的影响。为了维持一定的支持率，在选举中获得胜利，执政党和在野党都不能不重视民意的影响。通过公共外交在对象国家打造对本国友好的民意基础，间接影响对象国家外交政策倾向，是官方外交的一个重要补充渠道。

3. 政党外交作为有力且必要的补充

随着外交领域的不断拓展和国际交往的加深，政党利用国际资源来推动国内政治的发展，越来越成为一个趋势，政党外交的作用也日益突出。当今世界 90% 以上的国家和地区均实行政党政治，全球政党及政党组织总数已达 5000 多个，政党政治作为现代政治中的一个重要特征，各种执政党参政党或在野党通过开展各类政治活动，不仅影响国内政治，同时在国家的外交领域也发挥着重要的影响力。

"政党外交"一词，在 20 世纪七八十年代开始作为规范性的术语出现，即政党为实现国家利益并增进国家间的关系，服务于国家总体外交战略而开展的与国外政党和政党国际组织的相关外交活动。政党外交跟政府外交既有区别又有联系：政府外交是以民族国家为国际关系行为体的外交行为，内容上更加官方和务实；而政党外交的主客体是政党或政党国际组织，内容上更加务虚，在形式上更加灵活，不受传统外交规则的限制。

政党外交不仅在外交形式上是主流外交方式的补充，在国际话语权的提升方面也是其他外交方式的必要补充。与元首外交和民间外交两种外交类型相比，政党外交具有"亦官亦民"的特点，涉及治国理政经验的交流和国际议题的探讨，强调深入对话和思想交流，但不处理具体的事务。对于政府不适合处理或不能处理的外交事务，可经由政党间的交往互动来实现，因此政党外交对政府官方外交具有良好的配合和补充作用。

通过党际交流的渠道可以搭建更多参政党和在野党的沟通平台，扩展国家话语传播受众的范围，营造更加有利的话语环境。

二、中国政党外交与国际话语环境情势

由于冷战和意识形态对立的遗留，中国在开展对外交往尤其是政党外交的过程中面临许多客观阻力，在话语方法上缺乏经验、内容和观念上存在主观上的不足，都一定程度上构成了我国国际环境的劣势。然而，随着我国国力的上升和对外交往经验的积累，我国在话语主体和话语受众方面，逐渐形

成了良性沟通渠道，在话语技巧和方式上更加成熟，总体上逐渐扭转了我国话语环境的劣势，并积累了一定的优势。

（一）中国国际话语权的劣势

1. 主观上：内容和方法有待成熟

首先，话语主体方面。我国的政党外交主体是中国共产党，因此政党外交要得到更好的发展，离不开中国共产党的建设并发出有力的声音。政党外交和政府外交同属于总体外交的两个组成部分，这两部分相互联系，关系密切。在话语权的拓展过程中，以主场外交、党刊党报的官方性质的话语主体为主，对于各类国际组织，民间团体等话语主体未能给予充分的利用。另外，在话语主体上应该区分好政党外交和政府外交的分工。

其次，话语内容方面。话语内容不仅体现着一个国家、一个政党在国际社会中的地位，彰显对于各类国际事务的观点和态度，而且是国家话语权的重要组成因素。在近代中国历史的沉痛经验中，原来有灿烂文明的古老中国由于自身的封闭僵化逐渐落后于西方，丧失了自身话语的权利。作为西方的异质文明，我们在话语内容方面具有天然的不利地位，语言和文化的差异，使我国的话语内容不易被西方民众理解。同时我国在国际议题的设置能力上偏弱，处于"话语洼地"中。西方在政治领域的自由民主，经济领域的市场经济，安全领域的集体安全，文化宗教领域的普世价值等各种议题设置，客观上巩固了西方国家国际话语权的优势。

第三，话语方法方面。在话语方式方面我国的话语传播说服能力不强，缺乏相应的逻辑性，传播方式上较为生硬，不容易引起话语客体的共鸣和认同。中国文化影响下委婉间接的表达方式和叙事风格，在理性直接的西方文化背景下容易格格不入，甚至引起逆反心理。

2. 客观上：话语客体的误解偏见

首先，缺乏有力的话语平台。话语平台是话语主体和话语对象的沟通纽带和渠道，良好的话语平台，有助于双方实现良性沟通，避免信息漏读和误读。西方国家在二战后利用制度文化优势，牢牢掌控了国际社会信息传播的主导权。西方四大主流通讯社美联社、合众国际社、路透社、法新社，几乎垄断了九成的国际新闻话语渠道。而中国的官方媒体央视、新华社、人民日报，虽然在几十年的发展基础上具备了一定的话语传播能力，但与西方主流媒体相比仍存在巨大的差距。由于语言文化的差异和平台建设规模的落后，中国声音在国际上的影响力受到严重制约。

其次，部分话语客体对我国存在误解偏见。虽然冷战随着苏联的解体而成为历史，但意识形态的对立仍保留在国际政治行为体的记忆中。作为世界上最大的社会主义国家，在西方刻意的渲染下，中国被树立为和平民主进步的对立面，而中国共产党作为社会主义政党也引发他国的猜忌。中国的发展引发了一些中小国家的忧虑和质疑。部分国家质疑中国的发展是否会走上"国强必霸"老路，挤压小国的生存空间甚至引发国际动荡。另外部分国家质疑中国在中国共产党的领导下是否能够维持经济的稳定发展，甚至开始猜忌自身对中国经济是否产生了过度的依赖性，并担心他们在与中国合作中的国家利益。

第三，部分话语对象对我国刻意抹黑。良好的国家形象有助于话语的推广，营造良好的国际话语环境。乔舒亚·库珀·雷默指出："国家形象对当代中国来说是最为根本的问题，假如把这个问题解决好了，那么许多其他困惑和难题都可以迎刃而解。……国家形象问题是中国当前最棘手的战略问题。……就战略层面而言，中国现在首要战略问题是如何实现可持续的经济增长以及台湾问题。而这些问题都与中国的国家形象有着根深蒂固的联系。……国家形象在某种意义上将决定中国改革发展的前途和命运。"所以，中国的国家形象与国际话语权息息相关，几十年来不同形式的"中国威胁论"就是西方挤压中国话语空间的典型例子。一方面，西方敌对国家"妖魔化"中国，抹黑中国在世界和平和经济稳定发展中的贡献，用"新殖民主义"论抹黑中国在发展中国家的合作和援助；另一方面，渲染"中国责任论"捧杀中国，攻击中国"搭便车"并要求中国承担更多责任，实际上是为西方制造的不平等不安定恶果买单。国际话语平台上的各种抹黑和质疑，对中国的话语环境塑造非常不利。

(二)中国国际话语权的优势

1. 话语主体：制度优势和吸引力

中国共产党在领导中国现代化建设的过程中，逐渐建立出一套符合国情行之有效的制度，并日益显示出其优越性和先进性。习近平总书记曾指出："一个国家的政治制度决定于这个国家的经济社会基础，同时又反作用于这个国家的经济社会基础，乃至于起到决定性作用"，[1] "各国的国情不同，每个国家的政治制度都是独特的……中国特色社会主义政治制度之所以行得通，有生命力，有效率，就是因为它是从中国社会土壤中生长起来的"。[2] 各国的民主制度虽有相似之处，但民主制度背后的权力配置关系却有着本质的区别，由此形成国家治理能力和社会发展的差异。中国的工业化和现代化进程，创造了人类发展史上的奇迹。经过 60 年的社会主义建设，中国从世界上最不发达的国家成为了世界第二大经济体和世界经济增长的主要引擎。在30 多年的时间里，不仅实现了 7 亿多人口的脱贫，而且一直致力于帮助广大发展中国家消除贫困，承担起维护和平发展的国际责任。

对比其他国家的民主制度，可以看出由领导人或小集团控制的国家权力，缺乏广泛的政治参与，容易出现政策僵化或失误，无法解决社会长期矛盾，甚至走向经济停滞，政治动荡。定期选举，并更换执政党的西方民主制度也缺乏改革的政策延续性，反而造成了利益格局的僵化。所以，对于广大发展中国家，尤其是尝试过西方式民主在本土失败实践的国家，更加对中国的治理模式和制度产生认同感。

2. 话语受众：共识在扩大

国际话语阵地的争夺，某种意义上是"人心"之争，话语主体对话语客体的影响除了国家利益之外，国际道义也是一个重要因素。随着国际政治权力对比的变化，国际话语权的分配也逐渐向新兴国家倾斜。美国等西方国家在冷战后的"单边主义"傲慢态度指导下，数次对世界政治稳定、经济发展

---

[1] 《充分发挥我国社会主义政治制度优越性——关于发展社会主义民主政治》，载《人民日报》，2016 年 5 月 4 日 9 版。

[2] 同上。

和全球安全造成威胁，阿富汗战争、利比亚战争、伊拉克战争、叙利亚战争以及全球性金融危机均是西方国家引发的、并对广大发展中国家带来灾难和困扰的例子。而中国在和平发展理念的主导下积极开展多边外交，维护国际政治经济秩序和平稳定，坚定支持发展中国家的利益诉求，逐渐凝聚了国际社会的广泛共识，使中国的国家形象日益正面，国际话语影响力日益提升。例如，中国与非洲的合作日益体现出中国与非洲在制度上的共识不断加深。部分非洲国家对中国的开发区模式、自由贸易区模式表示出极大兴趣，并以优惠政策条件吸引中国企业投资。中国市场制度的特点也得到了非洲一些国家的认同。相对于发达国家的市场体系，中国模式的市场制度对非洲大多数国家，更有吸引力，也更为适合其经济发展水平。

3. 话语渠道：新技术拓展传播空间

随着通信技术的发展和国际互联网的普及，对外宣传的手段日益多元化，有助于我国更好地开展国家形象的宣传，提升话语影响力。2016 年习近平总书记在党的新闻舆论工作座谈会上强调："要加强国际传播能力建设，增强国际话语权，集中讲好中国故事，同时优化战略布局，着力打造具有较强国际影响力的外宣旗舰媒体。"[1] 全球互联网的信息快速传递，一定程度上打破了西方主流媒体的话语垄断，中国的话语平台可以在网络空间中占据一席之地，开展更有针对性的对外宣传。近年来，中国通过在国外媒体和社交网站上发声，表明自身立场，化解西方民众的误解，卓有成效，中国的国家形象也日趋积极和正面。

三、新时代中国政党外交开拓话语空间

十八大以来，中国共产党积极通过政党外交的实践开拓我国的国际话语空间，并取得了显著的成效。随着国家实力的上升，硬实力为后盾的软实力随之增强，中国声音的感召力和说服力与日俱增。同时，中国共产党通过设置

[1] 习近平：《坚持正确方向创新方法手段 提高新闻舆论传播力引导力》，载《人民日报》，2016 年 2 月 20 日 1 版。

新的话语议题、搭建政党外交高层对话会平台等方式增强了对话语对象国的吸引力，通过话语反馈渠道，实现政党外交的机制化和国际话语体系的完善。

（一）提升实力：增强话语吸引力

国家综合国力是国际话语权的根基，只有具备足够的军事实力、经济体量和文化底蕴，才能使国家的声音传播出去并受到国际社会的重视。只有坚定不移地加强中国共产党的领导，发挥中国特色政党制度优势，群策群力，解放和发展生产力，解决人民日益增长的美好生活需要和不平衡不充分的发展之间的矛盾，实现全面小康，同时在提升国家硬实力的同时重视软实力的塑造，唯此才能实现我国国际话语权的根本提升。

（二）设置议题：提升国际话语影响力

随着人类文明的进一步发展，世界也进入了一个大发展大变革大调整时期，人类面临的全球性问题，数量之多，规模之大，程度之深也前所未有，世界各国人民的前途命运越来越紧密地联系在一起，为了避免国际政治争权夺利恶性竞争引起灾难性危机，2013年，习近平总书记顺应时代发展潮流，提出了人类命运共同体的理念，提倡人们应当顺应时代发展潮流，共同应对挑战，开展全球性协作，实现共享共赢，实现了对传统国际关系格局的超越和发展，为国际政治设置了一个崭新的议题，在人类命运共同体理念的引领下，实现了人类从个人主义向合作共赢价值观的转变。

人类命运共同体议题的设置，推动了政党在国际层面形成新型关系，正如习近平总书记指出的："不同国家的政党应当增进互信、加强沟通、密切协作，探索在新型国际关系的基础上建立求同存异，相互尊重，互学互鉴的新型政党关系，汇聚构建人类命运共同体的强大力量。"[1]

（三）搭建平台：为中国政党外交发声

十九大以后，"中国共产党与世界政党高层对话会"的召开，搭建了我国政党外交的话语平台，建构了新型的政党关系形态。中国共产党自建立之日起，就与世界其他政党，有着具体的交往，并在之后的革命建设实践中，

[1]《中国共产党与世界政党高层对话会北京倡议》，载《人民日报海外版》，2017年12月4日2版。

与世界各国政党及其他政治组织之间开展了全方位多维度的交往与互动。中国共产党与世界政党高层对话会确立了以新型政党关系构建为主要内容，以政党交流合作为主要形式的人类命运共同体构建的新机制，实现了政党对话的机制化，同时也推动了与主要政党相关联的其他政治组织之间形成对话，搭建了多层次多平台的互动机制。

（四）拓展渠道：利用最新传播手段

随着信息传播走向全球化，全民化和全媒化，报纸杂志等传统话语平台已经不能够满足互联网时代的需要，在主流媒体对外进行话语传播的同时，应充分利用新兴媒体，生动形象的阐述我国我党的政策立场，积极引导民间力量参与到国际话语环境的塑造中。中国国际话语体系的建立需要立足于中国实践，构建一套完整的对外话语体系，一方面要克服语言障碍，另一方面要融通中外概念，将本土化的政策更准确地传递给外国受众。同时，应主动开拓多方参与的话语传播新途径，重视与西方媒体合作，用西方受众更容易理解和接受的方式宣传我国的政策主张，引发受众的共鸣，塑造中国的国际形象。

结　语

国际政治的博弈日趋激烈，中国国际话语空间的拓展和维护任重道远。中国的政党外交话语体系的构建，在客观上面临着西方国家的抹黑和其他国家的质疑误解；在主观上存在话语主体较弱、话语平台不足、话语内容缺乏力度、话语传播技巧陈旧等劣势；我国在国际社会的话语环境面临诸多挑战。党的十八大以来面对对外工作的新形势和新任务，习近平总书记提出了建立"求同存异，相互尊重，互学互鉴"新型政党关系的倡议，用新的话语内容搭建了政党外交话语平台，开拓了我国政党外交的新局面。只有在坚持中国共产党的坚强领导的基础上，在服务于总体外交布局的基础上，把握话语体系构建规律，发展新型政党外交关系，才能摆脱当前我国国际话语权与实际实力不相匹配的境况。

中国对越政党外交的历史进程与经验启示

杨耀源[1]

越南是当今世界上新兴市场经济体的翘楚，作为传统的海上丝绸之路的沿线国家之一，越南正处于工业化阶段，基础设施建设亟需巨额资金，由中国提出的"一带一路"倡议能够为其基础设施建设带来重大机遇，成为拉动越南经济再度起飞的契合点。因此，越南作为"21世纪海上丝绸之路"出海西行的第一站，中国必须要发展好对越南的外交关系。这其中政党外交在中国和越南两个由共产党执政的国家来说，需要发挥更大的特殊作用。本文就中越两党交往历史、经验教训等内容进行分析，探讨意识形态与党际交往的关系以及如何运用相同意识形态助力党的对外交往工作。

一、中越两党交往史：中共对外交往的缩影

研究中国对越南共产党的政党外交，首先要考察的是中越两党交往史。

---

[1] 杨耀源，北京第二外国语学院政党外交学院讲师。

这是因为两党关系在中国对越南总体外交中具有很强的特殊性，是两国关系的"压舱石"。中越两党交往历史从越共成立算起，已经走过了将近九十年的沧桑巨变，期间有"同志加兄弟"的亲密关系，也有兵戎相见的兄弟反目，但终究冰释前嫌、握手言欢，实现了关系正常化。这一过程事实上是基于意识形态划线到超越意识形态和社会制度，最终形成全方位、宽领域、多层次的对外交往格局的过程。这一过程大致可划分为四个阶段，第一阶段是中华人民共和国成立之前，两党交往主要体现两党领袖间建立的亲密私交上；第二个阶段是1950—1969年越共领导人胡志明去世，这一阶段是中越两党基于世界社会主义运动发展的整体利益，强调革命主义意识形态至上，相互支持和帮助对方的革命和建设事业，构筑了"同志加兄弟"的亲密关系。第三个阶段是1969—1979年，两党关系开始从合作走向分歧、争论，出现矛盾和纷争，最终演变成中越边境军事冲突，直到1990年前中越两党交往处于基本停滞阶段；第四个阶段是1991年中越两党关系实现正常化至今。

（一）新中国成立之前：两党交往基于两党领导人深厚的友谊基础

中越两党交往可追溯到20世纪20年代初，当时的阮爱国[1]（后改名叫胡志明）在法国认识了周恩来、李富春、聂荣臻、邓小平等在法国勤工俭学的中共党员，并且由阮爱国介绍上述中共党员参加了法国共产主义运动。随后，在莫斯科东方大学学习期间，阮爱国与中共党员的交往更深，还支持宣传中国革命的工作；到20年代中期，阮爱国与周恩来等人协助苏联顾问鲍罗廷在中国广州从事两国的革命活动。这一时期，阮爱国还请周恩来、李富春等人到越南青年革命同志会[2]开办的政治培训课讲课，并且阮爱国通过周恩来在黄埔军校担任政治部主任的关系送少数越南有志青年到黄埔军校学习。同时，中共还担负了绝大部分的越南青年革命同志会在广州活动经费和场所租金。1930年初，阮爱国在中共大力支持下，在香港九龙领导建立了越南共产党（后改称印度支那共产党）。到了1938年，胡志明（阮爱国已经于1931年改名为胡志明）从莫斯科到中国，赴当时的中共革命圣地——延安，在那

---

[1] 阮爱国，原名阮必成，在早期革命活动中取名阮爱国，后改名胡志明。
[2] 越南共产主义运动早期组织。

里胡志明会晤了毛泽东、周恩来等中共领导人[1]。随后，胡志明在40年代初期回国领导越南抗日救国斗争之前，中共大力支持和帮助胡志明和长征等印度支那共产党领导人在中国的革命活动，其中包括多次营救被捕入狱的胡志明。胡志明回到越南后，两党继续保持联系，互相配合彼此的革命活动。一方面，胡志明回国后，基于国内斗争形势需要，胡志明等印度支那共产党领导人多次往返于中越边境地区活动，期间其领导的革命活动得到了当地的中共地下组织和群众的支持和帮助；另一方面，20世纪40年代中后期中国内战爆发，印度支那共产党在力所能及的范围内积极策应和配合中共在南方的武装斗争。到了1949年，中共领导的人民解放军以秋风扫落叶的气势将国民党残部赶到中越边境接壤地区，印度支那共产党领导人派出部分武装力量到边境地区与人民解放军相互配合和帮助，取得了一系列的胜利。

（二）两党关系进入"蜜月期"："同志加兄弟"关系

新中国成立后，正值东西方阵营对峙的冷战大幕开启的时期，也是世界社会主义运动处于高潮期，此时的越南劳动党正领导越南人民与卷土重来的法国侵略者坚持斗争，越南劳动党领导人已经意识到，越南争取国家独立统一的斗争与世界东西方阵营对峙的发展形势密不可分，"抗法战争已经让越南成为了民主阵营在东南亚的前哨"[2]，越南劳动党也提出了通过"一边倒"向社会主义阵营来争取国家独立统一目标。基于抗法斗争正处于无比艰难的时期，尚处于百废待兴的新中国本着支援兄弟党的友情和奉献精神，大力支持和援助越南抗法斗争，并且毛泽东和刘少奇等中共领导人还说服苏共最高领导人斯大林，让苏联通过与北越建立外交关系的方式，在国际舞台层面支持和帮助北越的抗法斗争[3]。在这一时期，中越两党对外同仇敌忾、对内亲密无间，情同手足，这也是中越两党历史上最密切、最亲密的阶段，堪称

---

[1] Tuong Vu，"*Vietnam's Communist Revolution: The Power and Limits of Ideology*"，Cambridge University Press，December 24, 2016，P112.

[2] Trường Chinh: "Kháng chiến nhất định thắng", đăng trong "Trường chinh tuyển tập", Hà Nội, Nhà xuất bản Ngoại văn Việt Nam, năm 1977, trang 434. 长征：《抗战一定胜利》，载《长征选集》，河内：越南外文出版社，1977年版，第434页。

[3] Ibid.173.

两党交往史上不可超越的历史丰碑。这一时期两党"同志加兄弟"关系的基本特点是：一是两党各级别人员联系频繁，见面地点大都在中国。其中，仅两党双边和多边直接对话总数超过100次，最初以中共高层、大使级别的访越次数较多，主要是向越劳动党抗法抗美斗争和北越经济建设提供咨询和建议，后来以越共部长级以上官员访华次数较多，主要集中在广州、南宁、昆明等南方省会城市。二是中越两党交往层级主要集中于高层。从数量上看，越共访华的层级和级别要高于中共方面。胡志明、长征、后来在越劳动党三大当选越共总书记的黎笋均多次访华，而中共方面主要是周恩来，邓小平数次访越，总体上越劳动党领导决策层访问中国的次数也是远多于中共。越劳动党高层访华多以休假，养病访问，或者是避暑、避寿访问较多，过路顺访较多。由于越南抗法抗美斗争的环境异常复杂艰苦，胡志明、武元甲等越劳动党高层多选择到中国避暑、避寿，或者休假，养病，其中以胡志明居多[1]；但凡越劳动党高层来中国避暑、休假等，中共都会派专人前往看望，足见中共对越南劳动党重视程度非同一般。此外，中越两党还在双方的国庆节，党的周年纪念日、领导人生日等互发贺电，借此机会表达祝福，增加两党友情。1967年越劳动党军事核心人物阮志清去世，中共拍发了主席毛泽东的唁电。1969年胡志明逝世，周恩来总理立即赶往越南首都河内吊唁。此外，中方又派中共中央政治局委员、国务院副总理李先念率中国党政代表团出席胡志明葬礼。当时的越共领导人出访苏东兄弟社会主义国家前和之后途径中国时，中共总是以礼待之，与之保持沟通交流。三是双方交往过程中，越劳动党出于国家独立事业有求于中共，中共基于革命主义国际精神的考虑和保障南部国家安全需要大力支持和援助越方，对越南抗法抗美斗争的经济和军事援助数额极其巨大，而且在援助的质量、数量和全面等多方面远远超出苏联和东欧等兄弟社会主义国家对越南的援助，在帮助北越经济建设方面，中共对越劳动党在外交和政治上予以支持，进行经济技术援助，发展贸易关系，支持越共的工业化经济计划，并派出中国的专家、技术人员以及经济干部向越劳

[1] 尹士健：《中越两国共产党党际关系研究》，载《外交学院硕士论文》，2016年。

动党提供建设性意见等等，由此造成了越劳动党依附中共的"现象"。在越劳动党方面，越共主要通过政府外交渠道在道义上、外交上给予中国多方面的支持，比如在台湾问题上支持中国，支持中国在西藏问题和中印冲突中的立场，支持恢复中华人民共和国在联合国的合法席位，在核问题上对中国给予支持等等。总体上说，尽管 20 世纪 50 年代中越两国在 1954 年日内瓦会议斗争策略存在分歧以及 1958 年出现了岛屿主权纠纷，但是两国革命的意识形态、组织联系以及领导人私交情谊克服了两国之间存在这些现实利益矛盾以及中越权力关系的不对称性遗留的问题[1]。

（三）两党关系（1969—1989 年）：从合作走向对抗，直到陷入长达 10 余年停滞期

这一时期，中共依然从诸多方面继续支持越南劳动党的抗美斗争，直到 1975 年越南共产党争取国家独立统一斗争事业的最终成功（越南共产党在 1951—1976 年称为越南劳动党）。20 世纪 70 年代初，中美关系破冰并谋求正常化后，越共领导层对中国的不信任和误解加深，甚至部分领导人认为是中国在印度支那问题上与美国做了交易，出卖和背叛了越方的利益，中国此前承诺支持越南与美国作战到底的想法可能会改变。[2] 但实际上，基辛格访华与中方领导人见面虽然谈到了印度支那问题，但中方对此话题不感兴趣，并且中国在中美谈判中也没有损害北越的利益。中美关系破冰后，中国一如既往地支持越南抗美斗争，对越的援助力度不但没有减少反而在加大。在政治和外交场合，中共领导人与越劳动党领导人多次见面时表明中方支持越方抗美斗争的决心不变。在经济技术及军事援助方面，凡越南需要的，中国都尽力援助，而且在援助的力度上有所加大[3]。到 1975 年上半年，中国政府依然签订了 13 个援越协定，援越金额占 1964—1975 年签订的 30 个援越协定

[1] Kosal Path, "Hanoi is Responses to Beijing's Renewed Enthusiasim to Aid North Vietnam,1970-1972", *Journal of Vietnamese Studies*, 6:3(2011)。

[2] Nguyễn Thị PHương Hoa: "Quan hệ Việt – Trung thời kỳ chiến tranh lạnh", "nghiên cứu Trung Quốc" trang 28, số 3 năm 2011.(阮氏方花：载《冷战时期的越中关系》，载《中国研究杂志》，2011 年第 3 期，第 28 页。)

[3] 罗雪珍：《中国共产党与越南共产党关系的考察与反思》，载《华侨大学硕士论文》，2014 年，第 23 页。

总金额的 53.9%[1]。1973 年《巴黎和平协定》签订后，中共最高领导人明确表态，坚定支持越南劳动党领导的武装力量实现越南南北最终走向统一[2]。然而，20 世纪 60 年代末期中苏发生边境军事冲突导致中苏关系全面对立后，苏联改变了原先的东南亚战略，并加紧拉拢越南对抗中国，挑拨和离间中越关系。1969 年胡志明去世后，越劳动党内"亲中派"逐渐失势，越劳动党内的亲苏势力实际上控制了领导权。"党早已决定同苏联结盟。向这个方向移动，早在 1969 年就开始了。而胡志明的逝世，为正式做出这项决定铺平了道路。然而没有发表什么公开的宣言，因为仍然需要中国的帮助。"[3]1973 年，《巴黎和平协定》后，河内开始加速滑向莫斯科。此时的苏联出于填补美国撤出东南亚留下的"权力真空"，将越南视为其南下战略的前沿阵地，更加积极拉拢越南，加大了对越南的援助，到 1975 年苏联对越南的援助超过了中国对越南的援助。1975 年后，中越两党出现的争论和矛盾逐步公开化和表面化。此时在越共党内上下部分出现了各种煽动、挑拨和破坏中越两党友好关系的言论。更重要的是，领土、领海问题逐渐演变成羁绊两党关系的最棘手问题，并导致两党关系向对立的方向发展。在中越边境冲突愈演愈烈的形势下，1979 年 2 月中国对越南自卫还击战打响。中国对越反击战捍卫了国家利益，但也造成了两党关系的全面恶化直至中断往来 10 余年之久。

（四）两党关系（1991 年至今）：两党关系正常化后推动两国面向全面战略伙伴关系的深化

20 世纪 80 年代末 90 年代初，苏联解体，东欧剧变对中越两党造成了巨大冲击，中国在 1989 年发生了北京政治风波，越共党内出现了高级别官员力主越共放弃执政地位的"二陈"事件，造成政局动荡。面对西方社会发起的"和平演变"的压力，加上两党面临发展和稳定的任务相似，推动了两党加快谋求改善关系的步伐。1989 年越南宣布在 1989 年 9 月底前从柬埔寨全部

---

[1] 罗雪珍：《中国共产党与越南共产党关系的考察与反思》，载《华侨大学硕士论文》，2014 年，第 25 页。

[2] 郭明：《新时期的中越关系》，北京：时事出版社，1987 年，第 21 页。

[3] [越] 张如磉：《与河内分道扬镳———一个越南官员的回忆录》，北京：世界知识出版社，1989 年版，第 122 页。

撤军。1990 年中越领导人成都会晤成为中越两党两国关系正常化的转折点。
两党最高领导人在成都的接触和磋商，为两党消除隔阂、疑虑、猜忌，增进
信任、了解、理解起了关键的作用，为两党关系和两国关系的正常化奠定了
基础，使双方关系正常化顺理成章 [1]。1991 年 11 月，在越共"七大"新当选
总书记的杜梅率领党政领导代表团访华，与中共最高领导人举行了正式会
谈，双方发表了联合公报，宣布两国两党关系正常化 [2]。由此，中越关系翻开
了新的一页。

中越关系正常化以来，双边关系进入一个新阶段，交往和合作不断深
化。1999 年，两国领导确定了"长期稳定、面向未来、睦邻友好、全面合作"
的十六字方针。之后，又补充了"好邻居、好朋友、好同志、好伙伴"的四
好精神。迈入新世纪，中越关系被两国领导确定为"全面战略合作关系"。
两国友好关系在几乎所有领域上得以广泛开展：一是政治领域，中越两党两
国高层领导每年均保持频繁的互访和接触，就双方共同利益的重大问题交换
意见。中越两国的中央部委和许多省市在诸多领域开展合作与交流，双方就
中越社会主义的国家改革和对外开放战略深入交流看法和交换经验。中越两
党的理论界就有关社会主义和世界社会主义运动等重大命题举行经验分享
和理论交流研讨会，迄今为止，两党理论研讨会共举办 13 次 [3]。二是经贸领
域。中越经贸总额快速增长，从 1991—2017 年的 26 年期间，中越双边贸易
额增长了 1200 倍，2017 年中越两国贸易额总额达到 1213.4 亿美元，中国目
前是越南最大的贸易伙伴，越南已经成为中国在东盟国家最大贸易伙伴 [4]。
截至 2017 年年底，中国已经成为越南的第四大投资来源国，中国对越直接投
资项目共达 1955 个，累计投资总额达 125 亿美元。根据越南计划与投资部
统计数据显示，2018 年上半年，中国在越南外资来源地排名中居第六位。其

---

[1] 张青：《渡尽劫波兄弟在——忆实现中越关系正常化的成都会晤》，载《中国外交》，
　　2000 年第 4 期，第 44-45 页。
[2] 张德维：《成都会谈：中越相逢》，载《湘潮》，2012 年 3 月。
[3]《第十三次中越两党理论研讨会在郑州举行》，http://news.gmw.cn/2017-05/26/
　　content_24600095.htm。
[4] 许宁宁：《中越加强贸易往来符合双方利益》，http://www.china-aseanbusiness.org.cn/
　　index.php?m=content&c=index&a=show&catid=10&id=21900。

中，新批投资项目 163 个，协议金额 3.3 亿美元；追加投资的项目有 34 个，增资金额 1.9 亿美元。[1] 尤其值得一提的是，中国提出"一带一路"倡议五年来，在中越两党两国高层交往频繁推动下，中越合作已经从推动宏观大方向对接，细化到推动框架下的产能和基础设施对接，再逐步落实到商签对接合作备忘录阶段。[2]

此外，中越在文化教育、国防、科学技术、医疗、体育等领域的合作关系也取得了一定的成果。

二、中国对越南政党外交的历史经验

从上可知，中越两党共同走过近九十年的风雨历程，期间有亲密无间，也有兄弟反目，更重要的是有冰释前嫌、握手言欢，回顾两党交往的历史，留给我们的是需要对中国对越南政党外交工作的经验进行总结，这些历史经验是两党关系走向未来的重要法宝，有助于推动两党关系走上新台阶。

（一）准确把握时代特征是确保中国对越南政党外交的重要法宝

20 世纪 70 年代以前所处的时代是战争与革命的时代。当时的中共最高领导人毛泽东把握住了革命与战争的时代特征，认清了国际形势，大力发扬无产阶级国际主义，在新中国政权建立不久，就决定在政治、外交、经济和军事方面支持越南共产党领导的抗法斗争。另一方面，越共领导人根据其面临的国际环境，果断地采取"一边倒"倒向苏联为首的社会主义国家阵营，以最大可能地争取苏联和东欧社会主义兄弟国家的支持和援助。这一时期，中国对越南政党外交中强调"农村包围城市"的世界革命的思想，自然得到了当时越共党内上下的认同，促进了越南抗法斗争蓬勃发展并最终取得胜利。进入 20 世纪 60 年代中期，在中共对外政策全面转向反"帝国主义、现代修正主义和各国反动派"目标和援助世界各国人民革命斗争的轨道的大背

[1]《中越经贸合作迈上新台阶》，http://www.xinhuanet.com/world/2018-08/06/c_129927050.htm。

[2] 金丹：《"一带一路"倡议在越南的进展、成果和前景》，载《学术探索》，2018 年第 1 期，第 22 页。

景下 [1]，中共全力支持越南的抗美救国斗争。在越南南北尚未统一以及越南奉行亲苏反华政策之前，越南一直视中共为国际共产主义运动的中心领导者以及理论权威。20世纪70年代末，第四次科技革命的深入发展，有力地推动了经济全球化的进程，同时也使得政治全球化的趋势日益加深，国际政治经济的相互作用更为明显，国际社会的相互依赖不断扩大。经济全球化给予了当时的泰国、马来西亚、新加坡等东南亚发展中国家历史性机遇，这些国家也及时把握住了这一机遇，到20世纪80年代中期均实现了经济的快速增长，人民生活水平大幅提高，东南亚邻邦实现的经济腾飞对中国领导人带来了较大的触动。当时的中共最高领导人邓小平以极具前瞻性的视野提出"和平与发展"两大时代主题的伟大论断 [2]。经济关系已经成为支配各国关系的主流，各国间的竞争将更多地从政治和军事竞争转变到集中于经济和技术发展的竞争。[3]换句话说，意识形态对各国各党之间的交往已经不再是决定性因素，各国的战略利益尤其是经济利益发挥着至关重要的作用。在这样的历史条件下，中国的中心任务就是进行现代化建设，增强经济实力及综合国力。[4]为此，发展党际关系也需要围绕服务于这一中心任务，为此，邓小平提出，中共应根据世界的发展趋势和中国的利益要求来处理与不同类型政党的关系，意识形态的差异不应成为党际关系的障碍，而要超越意识形态求同存异，主动与世界各国不同性质的各类政党建立和发展友好往来。因此，中共对党际关系的重新认识和适当调整，最终为中越两党关系正常化提供了前提和保障。

（二）中国对越南的政党外交推动了中越两国的建交与发展

中越两党对对方的革命活动均给予了力所能及的支持和帮助，为对方的革命事业做出了一定贡献。两党执政后，中越两党之间的密切关系和友谊，

[1] 杨奎松：《新中国的革命外交思想与实践》，载《史学月刊》，2010年第2期，第72页。
[2] 邓小平：《邓小平文选第三卷：和平和发展是当代世界的两大问题》，北京：人民出版社，1993年版，第123页。
[3]Gareth Porter, "*Vietnam: The Politics of Bureaucratic Socialism*",Ithaca: Cornell University Press. 1993.P.189.
[4] 谭吉华、张晓敏：《论中国共产党发展对外党际关系的基本经验》，载《湖南师范大学社会科学报》，2007年第3期，第66页。

助推了中越两国关系的建立。新中国建立之初，北越领导人胡志明秘密访华请求中国对越南抗法斗争予以支持和援助。当时的新中国政权刚刚成立不久，国内经济调零，百废待兴，更严峻的是以美国为首的西方国家从政治经济军事上对中国进行封锁包围限制，妄图扼杀新中国于摇篮中。法国虽未承认新中国，但对新中国采取了较友好的态度，因为法国早有算盘，一旦中国共产党夺取政权，法国准备承认中国的新政府 [1]。法国希望通过和中国共产党建立关系阻止中国支持胡志明领导的越南抗法民族解放斗争。因此中越建交势必影响到中法关系，不利于新中国打破西方的外交包围。但中共领导人依然决定宁可延缓法国对新中国的承认，也要率先承认越共建立的越南民主共和国（简称北越）。此后，政党外交在推动中越两国政治、经济、文化等领域友好关系发展方面发挥了主导和引领作用。比如，在中共的帮助下，越共实现了干部队伍的扩员、培训和重组工作，并顺利召开"二大"，推动了越共确立"一边倒"向社会主义阵营来实现国家独立统一目标的政策。此外，中共还派驻经济干部专门赴越南北方，帮助越共实施土地改革。1956 年初，中共中央致电越劳动党中央，提出拟在越南设立中国外贸部驻越经济代表处，作为驻越使馆的一部分。越劳动党中央复电表示同意。[2]

（三）树立以国家利益为核心的政党外交原则，掌握与越共关系的主动权

20 世纪 80 年代初以来，中共提出了党际关系应超越过往的意识形态纷争与纠葛，求同存异，共同维护国家利益和世界和平，共谋发展。[3] 这是中国对外政策转向国家利益至上，为后冷战时期中国对外关系奠定基础的关键一步。正是在这样原则的指导下，中共在 80 年代不仅逐步与世界上的共产党保持、恢复和新建关系，而且还与非洲的民族主义政党和欧洲国家的社会民主主义政党建立了联系。正是由于邓小平高瞻远瞩的先见之明，中共早于越

---

[1] 翟强：《从隔阂到建交：一九四九年至一九六四年的中法关系》，载《中共党史研究》，2012 年 8 期。

[2] Pierre Asselin, *Hanoi's Road to the Vietnam's War,1954-1965*, London:University of California Press,2013.P33.

[3] 谭吉华、张晓敏：《论中国共产党发展对外党际关系的基本经验》，载《湖南师范大学社会科学报》，2007 年第 3 期，第 66 页。

共对党际关系进行调整，也较早地总结了经验教训和对新型党际关系进行了探索，使得中共在处理与越共的关系问题上更成熟、更理性。在中越两党关系寻求正常化过程中，中共就意识到双方应该建立一种比以前更为正常、更为健康的两党关系，这种关系应该建立在更加平等、理性和务实的基础上，明确意识到按照党际关系四原则开展正常的党际交往才是中越两党发展的正确方向。1991 年公布的《中越联合公报》，指出两党将遵循独立自主、完全平等、互相尊重、互不干涉内部事务的原则恢复正常关系。在这一原则的指导下，两党关系迅速推进并健康发展，两党高层互访频繁，两党互派代表团走访逐步走向制度化，两党理论探讨也逐步深入，至今已举办了 13 期理论研讨会，此外两党的交往还带动了双方经贸关系的发展。因此，按照党际关系四项原则处理和发展与越南政党外交，是中越两党关系长期稳定和健康发展的根本保障。

三、政策启示

从上可知，中共对越南的政党外交反映了从战争与革命的时代观到和平与发展的时代观的历史变迁，也折射出政党外交与国家外交、大国外交和周边外交在不同历史时期的交集，并考验着中国政党外交的能力与智慧。[1] 这些给予了我们不少启示。

（一）必须意识到对时代特征的准确把握才是确保中国对越南政党外交的重要前提

应该清楚地认识到，和平与发展是当今时代的主题，按照党际关系四项原则，继承和发扬中越友好传统，才是中越两党关系发展的未来。中越友好传统是两党两国早期领导人亲手缔造的，是两党两国人民在长期的互相帮助、互相支持的实践中逐渐形成的，在和平与发展的今天，双方的友好传统是两党两国关系中的一大优势。正如越共的主要缔造者胡志明曾说过，"在

---

[1] 贾德忠：《中国对东南亚国家政党外交：历史得失与政策启示》，载《国际论坛》，2015 年第 3 期。

历史上，中越两国人民早就有着悠久而深刻的友好情谊。我们两国人民的友谊及密切关系是那么长久、稳固，任何势力不能动摇，任何人不能分裂、阻碍"[1]；"希望两个兄弟国家能够团结，有事就以合法、合理的原则和相互敬重和忍让的态度解决，不该因为个人的微小争执导致两个民族隔离的不幸。以往若有误解或不和之处，则也希望自今往后，各自均放弃成见而真诚友善进行合作"[2]。因此，中共必须在深刻理解和准确把握当今时代主题的基础上，确保中越友好关系的持续发展，与越方在相互尊重各自利益的基础上寻找共同点，妥善处理矛盾和分歧，通过具体行动兑现承诺，巩固和增强相互信任。

（二）在国家利益和意识形态上寻求最佳结合点

在中越两党关系史上，两党关系也经历了依靠意识形态划线到超越意识形态追求国家利益至上的过程。历史上，意识形态对推动两党领导的革命事业的成功以及促进两党关系的密切发挥着至关重要的作用。然而，两党的意识形态出现激进化也曾对两党领导的国家建设以及对外政策产生过负面影响，也造成了两党出现了论战、矛盾，乃至两党关系恶化。因此，中国对越南政党外交，需要把握如下三点：一是在寻求与越共在意识形态共同点和相似之处的时候，对意识形态在对越南政党外交中发挥的作用有理性认识，在此基础上适当挖掘意识形态上对越南政党外交的潜力和空间；二是要寻找到与越党关系中的国家利益方面的更多契合点，夯实友好关系的基石；三是要努力寻找到两党关系中意识形态与国家利益的最佳结合点，如在涉及南海岛屿主权的国家核心利益问题上，中国应慎重应对，探索解决机制。在涉及一般性的国家利益问题上，中国可以展示最大限度的灵活性，从维护大局出发，努力寻找到双方在意识形态与国家利益之间的最佳结合点，维护长远利益。在涉及到西方国家对两国的"和平演变"图谋等面临相似的意识形态生存威胁的时期，中国应主动与越南保持沟通，加强在维护意识形态上的协调和合作。

[1] Hồ Chí Minh Toàn tập, Nxb Chính trị Quốc gia, năm 2000, tập 8, trang 6–7。（《胡志明全集》，河内：国家政治出版社，2000 年，第八卷，第 6–7 页）

[2] Hồ Chí Minh Toàn tập, Nxb Chính trị Quốc gia, năm 2000, tập 4, trang 14。（《胡志明全集》，河内：国家政治出版社，2000 年，第四卷，第 14 页）

（三）加强中越两党领导层的往来与沟通，有助于推动两党两国关系不断健康稳定发展

两党高层的往来和战略沟通是中国发展对越南政党外交的助推器和压舱石，是中国对越南政党外交的宝贵传统。历史上，高层频繁互访是中越两党关系亲密的重要标志。中越两党两国关系正常化后不久，两党领导人就有意识地推动了高层的频繁互访。通过两党领导层的交往，高屋建瓴地掌控大局，双方领导层就双边关系以及共同关心的重大问题交换各自的意见和看法，处理存在分歧的问题，以实际行动兑现承诺，巩固和增强相互信任，从而为两党两国友好合作关系向前发展和长期稳定提供了政治保证。

后记

《新型政党关系与新时代政党外交》一书是北京第二外国语学院政党外交学院在首届中国共产党与世界政党高层对话会成功召开后，承担中共中央对外联络部研究室委托的"新型政党关系与新时代党的对外工作"课题研究的初步成果，是综合学院内外知名专家学者集体合作完成的一部有关政党政治和政党外交的研究著作。

北京第二外国语学院政党外交学院是全国高校中第一个也是目前唯一以"政党外交"命名的二级学院。学院历史悠久，前身是 1964 年与北京第二外国语学院创建同时成立的国际关系教研室，曾编著有《国际关系史》《战后国际关系史手册》《国际知识手册》等著作，获得了国内学界的好评，产生了重要影响。2002 年国际关系教研室从政教部分离，设置国际政治系。2003

新型政党关系与新时代政党外交

年国际政治系与法学专业合并成立法政学院，期间国政系先后出版了《世界能源战略与能源外交》《外交的文化阐释》《地区、国别政治经济与外交》《世界大国文化外交》《中国周边国家文化外交》等 5 套 39 卷系列丛书，在国内引起很大反响，成为国际政治专业的标志性成果。2015 年 12 月国政系重新恢复独立建制，设立政党外交学院，以满足我国政党外交、人文外交实践等对国际事务人才的需求。政党外交学院成立以来，通过构建高端学术平台、与中央和国家部委机关深度合作、创新管理体制机制等方式，逐步形成了"政党外交"这一特色学科领域，为推动学校学科发展和人才培养做出了很大贡献。

本书是政党外交学院为形成"政党外交"研究特色做出的初步努力，得到了校领导和科研处的鼓励和大力支持。政党外交学院张颖院长、王政红书记、薛超书记具体领导了研究工作的开展并付出了辛勤努力。苏淑民教授在本书撰写过程中进行了书稿统筹整理工作。

写作过程中，中联部原副部长于洪君（兼政党外交学院客座教授）作为主编认真审读了书稿并提出了许多重要修改意见。中联部政策研究室栾建章主任对于本书的框架设计与结构安排，给出了重要指导建议，孙豫宁副处长对本书写作进行了具体指导并提出了具体修改意见。金鑫、柴尚金、王义桅、余科杰、郑长忠、杨杨等知名政党外交研究专家参与写作，贡献了高水平的稿件，提升了本书的整体质量。在此，谨向他们表达诚挚的谢意！。

同时，感谢当代世界出版社的丁云社长和责任编辑们，他们对书稿进行了认真的审读与校对，提出了许多建设性意见，为本书增色。

北京第二外国语学院政党外交学院

2019 年 4 月 30 日